Hannes Hofbauer
KRITIK DER MIGRATION

Bibliografische Information der Deutschen Bibliothek:
Die Deutsche Bibliothek verzeichnet diese Publikation in der Deutschen Nationalbibliografie.
Detaillierte bibliografische Daten sind im Internet über http://dnb.ddb.de abrufbar.

© 2018 Promedia Druck- und Verlagsgesellschaft m.b.H., Wien
Alle Rechte vorbehalten
Lektorat: Stefan Kraft

Druck: CPI – Clausen & Bosse, Leck
Printed in Germany
ISBN: 978-3-85371-441-6

Fordern Sie die Kataloge unseres Verlags an:
Promedia Verlag
Wickenburggasse 5/12
A-1080 Wien
E-Mail: promedia@mediashop.at
Web: www.mediashop.at
           www.verlag-promedia.de

HANNES HOFBAUER

KRITIK DER MIGRATION

WER PROFITIERT UND WER VERLIERT

PROMEDIA

Über den Autor

Hannes Hofbauer, geboren 1955 in Wien, studierte Wirtschafts- und Sozial-geschichte an der Universität Wien und arbeitet als Publizist und Verleger. Im Promedia Verlag sind von ihm u. a. erschienen: »EU-Osterweiterung. Historische Basis – ökonomische Triebkräfte – soziale Folgen« (2008), »Die Diktatur des Kapitals. Souveränitätsverlust im postdemokratischen Zeitalter« (2014, 2. Auflage 2015) und »Feindbild Russland. Geschichte einer Dämonisierung« (2016, 5. Auflage 2017).

INHALT

VORWORT

Es war das sprichwörtliche Tüpfelchen auf dem »i«, als die Chefin der deutschen Regierung, Angela Merkel, unter aufmunternden Zurufen aus Unternehmer- und Kirchenkreisen im Hochsommer 2015 die Migrationsschleuse für Muslime aus dem Nahen Osten öffnete. Das Kapital hoffte auf billige Arbeitskräfte und die Kirchen lieferten das ideologische Beiwerk der Menschlichkeit. Einem kritischen Beobachter fiel sofort auf, dass an dieser Inszenierung etwas nicht stimmen konnte.

Die Not von Kriegsflüchtlingen wurde im europäischen Zentralraum der Wirtschaft zum Nutzen und dem Gewissen zur Beruhigung angeboten. Mit diesem genialen Schachzug gelang es, die Diskussion über die auslösenden Faktoren für Migration sowie ihren zerstörerischen Charakter für die Herkunftsländer, aber auch die Zielländer der Auswandernden zu verdecken.

Die medial und politisch dominierende Darstellung von Migration als Zeichen von Weltoffenheit und Diversität prallt allerdings zunehmend auf die Wirklichkeit der gesellschaftlichen und politischen Kosten. Weil eine strukturelle sozioökonomische Kritik an Mobilität insgesamt – mit Ausnahme ökologischer Ansätze, die allerdings in der Migrationsfrage nicht vorkommen – fehlt bzw. bewusst hintertrieben wird, konnte die politische Rechte an ihrer Stelle das Opfer der weltweit zunehmenden ungleichen Entwicklung, den Migranten bzw. die Migrantin, zum Sündenbock stempeln. Sie befeuert damit einen rassistischen Diskurs.

Die politische Linke wiederum schwankt zwischen Schockstarre und der Übernahme liberaler Postulate. In diesen wird Migration, getreu ihrer Verwertbarkeit und in multikultureller Blauäugigkeit, zu einem nicht hinterfragbaren positiven Bekenntnis. Die ihr zugrunde liegende weltweite Ungleichheit bleibt ausgeblendet bzw. wird dem karitativen Denken untergeordnet. Damit verstellt der einzelne, von Krieg, Krise oder Umweltzerstörung gezeichnete Migrant den Blick auf die Funktion von Migration. Tatsächlich bildet diese den Schlussstein im Mosaik globalistischer Interventionen, deren wirtschaftliche und/oder militärische Ausgriffe Millionen von Menschen ihre Lebensgrundlage entziehen. An die Abfolge Schießen-Flüchten-Helfen und ihre ständige Wiederkehr haben sich nicht nur die Zyniker dieser Welt bereits gewöhnt. Sie zu durchbrechen, hat sich der vorliegende Text zur Aufgabe gemacht.

Wer es moralisch und politisch verwerflich findet, dass bengalische Näherinnen in einsturzgefährdeten Fabriken zusammengepfercht um einen Hungerlohn für den Weltmarkt roboten, kann den ständigen Import von Menschen aus dem »globalen Süden« in die Zentralräume dieser Welt nicht positiv konnotieren. Zu sehr ähneln einander die Auslagerung von Arbeitsplätzen an Billiglohnstandorte und die Masseneinwanderung entwurzelter Arbeitskräfte in den »globalen Norden« in ihrer Ausbeutungsstruktur.

Migration war immer. Eine Bedingung menschlichen Lebens, wie es uns die neue Migrationsforschung weismachen will, ist sie allerdings nicht. Von grenzüberschreitenden Wanderungen waren in den vergangenen Jahrzehnten jährlich zwischen 0,6 % und 0,9 % der Weltbevölkerung betroffen. Die Norm ist der Sesshafte.

Um Struktur und Funktion aktueller Migrationsbewegungen besser einschätzen zu können, ist ein Blick in die Geschichte hilfreich. Die Zerstörung von Lebensgrundlagen, Kriege und Vertreibungen sowie Umweltkatastrophen gehören seit Jahrhunderten zu den entscheidenden Ursachen für Wanderungen. Die meisten von ihnen sind von Menschen gemacht und Ausfluss ökonomischer und/oder geopolitischer Interessen. Wir verfolgen die Migrationsgeschichte zurück bis zur weißen/schwarzen Besiedelung Amerikas, dem mutmaßlich langwierigsten und brutalsten Migrationsgeschehen, betrachten in weiterer Folge die europäischen Arbeitswanderungen des 18. und 19. Jahrhunderts, beschäftigen uns mit den Flucht- und Zwangsarbeiterregimen der beiden Weltkriege, den »Gastarbeiter«-Wellen seit den späten 1950er-Jahren und der Mobilisierung von OsteuropäerInnen im Gefolge von politischen Zusammenbrüchen und Jugoslawienkrieg in den 1990er-Jahren, um mit einem Befund der großen Wanderung der Muslime zur Mitte der 2010er-Jahre zu enden.

In einem weiteren Schwerpunkt widmet sich das Buch den gesellschaftlichen Auswirkungen von Migration sowohl in den Herkunfts- als auch in den Zielländern der ein (besseres) Überleben Suchenden. Dabei stehen insbesondere wirtschaftliche, soziale und kulturelle Verwerfungen im Fokus.

Die Entstehung des Buches wäre ohne jahrelange Vorarbeiten zu Themenkreisen ungleicher regionaler und sozialer Entwicklung nicht möglich gewesen. Dass sich diese unter dem Titel »Kritik der Migration« bündeln, ist nicht zuletzt der Brisanz und Bedeutung des Wanderungsgeschehens geschuldet, das zunehmend auch die Gesellschaften der Europäischen Union erfasst. Speziell zu danken habe ich meiner Lebensgefährtin Andrea Komlosy und insbesondere deren Arbeiten zum Thema Grenze, die mich als einer ihrer ersten Leser für das vorliegende Buch inspiriert haben. Sehr gut getan hat dem Buch vor seiner Drucklegung dann noch der detektivische Blick des Lektors Stefan Kraft, dem Fehler und Ungereimtheiten zum Opfer fielen.

Hannes Hofbauer
Wien, im August 2018

ZUR BEGRIFFLICHKEIT

Wer im *Deutschen Wörterbuch* der Brüder Jakob und Wilhelm Grimm den Begriff Migration sucht, wird diesen, wenig verwunderlich, nicht finden. Lateinische Bezeichnungen haben dort nichts verloren. Das Wort »Wanderung« hingegen gibt einige beredte Hinweise, worum es auch im vorliegenden Buch gehen wird. »Der alte wanderungstrieb und kriegerische unternehmungsgeist setzte sich zugleich religiöse zwecke«,[1] wird der große deutsche Historiker Leopold von Ranke in Grimm'scher Kleinschreibweise zitiert. Krieg als zwangsweise Mobilisierung stellt über die Jahrhunderte eine der Hauptantriebskräfte von Migration dar. Krieg treibt Menschen in die Flucht. Die Erwähnung von »religiösen Zwecken« weist auf kultische Ursprünge von Massenwanderungen hin, die in unseren religiösen Breiten als Pilgerreisen bekannt sind.

Mit Adalbert Stifter nahmen die Nachfolger der Brüder Grimm einen bekannten Schriftsteller des 19. Jahrhunderts zum Stichwort »Wanderung« in ihr Wörterbuch auf. Der Romantiker erinnert an ein im europäischen Westen seit dem Mittelalter auftretendes Wanderungsphänomen, wenn er schreibt: »er hatte dann von seinem vater das handwerk gelernt, ist auf wanderung gegangen und ist endlich wieder zurückgekehrt.«[2] Hunderttausende zogen zur Schulung in die Fremde, um ihre gewerblichen Fähigkeiten durch externe Impulse zu verbessern. Diese Art der freiwilligen, von Lernbegierde und persönlicher Neugier getriebenen Migration war auf Handwerker beschränkt. Sie benötigten dafür eigene passähnliche Genehmigungen, die sogenannten Wanderbücher oder Kundschaften, die ihnen von den Zünften ausgestellt wurden. Das Stifter'sche »endlich wieder zurück« kann als für die Mitte des 19. Jahrhundert typischer verklärender Blick auf Heimat interpretiert werden, die als Hort sozialer Sicherheit angesehen wurde; es zeigt aber zugleich auch, dass Wandern bzw. Migrieren

---

1   Leopold von Ranke, Werke – 2,14,27 in: Deutsches Wörterbuch von Jakob und Wilhelm Grimm, Bd. 27, Leipzig 1922, S. 1707
2   Adalbert Stifter, Werke 1901f. 5, 1, 210 in: Deutsches Wörterbuch von Jakob und Wilhelm Grimm, Bd. 27, Leipzig 1922, S. 1702

nicht als Dauerlösung betrachtet wurde, sondern als ein zeitlich begrenzter Zustand, den es letztlich mit der Heimkehr zu überwinden galt.

In dieselbe Kerbe schlägt auch Johann Wolfgang von Goethe, den das Grimm'sche Wörterbuch aus seiner *Iphigenie auf Tauris* schreiben lässt: »Du stießest mich vielleicht, eh' zu den Meinen frohe Rückkehr mir und meiner Wanderung Ende zugedacht ist, dem Elend zu.«[3] Dieser Satz atmet die allermeisten auch der aktuellen Migrantenschicksale. Ausgestoßen bzw. ausgezogen, um in der Ferne bessere Chancen zu finden, die dereinst eine frohe bzw. finanziell ertragreiche Rückkehr sichern sollten, findet sich der Ausgewanderte stattdessen im Elend wieder. Versprechungen von Millionen Menschen auf ein besseres Leben in der Fremde endeten als persönliches Scheitern, das der Umgebung nicht eingestanden wird. Die entsprechenden negativen gesellschaftlichen Auswirkungen bleiben indes unübersehbar.

Das heute gebräuchliche Wort Migration wurzelt im lateinischen »migrare«, wandern. Im Duden des Jahres 1987 kommt es ausschließlich als »Wanderung (der Zugvögel)«[4] vor, während 15 Jahre später dem Duden zufolge auch bereits der Mensch migriert. Dort ist unter dem Stichwort Migration »Biol., Soziolog., Wanderung«[5] vermerkt.

Wir beschäftigen uns mit der menschlichen Wanderung. Eine allgemeingültige Definition, welche Bewegungen damit gemeint sind, gibt es nicht. Deswegen blühen in der einschlägigen Literatur alle möglichen (und unmöglichen) Typen von Migration, die neben der räumlichen auch die soziale Mobilität und zeitliche Faktoren als solche beschreiben. Lehrbuchhaft umfassend sind die unterschiedlichen Klassifikationen u. a. bei Felicitas Hillmann[6] dargestellt, die Migrierende nach Distanz, Richtung, Dauer und Frequenz der Wanderungen unterscheidet, auch den Grad der Freiwilligkeit zu bestimmen versucht und die Gründe in ökonomische,

---

3 Zum besseren Verständnis wurde hier die Kleinschreibweise aufgehoben. Johann Wolfgang von Goethe 10, 14, Weimar ausg. (Iphigenie 1,3) in: Deutsches Wörterbuch von Jakob und Wilhelm Grimm, Bd. 27, Leipzig 1922, S. 1702

4 Duden, Leipzig 1987

5 Duden, Mannheim–Leipzig–Wien–Zürich 2000

6 Felicitas Hillmann, Migration. Eine Einführung aus sozialgeographischer Perspektive. Stuttgart 2016, S. 17

soziale, politische, kulturelle und religiöse unterteilt. Wenn sie an anderer Stelle Migration allgemein als »gelebte Geographie« definiert, so klingt das im ersten Moment interessant, weist aber bereits in Richtung einer kritikwürdigen Auffassung, die Migranten als wirtschaftliche und/oder geopolitische Verschubmasse versteht.

Im neoklassisch-ökonomistischen Diskurs[7] werden »Wanderungsbewegungen als Reaktion auf räumliche Ungleichgewichte« affirmativ gesehen, mehr noch: In dieser Wahrnehmung braucht es ständige Migration, um soziale Unterschiede auszugleichen. »Ähnlich wie Kapital auf der Suche nach profitablen Investitionsmöglichkeiten sollen Menschen auf der Suche nach besseren Verdienstmöglichkeiten regionale und internationale Arbitrageprozesse in Gang setzen und so zur regionalen und internationalen Integration beitragen.«[8] Migration wird hier als unabdingbar notwendige Mobilität dargestellt, die überhaupt erst die unterschiedlichen Lohn-, Preis- und Zinsunterschiede – die sogenannte Arbitrage – generiert, auf deren Basis möglichst risikofreie Gewinne für Investoren möglich sind. Zum Um und Auf der Arbeitsmobilität äußert sich der Autor erfreulicherweise offen und ehrlich: »Wenn ökonomische Integration die Anreize zur lokalen Konzentration wirtschaftlicher Produktionstätigkeiten verstärkt, sollten Arbeitskräfte vermehrt in die Zentren ziehen, damit Agglomerationsvorteile ausgenützt werden können. Sind die Arbeitskräfte hingegen immobil, müssen Firmen durch entsprechende Lohnsenkungen dazu gebracht werden, in der Peripherie zu bleiben. Immobilität fördert so regionale Unterschiede ...«[9] Laut diesem Befund kann es der Mensch als Arbeiter drehen und wenden wie er will, er wird ausschließlich als Kostenfaktor betrachtet. Eine Zusammenballung von Migrierenden im Zentralraum macht es dem Unternehmer leicht, aus dem großen Angebot am Arbeitsmarkt die günstigsten Arbeiter auszuwählen und erspart ihm zusätzlich Overhead-Kosten. Mobilitätsunwillige an der Peripherie kann der Investor

---

7   siehe z. B.: Peter A. Fischer, Richtige Antworten auf die falschen Fragen? Weshalb Migration die Ausnahme und Immobilität die Regel ist. In: Achim Wolter (Hg.), Migration in Europa. Neue Dimensionen, neue Fragen, neue Antworten. Baden-Baden 1999, S. 86
8   Ebd.
9   Ebd., S. 86/87

mit niedrigeren Löhnen abstrafen, so lange, bis sie sich zur Migration entschließen. Dass Immobilität regionale Unterschiede fördert, ist freilich vollkommen verquer gedacht, dann müsste ja im Umkehrschluss Mobilität soziale und regionale Differenzen einebnen. Das Gegenteil ist der Fall.

Worum es in diesem Buch nur am Rande gehen wird, ist das Thema Asyl. Schon die Bedeutung des griechischen Wortstammes zeigt, dass es dabei nicht um Wanderungen geht, sondern um eine spezifische Form der Aufnahme von Geflüchteten. Ásylon steht für das Unverletzliche, den Zufluchtsort, der in seiner ursprünglich religiösen Form eine Kultstätte oder ein Tempel war, wo sich ein Fliehender unter den Schutz einer Gottheit stellen konnte. Auch Kirchen und Klöster gewährten seit dem 4. Jahrhundert Flüchtenden Asylrecht, bis die katholische Kirche 1983 das Kirchenasyl nicht mehr in den überarbeiteten Kodex des kanonischen Rechts aufnahm, was seiner unausgesprochenen Abschaffung gleich-kommt.[10] Die Französische Revolution gab dann dem weltlichen Asylrecht entscheidende Impulse; einzelne Staaten begannen, politisch Verfolgten Schutz zu gewähren. Zu einer völkerrechtlichen Verbindlichkeit eines Rechts auf Asyl ist es allerdings bis heute nicht gekommen. Es existiert keine allgemeingültige UN-Resolution zum Thema. Einem Flüchtlings-schutz am nächsten kommt die Genfer Flüchtlingskonvention vom 28. Juli 1951, die ursprünglich für politisch Verfolgte aus kommunistischen Ländern Verwendung fand. Diese verpflichtet die Unterzeichnerstaaten, dem anerkannten Asylbewerber gewisse soziale Sicherheiten zuzugeste-hen, ein Anspruch auf Asyl ist darin allerdings nicht festgeschrieben. Als Fluchtgründe gelten politische, religiöse und rassische Verfolgung sowie die Zugehörigkeit zu einer bestimmten sozialen Gruppe. Krieg ist in der Genfer Flüchtlingskonvention kein Kriterium. 145 Staaten (von 193) haben bis 2018 diese Konvention unterzeichnet.

Die Vermengung von Migrationsbewegungen, die meist wirtschaftli-chen oder geopolitischen Umbrüchen folgen, mit der speziellen Aufnah-meform von politisch, rassisch oder religiös Verfolgten soll hier tunlichst

---

10   https://de.wikipedia.org/wiki/Kirchenasyl (25.4.2018); siehe auch: https://www.domradio.de/themen/kirche-und-politik/2016-08-26/aufloesung-des-kirchenasyls-der-kritik (20.5.2017)

vermieden werden. Gleichwohl wird das Thema Asyl schon wegen dieser medial oft bewusst oder unbewusst vorgenommenen Vermischung nicht völlig ausgeklammert werden können.

Wanderung als menschliche Konstante

Migration war immer. Mit dieser zweifellos richtigen Feststellung reagieren links- und rechtsliberal gesinnte Medien, Politiker und Wissenschaft-lerInnen auf die seit Jahren zunehmende Kritik an der im Zuge der großen Fluchtbewegung des Sommers 2015 entstandenen »Willkommenskultur« für syrische, afghanische und andere Flüchtlinge. Migration verursachte auch immer soziale Verwerfungen. Dieser ebenso richtige Gemeinplatz der Erkenntnis wird hingegen in vielen meinungsbildenden Milieus ausgeblen-det. Zu Unrecht, denn jede Massenwanderung ist bereits eine Reaktion auf gewaltige regionale oder soziale Katastrophen in den Herkunftsländern der Migrierenden, die mit ihnen logischerweise auch die Zielländer erreichen. Wer davor die Augen verschließt, endet im Extremfall bei der Position, Migration sei zu begrüßen. Die Antwort auf die Frage, für wen diese gut sei, führt uns bereits mitten hinein in die Geschichte eines weltweiten Verteilungskampfes, bei dem Mobilität zugleich Instrument und Ausdruck globaler Ungleichheit ist.

»Wanderungen gehören zur Conditio humana wie Geburt, Fortpflan-zung, Krankheit oder Tod.«[11] Mit diesem Satz leitet der Migrationsforscher Klaus Bade sein viel gelesenes Buch *Europa in Bewegung* ein. Was auf den ersten Blick selbstverständlich erscheint, entpuppt sich bei näherer Betrach-tung als pure Ideologie der globalistisch-liberalen Moderne. Denn anders als Geburt, Fortpflanzung oder Tod, die dem Menschen wie anderen Lebewesen naturgesetzlich eingeschrieben sind, kann man das von Wande-rungen keineswegs behaupten. Die Tatsache, dass Menschen zu allen Zeiten migrierten, heißt natürlich nicht im Umkehrschluss, dass Migration – wie Geburt und Tod – Bedingung des menschlichen Lebens ist. Örtlich, zeitlich

---

11   Klaus J. Bade, Europa in Bewegung. Migration vom späten 18. Jahrhundert bis zur Gegenwart. München 2000, S. 11

15

und dem sozialen Stand nach unterschiedlich gab es in den vergangenen Jahrhunderten Milliarden von Lebensläufen, die keine Wanderung kannten. Wer also Wanderung zur menschlichen Lebensbedingung erklärt, konstruiert damit ein nicht hinterfragbares Dogma, das eher seinen eigenen Blick auf die Gesellschaft als die Wirklichkeit abbildet. Der Titel von Bades Buch, »Europa in Bewegung«, unterstreicht dieses Wunschbild. Die neuere Migrationsforschung folgt allesamt, bis auf ganz wenige Ausnahmen, dem Dogma von Mobilität als Normalfall menschlicher Lebensform.[12]

Die Herstellung von wirtschaftlichen Großräumen wie jenem der Europäischen Gemeinschaft bzw. der späteren Europäischen Union mobilisiert Menschen als Arbeitskräfte oder Studierende über ihren vormals kleinräumigeren Lebensraum hinaus. Diese Mobilisierung ist, wie wir noch sehen werden, beabsichtigt. Man kann sie als Chance begreifen oder beklagen, unredlich ist es allerdings, in dieser Tatsache eine gottgegebene oder genetisch verankerte »Conditio humana« zu sehen. Gleichwohl hält sich ein großer Teil der neueren Migrationsforschung in schlechtester, aber gewohnter herrschaftsapologetischer Tradition an dieses Dogma. Der entsprechende Bekenntniszwang in der Forschergemeinschaft scheint nahezu lückenlos. Migration wird als Lebensbedingung gesehen, eine Alternative soll damit undenkbar gemacht werden. Da fällt es schon gar nicht mehr auf, wenn im Eifer des Gefechtes um die Meinungshoheit übertrieben wird. »Unseres Erachtens ist Migration als Normalzustand menschlicher Gesellschaften zu verstehen«, schreiben die zwei Gewerkschafter Hartmut Tölle und Patrick Schreiner wohl in der Hoffnung, damit dem Einstiegscredo in die herrschende Migrationsdebatte genügend Tribut gezollt zu haben. Die Transformation vom Marx'schen »variablen Kapital« (für den ausgebeuteten, allzeit flexiblen Arbeiter) zur migrierenden Gesellschaft als Norm lässt große Kapitalgruppen frohlocken. Sie profitieren von Mobilisierung und Flexibilität, die nicht nur auf dem Arbeitsmarkt positiv zu Buche schlagen. Warum allerdings zwei DGB-Männer in den Chor des »There Is No Alternative« einstimmen, erschließt sich einem nicht sogleich.

---

12   Vgl. dazu auch: Dirk Hoerder/Leslie Page Moch (Hg.), European Migrants. Global and Local Perspectives. O. O. (Boston) 1996

Auffallend ist jedoch, dass es weite Teile der Linken sind, die der Mobilisierung von Arbeitskräften und Wanderungsbewegungen generell vorbehaltlos positiv gegenüberstehen, weil sie den sozialökonomischen Kontext von Migration zwar erkennen, diesen aber hinter genetischer oder gottgewollter menschlicher »Wesenseigenheit« verstecken. »Sich räumlich zu bewegen ist eine ›Wesenseigenheit‹ des Menschen, ein Bestandteil seines ›Kapitals‹, eine zusätzliche Fähigkeit, um seine Lebensumstände zu verbessern«, schreibt etwa der italienische Migrationsforscher und Abgeordnete des »Partito Democratico«, Massimo Livi Bacci.[13] Er verklärt die »Anpassungsfähigkeit des Migranten« zur »fitness«, die er als Gemisch aus biologischen, psychologischen und kulturellen Eigenschaften beschreibt. Kein Wort von den sozioökonomischen Zwängen, kein Wort von Krieg oder Klimakatastrophe, die Menschen zum Wandern zwingen. Migration ist in dieser globalistisch-liberalen Vorstellung das Reine, in die menschliche DNA Eingeschriebene, nichts Gemachtes, nichts der wirtschaftlichen Verwertung Zugetriebenes.

Den Vorwurf solcher Verharmlosung braucht sich der slowenische Philosoph Slavoj Žižek nicht gefallen zu lassen. Was die Gründe für die heutigen Massenfluchtbewegungen betrifft, spricht er Klartext. »Die Hauptursache für die Flucht liegt im globalen Kapitalismus und seinen geopolitischen Spielen selbst. Und wenn wir ihn nicht radikal ändern, werden sich zu den afrikanischen Flüchtlingen bald welche aus Griechenland und anderen europäischen Ländern gesellen«[14], schreibt er in bekannt flapsiger Manier und bringt auf den Punkt, worum es geht: um einen weltweiten Verteilungskampf. Warum Žižek dieser Klarsicht zum Trotz an gleicher Stelle schreibt, dass »Migrationen im großen Stil unsere Zukunft (sind)«, liegt an seiner eingestandenen – und berechtigten – Furcht vor der Alternative, die er »neue Barbarei« nennt. Dass diese allerdings mit der Politik einer Willkommenskultur, wie er sie befürwortet, aufzuhalten wäre, scheint angesichts der real herrschenden politischen Kräfteverhältnisse

13   Massimo Livi Bacci, Kurze Geschichte der Migration. Berlin 2015, S. 8
14   Slavoj Žižek, Der neue Klassenkampf. Die wahren Gründe für Flucht und Terror. Berlin 2015, S. 82

unrealistisch. Da beruhigt es dann doch, dass Žižek als einer der wenigen Denker unserer Zeit als die schwierigste Aufgabe nicht die Integration von MigrantInnen oder gar deren Abwehr versteht, sondern die Durchsetzung eines »radikalen ökonomischen Wandels, der die Verhältnisse abschaffen sollte, die zu den Flüchtlingsströmen führen.«[15]

Der wissenschaftliche Mainstream will sich mit einem solch notwendigen radikalen Wandel nicht beschäftigen. Er verschließt die Augen vor den Verhältnissen und versteift sich darauf, deren Auswirkung – die Migration – positiv zu konnotieren.

Stellt man dieser ideologischen Einstellung die Wirklichkeit entgegen, wird Erstere eindrucksvoll enttarnt. Das »Vienna Institute of Demography« hat in einer jahrelang durchgeführten, aufwändigen Studie weltweite Wanderungsbewegungen dokumentiert und dabei errechnet, dass die grenzüberschreitende Migration zwischen 1960 und 2005 jährlich 0,6 % der Weltbevölkerung betroffen hat; im Zeitraum zwischen 2005 und 2010 ist sie auf 0,9 % gewachsen. In absoluten Zahlen waren das in den Jahren 2005 bis 2010 41,5 Millionen Wanderungsbewegungen, denen 7 Milliarden Menschen gegenüberstehen, die dieses Schicksal nicht teilen.[16] Die Norm ist der Sesshafte, Migration weicht davon ab.

Allerdings ist die zwischenstaatliche Migration in den vergangenen Jahren schneller gewachsen als die Weltbevölkerung, wie ein UN-Bericht aus dem Jahr 2015 belegt. Ihm zufolge erhöhte sich der Gesamtbestand der als MigrantInnen lebenden Menschen zwischen 2000 und 2015 von 2,8 % auf 3,3 %.[17] Im Jahr 2015 waren dies 244 Millionen, die fern ihrer Heimat lebten, 2017 stieg die Zahl auf 258 Millionen.[18]

Warum die tatsächlichen Wanderungsbewegungen den globalistisch imaginierten so weit hinterherhinken, erklärt der Historiker Jochen Oltmer

15   Ebd.

16   Studie des »Vienna Institute of Demography«, siehe: http://www.global-migration.info/VID_Global_Migration_Datasheet_web.pdf. Siehe auch: Jochen Oltmer, Globale Migration. Geschichte und Gegenwart. München 2016, S. 114

17   UNO (Hg.), Trends in International Migrant Stock. The 2015 Revision, siehe: http://www.un.org/en/development/desa/population/migration/data/estimates2/estimates15.shtml (17.4.2018)

18   http://www.un.org/en/development/desa/population/migration/publications/migrationreport/docs/MigrationReport2017_Highlights.pdf (11.3.2018)

im Fall der Süd-Nord-Migration interessanterweise gerade mit der Armut der sesshaften Menschen, ihren fehlenden Netzwerken ... und der restriktiven Migrationspolitik möglicher Zielländer: »Für den Großteil der Bewohner der Welt ist die Umsetzung eines solchen Migrationsprojektes illusorisch.«[19] Enttäuscht stellt der Migrationsforscher Peter Fischer[20] fest, dass die von ihm herbeigesehnten ökonomischen Möglichkeiten, die massenhafte Mobilisierung mit sich bringen könnte, an menschlichen Gewohnheiten und Sehnsüchten scheitern. »Deutlich höhere Wanderungsneigungen als der Durchschnitt hatten zwischen 18 und 28 Jahre junge Leute und kürzlich zugewanderte Ausländer«, beschreibt er die positive Seite seines Forschungsgegenstandes, um dann festzustellen zu müssen: »Allgemein jedoch gilt, daß immobiles Verharren die Regel und Migration die absolute Ausnahme ist. Geschlechtsspezifische Unterschiede scheint es dabei kaum zu geben. Praktisch völlig immobil sind Partner, die beide verdienen und/oder Kinder haben«, schließt er resigniert vor einer ökonomisch tragfähigen Familienstruktur.

19   Oltmer, S. 115
20   Fischer in: Wolter 1999, S. 86

MIGRATIONSURSACHEN

Die seit zwei Jahrzehnten boomende Migrationsforschung unterscheidet eine Unzahl von Wanderungsbewegungen, trennt zwischen Aus-, Ein- und Binnenwanderung, lang-, mittel- und kurzfristigem Aufenthalt in der Fremde und unterteilt die Gründe für das Verlassen der Heimat in soziale, wirtschaftliche, (geo)politische und kulturelle. Innerhalb dieses brauchbaren, groben Rasters soll hier eine kurze Typologie der Migrationsursachen gezeichnet werden.

Zerstörung der Subsistenz

»Die Wanderbewegung richtet sich aus dem Gebiet, wo der Nahrungsspielraum relativ (d. h. im Verhältnis zur Einwohnerzahl) kleiner ist, in das Gebiet, wo er relativ größer ist oder dank der Einwanderung selbst relativ größer werden kann«.[21] Der veraltete, naturwissenschaftliche Duktus der bekannten Migrationsforscher der Zwischenkriegszeit, Alexander und Eugen Kulischer, darf nicht darüber hinwegtäuschen, dass die damit getätigte Kernaussage allgemeine Gültigkeit beanspruchen kann. Die »Mechanik der Völkerbewegungen«, wie die Brüder Kulischer ihr erstes Kapitel nennen, zielt auf die Erklärung früher menschlicher Wanderungsbewegungen, zieht Vergleiche mit dem Tierreich und scheut auch nicht vor der plumpen Analogie miteinander kommunizierender Gefäße zurück. Ausgangspunkt von Wanderungen ist demnach das menschliche Bestreben, »in bessere wirtschaftliche Bedingungen zu kommen«. Menschen bewegen sich von den »vollen« nach den »leeren« Plätzen.[22] Diese nachgerade physikalische Sicht erklärt Migration als demografischen Ausgleich, der gleichwohl – so viel gesellschaftswissenschaftliche Erkenntnis kommt doch zum Tragen – nie erreicht werden kann. Ein möglicher expansiver Charakter

---

21 Alexander und Eugen Kulischer, Kriegs- und Wanderzüge. Weltgeschichte als Völkerbewegung. Berlin/Leipzig 1932, S. 4
22 Ebd.

von Migration wird dort angesprochen, wo »der Nahrungsspielraum dank der Einwanderung selbst relativ größer werden kann.« In diesem Nebensatz schwingen die Wirkungen der wohl bedeutendsten Wanderungsbewegung der Neuzeit mit, nämlich die Errichtung von weißen Siedlerkolonien in den Amerikas und in Australien.

Die neuere Forschung bezeichnet den Sachverhalt, den Kulischer die »Wanderung zum besseren Nahrungsraum« nennt, schlicht »Subsistenzmigration«.[23] Gemeint ist dasselbe. Wenn den Menschen die Möglichkeit genommen wird, sich zu reproduzieren, das heißt, sich zu ernähren und ein entsprechend akzeptables Auskommen zu finden, dann suchen sie anderswo nach besseren Überlebenschancen. Die verkehrstechnischen Errungenschaften bestimmen im Zeitenlauf, ob die Migration klein- oder großräumig erfolgt.

Nicht übersehen werden darf dabei die soziale und wirtschaftliche Lage, mithin auch die Frage der Eigentumsverhältnisse. Diese kommt zwar in vielen Abhandlungen über Migrationsursachen nicht vor, bestimmt aber nicht nur über den Auswanderungswillen, sondern auch generell über die Möglichkeit, zu migrieren. Denn die Lebensbedingungen hängen wesentlich von der Verteilung der Güter und des Vermögens in der jeweiligen Gesellschaft ab. Die soziale Differenz gibt den entscheidenden Anstoß zur Wanderung, und zwar sowohl jene am Herkunfts- und möglichen Zielort der Migrationswilligen als auch insbesondere die überregionale Disparität zwischen den beiden Orten. Diese Ungleichheit wird größer. Das Entwicklungsgefälle zwischen dem globalen Norden und dem globalen Süden nimmt entgegen allen von Medien, Wirtschaftswissenschaftlern und Politikern ständig wiederholten Prognosen und Versprechungen zu. Dem »Human Development Report« des Entwicklungsprogramms der Vereinten Nationen (UNDP) zufolge steigt die globale Armut von Jahrzehnt zu Jahrzehnt. Im Jahr 1996 lebte demnach jeder vierte Erdenbewohner, das sind 1,6 Milliarden Menschen, schlechter als 15 Jahre zuvor. In 70 Entwicklungsländern lag das Pro-Kopf-Einkommen, das als sozialer

23 Siehe beispielsweise Saskia Sassen, Migranten, Siedler, Flüchtlinge. Von der Massenauswanderung zur Festung Europa. Frankfurt/Main 1996, S. 32

Indikator ohnehin nur eine sehr beschränkte Aussagekraft hat, unter dem von 1976.[24] Selbst das World Economic Forum in Davos hielt in seinem Report des Jahres 2017 fest, dass die Schere zwischen Reichen und Armen weltweit und in den einzelnen Ländern auseinandergeht. Die liberalen Weltenführer aus Politik und Konzernen erklärten sich damit den Wahlsieg Donald Trumps in den USA vom 8. November 2016 und den Ausgang des Brexit-Referendums in Großbritannien vom 23. Juni 2016.[25]

Der Weltbank-Ökonom Branko Milanović stellt mit seinen Zahlenreihen zur ungleichen Welt für Anfang der 1980er-Jahre eine Kehrtwende in den Raum. Bis dahin nahm die soziale Ungleichheit zwischen den Staaten weltweit zu, ab dann nimmt sie statistisch ab. Demgegenüber vergrößerte sich die soziale Diskrepanz innerhalb der Staaten. Die leichte internationale Angleichung erklärt er mit dem wirtschaftlichen Aufschwung in China (und Indien), der zugleich die Klassengegensätze innerhalb der beiden bevölkerungsreichsten Staaten der Welt vergrößert. Dieses Argument ist einsichtig, weist aber zum einen den Mangel auf, dass während der chinesischen Kulturrevolution bis 1982 keine Haushaltserhebungen durchgeführt wurden und somit kein Vergleich der Perioden möglich ist, was Milanović selbst einräumt.[26] Zum anderen spielt die Tatsache, dass die soziale Schere seit den 1980er-Jahren laut dem serbischstämmigen Ökonomen international nicht weiter auseinandergeht, sondern sich im Gegenteil sogar ein wenig schließt, für das Migrationsgeschehen in Europa keine Rolle. Der wachsende Wohlstand in China beendet keine Wanderungsbewegung, weil auch zuvor eine solche nicht gegeben war.

Zurück zur demografischen Triebkraft. Die Bevölkerungsexplosion nach 1750, die Europa verändert und bis zum Jahr 1800 zu einer Verdoppelung der EinwohnerInnenzahl geführt hat, bildet zweifellos den Ausgangspunkt für eine weltweite, den Atlantik überquerende

24 Bericht des United Nations Development Programme (UNDP), Human Development Report 1996. New York 1996, iii

25 https://www.theguardian.com/business/2017/jan/11/inequality-world-economy-wef-brexit-donald-trump-world-economic-forum-risk-report (5.4.2018)

26 Branko Milanović, Die ungleiche Welt. Migration, das Eine Prozent und die Zukunft der Mittelschicht. Berlin 2016, S. 132

Migrationsbewegung. Allerdings ist der europäische Pauperismus des 18. Jahrhunderts nur die Kehrseite des barocken Prunks der Herrscherhäuser, unter deren Ägide eine massenhafte Verarmung stattfand, die später in der Phase der (Proto-)Industrialisierung von Fabrikherren verwertet werden konnte. Ohne die Einbindung der sozialen Frage bleibt jede demografische Erkenntnis halbwahr.

Der Verlust der Subsistenzfähigkeit bildete eine der entscheidenden Voraussetzungen, damit Menschen als Arbeitskräfte mobilisiert werden konnten. Um sie von Grund und Boden, der ihnen gleichwohl nicht gehörte, sie aber ernährte, zu vertreiben, waren gesetzliche Maßnahmen notwendig. In England wurden dafür die sogenannten »Commons« – gemeinschaftlich nutzbare Weide- und Anbauflächen – eingehegt und privaten Agrarunternehmen zur ausschließlichen Nutzung zugeschlagen. Das modernisierende System dieser »Enclosures« fand zwischen 1760 und 1820 seinen Höhepunkt. Kleine Bauern und besitzlose Häusler verloren ihre Existenzgrundlage und mussten sich an anderer Stelle ihr Brot verdienen. In rasch aufgebauten Industriestädten warteten Maschinen darauf, von ihnen für möglichst geringen Lohn bedient zu werden. Die Massenwanderung innerhalb Englands und in der Folge nach Übersee erhielt einen quantitativ neuen Schwung.

In Kontinentaleuropa war diese Art der »Freisetzung« von Arbeitskraft oft mit dem Ende der Leibeigenschaft verbunden, die – etappenweise – in Österreich-Ungarn 1781 und 1848, in Preußen 1807 und 1848 und in Russland 1861 und 1906 abgeschafft wurde. Die vermeintliche Freiheit wollte bezahlt sein; für die Ablöse des Bauernlandes vom Feudalherren musste ein Drittel des Wertes aufgebracht werden; die beiden anderen Drittel trugen, dem Kompromiss der Bauernbefreiung entsprechend, der Staat und der Grundherr. Viele auf diese Art Befreite konnten sich die Freiheit nicht leisten und verschuldeten sich. Sie wurden in der Folge von ihren neuen Kleinbauernstellen vertrieben und mussten sich als Lohnarbeiter fern der Heimat ihre Überlebensgrundlage sichern. Die Wiener Wirtschaftshistorikerin Andrea Komlosy fasst die Transformation vom an die Scholle gebundenen Untertanen zum in die Fabrik oder ins

Bergwerk wandernden Arbeiter zusammen: »Die Kodifizierung bürgerlicher Rechte verwandelte den Staatsuntertan in den Staatsbürger. Dieser war freilich nur vor dem Gesetz gleich, denn die unterschiedliche Ausstattung mit Grundbesitz, Immobilien, Geld und symbolischem Kapital ließ, nach dem Wegfallen der patriarchalen herrschaftlichen Sicherheitsnetze, die sozialen Unterschiede anwachsen. Auf diese Weise war die Verfügbarkeit von Arbeitskräften, die keine Subsistenzmittel besaßen, gewährleistet. Da sich diese in der Regel nicht dort aufhielten, wo sie auf Baustellen, in Fabriken, Büros und Haushalten gebraucht wurden, setzte die bürgerliche Umgestaltung der Gesellschaft eine massive Wanderungsbewegung in Gang, die landwirtschaftliche Intensivregionen, Industrreviere und Städte mit temporären oder dauerhaften Arbeitskräften versorgte.«[27]

Neben der sozialen Frage besteht nichtsdestotrotz das demografische Problem. Vor der explosionsartigen Bevölkerungsentwicklung die Augen zu verschließen oder sie kleinzureden, wäre unverantwortlich. Bei Redaktionsschluss dieses Buches leben 7,5 Milliarden Menschen auf der Welt. 2000 Jahre zuvor waren es laut Schätzungen der UNO 300 Millionen. Damit gibt es heute 25 Mal mehr Erdbewohner als zur Zeit von Christi Geburt. Der exponentielle Anstieg der Weltbevölkerung begann allerdings erst nach dem Jahr 1700, bis dahin zählte die Welt nur etwa 500 Millionen Menschen. Das heißt, die Menschheit hat 1700 Jahre gebraucht, um sich zu verdoppeln, dasselbe gelang ihr innerhalb von nur 100 Jahren zwischen 1800 und 1900. Im 20. Jahrhundert wuchs die Weltbevölkerung von 1,5 Milliarden auf 6 Milliarden, um heute bei 7,5 Milliarden angekommen zu sein. Trotz einem seit den 1960er-Jahren prozentuellen Rückgang des jährlichen Wachstums rechnet die UNO damit, dass im Jahr 2050 der 10-millionste Erdenbewohner geboren werden könnte. Während die Prognosen für die nächsten 30 Jahre Europa einen leichten Rückgang und Amerika eine leichte Steigerung vorhersagen, soll sich die afrikanische Bevölkerung bis 2050 auf 2,5 Milliarden mehr als verdoppeln und in Asien – regional sehr unterschiedlich – ein Zuwachs von einer knappen Milliarde auf 5,3 Milliarden Menschen stattfinden.

27 Andrea Komlosy, Grenzen. Räumliche und soziale Trennlinien im Zeitenlauf. Wien 2018, S. 50

Die demografische Lage ist explosiv. Wenn sich Hunderte von Millionen Menschen auf der südlichen Erdhalbkugel nicht ernähren können bzw. ihnen die Ernährung durch wirtschaftliche Interessen großer Konzerne aus dem Norden erschwert wird, dann ist es nur eine Frage der Zeit, bis sich ungeahnt massive und gewalttätige Migrationswellen von Süd nach Nord Bahn brechen. Einen ersten Vorgeschmack auf die Zukunft solcher globalen »Subsistenzmigrationen« brachte die zweite Jahreshälfte 2015, als sich durch Kriege entwurzelte und ihrer Lebensgrundlage beraubte Menschen aus Syrien, Afghanistan und anderswo in Richtung europäischer Zentralräume in Bewegung setzten.

Die Gründe für die große Flucht sind in der Struktur einer verwertungsorientierten Agrar- und Fischereiindustrie längst gelegt. Ortsansässiger bäuerlicher Bevölkerung wird systematisch ihre Lebensgrundlage entzogen. Der Ankauf oder die Verpachtung von riesigen landwirtschaftlichen Produktionsflächen in Afrika – aber nicht nur dort – durch Konzerne aus dem europäischen und amerikanischen Norden sowie China und Saudi-Arabien, die damit ihr überschüssiges Kapital profitabel anlegen, entzieht den Menschen ganzer Landstriche ihre Reproduktionsfähigkeit. Dieses sogenannte »Landgrabbing« hat ausschließlich den Gewinn der Investoren im Sinne. Und dieser wird durch den Export der Agrargüter in die Herkunftsländer des Kapitals, mithin in die reichen Länder, realisiert. Angebaut werden neben essbaren Cash Crops diverse Genussmittel wie Kakao und Kaffee, aber auch Getreidesorten, die zur Energie- und Treibstoffgewinnung außer Landes gebracht werden. Die Einheimischen verlieren mit dem Grund und Boden, auf dem sie bis vor 15, 20 Jahren gewirtschaftet haben und der nun fremden Investoren gehört, ihre Subsistenzgrundlage. Der deutsche Zweig der britischen Entwicklungshilfeorganisation Oxfam hat errechnet, dass im ersten Jahrzehnt des 21. Jahrhunderts 230 Millionen Hektar agrarisch nutzbaren Landes in Entwicklungsländern von internationalen Konzernen gekauft oder verpachtet wurden. Das ist mehr als die Hälfte der Fläche der Europäischen Union und mehr als die gesamte landwirtschaftliche Nutzfläche innerhalb der EU.[28] Britische Firmen führen die europäische Liste

---

28   zit. in: Conrad Schuhler, Die große Flucht. Ursachen, Hintergründe, Konsequenzen. Köln 2016, S. 32

von Fonds und Investmentgesellschaften an, die vor allem afrikanischen Boden kaufen oder pachten, wobei Pachtverträge nicht selten auf 99 Jahre ausgestellt werden.

Im Senegal waren Mitte der 2010er-Jahre 70 % der Reisanbaufläche von einem saudischen Konzern gepachtet, im Sudan teilen sich saudische, katarische und ägyptische Unternehmen die Flächen. Im Weltagrarbericht ist davon die Rede, dass nur ein geringer Teil dieses Landgrabbing für die Produktion von Nahrungsmitteln verwendet wird. Es sind überwiegend Fasern, Futtermittel, Ethanol oder Genussmittel wie Kaffee, Tee und Kakao, die auf gekauftem oder gepachtetem Land für den Export gewonnen werden.[29] Mit welcher Brutalität dabei die bäuerliche Bevölkerung von ihren angestammten Ländern vertrieben wird, zeigt ein Beispiel aus Uganda. Dort wurden im Jahr 2001 für eine Kaffeeplantage eines deutschen Unternehmens vier Dörfer abgesiedelt. Nach kurzer Frist kamen Vertreter der Regierung, ließen die Häuser von 2000 BewohnerInnen mit Bulldozern niederwalzen und brannten die verbliebenen Hütten ab. Die Menschen standen vor Ruinen, die Männer versuchten, als Saisonarbeiter in den Plantagen Arbeit zu finden.[30] Ihre Söhne trieb es über das Mittelmeer nach Europa.

Die auf ferne Exportmärkte setzenden globalen Agrarinvestitionen hinterlassen in den jeweiligen Ländern nicht nur überlebensunfähige, also unbrauchbar gewordene Menschen. Sondern sie bewirken in weiterer Folge, dass in den Ländern des Südens Lebensmittel importiert werden müssen, was die einzelnen Staaten in einer zweiten Verwertungsrunde von ausländischem Kapital und Importeuren abhängig macht. Diese neokoloniale Abhängigkeit – Slavoj Žižek nennt sie postkolonial[31] – führt damit neben der materiellen Ausbeutung zur kulturellen Demütigung.

Das Muster der agrarindustriellen Vernutzung von Grund und Boden sowie Land und Leuten durch auswärtiges, einzig dem anonymen Aktionär

---

29 zit. in: Georg Auernheimer, Wie Flüchtlinge gemacht werden. Über Fluchtursachen und Fluchtverursacher. Köln 2018, S. 162

30 *Junge Welt* vom 24. Februar 2017; zit. in: Auernheimer, S. 163; siehe auch: https://www.fian.de/fallarbeit/kaweriuganda/ (7.5.2018)

31 Slavoj Žižek, Der neue Klassenkampf. Die wahren Gründe für Flucht und Terror. Berlin 2016, S. 39

rechenschaftspflichtigem Kapital, wiederholt sich auch auf hoher See. Riesige Trawler vornehmlich EU-europäischer und japanischer Herkunft fischen die Küstengewässer rund um Afrika leer. Die Fänge landen anschließend auf europäischen und japanischen Märkten. Zurück bleiben lokale Fischer, die ihre Familien nicht mehr ernähren können. Brüssel hat in den vergangenen Jahren mit 16 afrikanischen und karibischen Ländern Nutzungsverträge für Fischfanggebiete abgeschlossen und damit kapitalstarken Fischereiflotten einen Expansionsschub garantiert und diesen noch dazu mit Subventionen aus dem EU-Budget versüßt.

Landgrabbing-Unternehmen, Cash-Crop-Konzerne und Fischereifangflotten folgen mit ihrer aggressiven Expansionsstrategie den Vorstellungen des Internationalen Währungsfonds (IWF) und der Weltbank. Diese haben mit ihrer Politik der »strukturellen Anpassung« ihre Kreditvergaben an Länder der südlichen Halbkugel immer an Vorgaben wie »internationale Wettbewerbsfähigkeit« und »Weltmarktkompatibilität« geknüpft. Schutz für lokale Bauern oder Fischer galt und gilt ihnen bis heute als verabscheuungswürdiger Protektionismus. Sie von den Äckern und Fischgründen zu vertreiben ist kein unbedachter wirtschaftspolitischer Kollateralschaden, sondern Ergebnis einer geplanten Strategie.

Diese konnte man in den 1990er-Jahren auch mitten in Europa beobachten, als es darum ging, die (teil)subsistente Lebensform polnischer Bauernfamilien zu zerstören. Die polnische Landwirtschaft war während der gesamten kommunistischen Periode – anders als in der Tschechoslowakei oder in der Sowjetunion – kleinbäuerlich geblieben. 36 % der polnischen Bevölkerung lebten Anfang der 1990er-Jahre hauptsächlich von dem, was ihre Erde hergab. Das stand dem in EU-Europa vorherrschenden liberal-globalistischen Konzept diametral entgegen. Ernährungssouveränität gehörte nicht zu den Prioritäten EU-europäischer Politik, ebenso wenig zu jener des IWF. Im Gegenteil: Diese galt es, wo sich noch Reste fanden, aufzubrechen. Mobilisierung hieß das entsprechende Schlagwort. Und die Europäische Gemeinschaft entwickelte – in Zusammenarbeit mit liberalen Kräften in Polen – ein Programm, das die drastische Verringerung der agrarischen Bevölkerung zum Ziel hatte. »Shaking out« der Bauern nannte sich dieser zynische Plan. Er sollte funktionieren und setzte bereits nach ein paar Jahren zigtausende Polen »frei«, sprich: zwang sie zur Migration nach Westen. Ein Mittel zum Erfolg war die Marktöffnung für EU-subventionierte Lebensmittel. Billige Milch aus Irland und billiges Fleisch aus den Niederlanden und Deutschland überschwemmten den polnischen Markt, die einheimischen Bauern konnten preislich nicht mithalten, sie wurden aus ihren Lebensverhältnissen »herausgeschüttelt«.

Seit Anfang der 2000er-Jahre betreibt die Europäische Union einen groß angelegten, strukturellen Angriff auf subsistente Lebensgrundlagen auf der südlichen Halbkugel. Spezielle Partnerschaftsabkommen mit 77 afrikanischen, karibischen und pazifischen Staaten sollen zu einer, wie es im Wirtschaftssprech heißt, »reziproken« Handelspolitik führen; oder anders ausgedrückt: tarifäre und nicht-tarifäre Handelshindernisse beseitigen. Ausgangspunkt war die Kritik der Welthandelsorganisation (WTO), die sich daran stieß, dass das 1975 abgeschlossene Lomé-Abkommen den »Dritte-Welt«-Staaten Handelspräferenzen für gewisse Warengruppen einräumte. Sie erlaubten den ehemaligen Kolonien einerseits Schutzmaßnahmen für nationale Märkte und andererseits Exporterleichterungen. Politischer und militärischer Druck der früheren Kolonialmächte sowie Strukturanpassungsprogramme des Internationalen Währungsfonds (IWF) führten dazu, dass die ausverhandelten Vorteile des Lomé-Abkommens oft nur auf dem Papier bestanden und theoretischer Natur blieben. So zwang z. B. der IWF Ghana bereits in den 1980er-Jahren, Schutzzölle abzubauen, widrigenfalls Kredite fällig gestellt würden. Die Folge war, dass von Brüssel hoch subventionierte Agrarprodukte wie Zucker, Gemüsekonserven, Milchpulver und tiefgefrorene Hühnerteile die Märkte mit Billigwaren überschwemmten und die lokalen Produzenten dieser Konkurrenz nicht standhalten konnten. Der Marktanteil von heimischem Geflügel ging auf diese Weise von 95 % im Jahr 1992 auf 11 % im Jahr 2001 rasant zurück.[32] Die ghanaischen Bauern verloren ihre Subsistenzgrundlage und die Beschäftigten der lokalen Agrarbetriebe ihren Arbeitsplatz. Ihre Kinder verdingen sich seither als Saisonarbeiter zu Zehntausenden in Süditalien und Spanien, wo sie in

---

32 Aram Ziai, Fluchtursache Entwicklungspolitik. In: iz3w Sept./Okt. 2016, S. D-16

Plastikgewächshäusern Tomaten und Zucchini pflücken.[33] Insbesondere die Kreditpolitik des IWF mit ihren wirtschaftsliberalen Bedingungen unterlief also bereits vor Jahrzehnten vertraglich vereinbarte Schutzzollabkommen.

Mit den neuen Partnerschaftsabkommen (Economic Partnership Agreements/ EPAs) soll es keinerlei »Diskriminierung« mehr für Importe aus Zentrumsländern geben und gleichzeitig auch diese für Waren aus dem Süden barrierefrei geöffnet werden. Das erste dieser EPAs wurde bereits 2007 zwischen der EU und Karibik-Staaten geschlossen, im Jahr 2014 erweiterte die EU die Freihandelszone in Richtung Afrika. Anfang Juli 2014 unterzeichnete Brüssel in Ghanas Hauptstadt Accra Partnerschaftsabkommen mit 15 westafrikanischen Staaten und Mauretanien, zwei Wochen später mit sechs Ländern des südlichen Afrika und im Herbst desselben Jahres mit Mitgliedern der ostafrikanischen Gemeinschaft. Auf heftigen Widerstand stieß das EU-Marktöffnungsbegehren vor allem in Nigeria, Niger und Gambia.

Freihandel zwischen ungleichen Partnern nützt dem ökonomisch (und militärisch) Stärkeren. Im Westen wird viel propagandistische Kraft darauf verwendet, diese Binsenweisheit zu verschleiern. Blumig wird in den Verträgen über »Präferenzabbau« und »Beseitigung von Diskriminierungen« geschrieben. Wer allerdings einen Blick auf die Details der oft unter wirtschaftlichem Zwang betriebenen Absprachen wirft, kann schnell erkennen, worum es tatsächlich geht: um Markterweiterung für Betriebe mit Überkapazitäten, die diese profitabel verkaufen wollen. Gegenseitigkeit steht bloß auf dem Papier. Das wird beispielsweise deutlich, wenn die EU großmundig die zollfreie Einfuhr für afrikanische oder karibische Agrarprodukte verkündet, diese aber nur die rohe Frucht, nicht jedoch verarbeitete Produkte betrifft. Die rohe Mango darf ohne Zoll auf den EU-Binnenmarkt, der in Tetra Paks abgefüllte Fruchtsaft wird besteuert; und zwar deshalb, weil die Verpackung nicht aus dem afrikanischen Ursprungsland kommt und daher das Partnerschaftsabkommen nicht gilt.[34]

33   Pit Wuhrer, Mangos Ja, Mangosaft nein – die EU und ihre Erpressungen im Kolonialstil. In: Oxi, Mai 2017

34   Ebd.

Eine geradezu geopolitische Dimension nehmen die Economic Partnership Agreements zwischen der EU und afrikanischen Staaten an, wenn sich die eine oder andere frühere Kolonie erlaubt, mit Nicht-EU-Ländern wie beispielsweise China oder Brasilien ein Handelsabkommen abzuschließen, das bessere Bedingungen als jenes mit der EU aufweist. Dann nützt Brüssel das vertraglich abgesicherte Veto genau so, als ob der ökonomische Irrgänger Mitglied der EU wäre, und verbietet ihm Präferenzabkommen mit Nicht-EU-Mitgliedern. Im Klartext: Die afrikanischen und karibischen Staaten, die mit der EU ein solches Agreement abgeschlossen haben, dürfen chinesischen oder indischen Handelspartnern keine besseren Konditionen gewähren.[35] Auch hier sind nationale Alleingänge, die Präferenzabkommen mit einzelnen Staaten abschließen, also nicht mehr möglich.

Die EU-Partnerschaftsabkommen mit den sogenannten AKP-Staaten Afrikas, der Karibik und des Pazifiks sind ein Musterbeispiel nicht nur dafür, wie durch den Kolonialismus erzeugte ökonomische Peripherisierung perpetuiert und verfeinert wird, sondern auch dafür, wie es zur Mobilisierung von Menschen kommt, die sich in der Folge in Massenmigrationen niederschlägt.

Die in vielfältiger Weise stattfindende Zerstörung der Subsistenz ist seit Menschengedenken eine der Grundursachen für Wanderungsbewegungen. Diese zu beschleunigen oder hintanzuhalten ist nichts Gottgegebenes, sondern Ergebnis gesellschaftlicher Verhältnisse, um die zu allen Zeiten gerungen wird.

Kriege und Vertreibungen

In der Typologie von Migrationsursachen dürfen die offen gewalttätigen nicht fehlen. Krieg, Flucht und Vertreibung gehen meist Hand in Hand. Dass Menschen vor den zerstörerischen Kräften des Krieges fliehen, bedarf keiner näheren Erklärung, diese Reaktion ist dem natürlichen

35 Tobias Reichert u. a., Entwicklung oder Marktöffnung? Kritische Aspekte in den Wirtschaftspartnerschaftsabkommen zwischen der EU und afrikanischen Ländern, Bonn 2009, S. 20, siehe: http://germanwatch.org/handel/epa-afr.pdf (22.5.2018)

Selbsterhaltungstrieb geschuldet. Die im Krieg angestrebte physische Vernichtung des Gegners ist die krasseste, weil schlagartig sich umsetzende Form der Zerstörung von Lebensgrundlagen. Kriege mögen Interventionen von außen sein oder innergesellschaftliche Auseinandersetzungen, die Folgen in Bezug auf die Bereitschaft bzw. Notwendigkeit zur Flucht ähneln einander. Ob die daraufhin einsetzende Migrationsbewegung kurzfristig oder dauerhaft, kleinräumig oder großräumig stattfindet, hängt von vielerlei Faktoren ab.

Dort, wo ein weitgehend friedliches Zusammenleben gegeben ist, gibt es in einer Gesellschaft wenig Grund zur Auswanderung. Ein Blick auf den »Global Peace Index«, eine von der britischen Zeitschrift *Economist* in Zusammenarbeit mit dem Friedensinstitut der Universität Sydney erstellte Rangliste von Ländern, unterstreicht dies eindrucksvoll. 24 Kriterien ergeben ein Ranking von 163 beurteilten Staaten entlang von Friedfertigkeit und Absenz von Krieg. Die Liste wird seit Jahren von dem kleinen Inselstaat Island angeführt, im Jahr 2017 folgen Dänemark, Österreich, Portugal und Neuseeland auf den Plätzen (Deutschland liegt an 16. Stelle). Das Schlusslicht bildet Syrien hinter dem Südsudan, Irak, Afghanistan und Somalia.[36] Die Hauptherkunftsländer der MigrantInnen sind am unteren Ende des Weltfriedensindex ablesbar. Auch die Zahlen der Menschenrechtsorganisation »Pro Asyl« bestätigen die einfache Erkenntnis des direkten Zusammenhangs von Krieg und Flucht bzw. Migration; demnach stammen in Deutschland 69 % derjenigen, die im Jahr 2015 um Asyl angesucht haben, aus Bürgerkriegsländern, allen voran aus Syrien, Afghanistan und dem Irak.[37]

Kriege fallen nicht vom Himmel, Kriege werden gemacht. Hinter den unmittelbar kriegstreiberischen Kräften stehen ökonomische oder geopolitische Interessen. Es geht dabei um Eroberung bzw. Sicherung von Märkten oder Einflusssphären, die meist wiederum der Absicherung wirtschaftlicher Zwecke dienen. Dabei mag es um innere gesellschaftliche Verteilungskämpfe gehen oder um expansive Erweiterungspläne einzelner

36   https://de.wikipedia.org/wiki/Global_Peace_Index (4.6.2017)
37   zit. in: Schuhler 2016, S. 21

Mächte. Die Dynamik kapitalistischer Verwertung, die seit Jahrhunderten – zumindest seit dem Beginn der sogenannten Neuzeit – die gesellschaftlichen Entwicklungen auf dem Globus entscheidend prägt, ergibt den Befund, dass Kriege in aller Regel Kapital getriebene Ereignisse sind. Als solche verursachen sie migrierende Massenbewegungen. Der slowenische Philosoph Slavoj Žižek sieht es als selbstverständlich an, »die eigentliche Ursache (…) in den Dynamiken des globalen Kapitalismus ausfindig zu machen wie in den Abläufen militärischer Interventionen.«[38]

Die klare anti-bellizistische Grundhaltung von Žižek sucht man bei anderen einflussreichen Autoren, die in jüngster Zeit zu Migration und gesellschaftlicher Verteilung geschrieben haben, vergeblich. Thomas Piketty z. B., der mit seinem Monumentalwerk *Das Kapital im 21. Jahrhundert*[39] vor allem für die (sozialdemokratische) Linke eine wegweisende Studie vorgelegt hat, unterstellt dem Krieg, den er ein katastrophales Ereignis nennt, nichtsdestotrotz eine positive, soziale Seite. Seine statistischen Reihen zur Einkommens- und Vermögensverteilung weisen für Kriegszeiten eine Verringerung der sozialen Ungleichheit auf. Die dem Krieg innewohnende Kapitalvernichtung sowie die Tendenz zu hohen Inflationsraten können tatsächlich dem Eigentum schaden, vor allem solchem, das nicht im militärisch-industriellen Komplex seine Rendite macht. Dies allerdings zu einer »Verringerung der Ungleichheit« umzuinterpretieren, lässt die physischen Leiden der direkten Opfer von Krieg und Vertreibung außer Acht. Diese mögen nicht als Zahlenkolonne darstellbar sein, wären aber in einer Gesamtrechnung menschlicher Gewinne und Verluste unbedingt zu berücksichtigen, auch wenn sie nicht das Vermögen betreffen. An Piketty anschließend ortet auch der serbisch-US-amerikanische Ökonom Milanović im Krieg eine, wie er schreibt, »böse Kraft«, die sozialer Ungleichheit entgegenwirkt. »Kriege können die Ungleichheit verringern, führen jedoch auch zu einer Verringerung der Durchschnittseinkommen«, postuliert er.[40]

38 Žižek 2016, S. 37
39 Thomas Piketty, Capital in the Twenty-First Century. Cambridge/London 2014, S.24
40 Milanović 2016, S. 10

Eine ausgleichende Funktion des Krieges hat schon Thomas Robert Malthus[41] vor 200 Jahren ins Treffen geführt. In seiner biologistischen Sicht sieht er die Ursache von Kriegen in der »Unzulänglichkeit von Raum und Nahrung« sowie in einer »überschäumenden Bevölkerung«, die nach neuen Lebensräumen drängt. Eine Verherrlichung des Krieges kann man Malthus nicht vorwerfen. Wenn er von ihm als »lasterhaftem Elend« spricht, weist das ein wenig in die Richtung der »bösen Kraft«, die ihm Milanović zuschreibt.

Der malthusianische Zugang zum Thema Krieg, der dessen Überbevölkerungstheorie zum Ausgangspunkt hat, ist heute zu Recht vollkommen aus der Mode geraten und wird fallweise als rassistisch denunziert. 200 Jahre später verwechseln Piketty und Milanović in streng ökonomistischer Lesart allerdings erneut Ursache und Wirkung von Krieg. Darauf, dass Krieg nichts gesellschaftlich Ausgleichendes hat, sondern umgekehrt die große soziale Differenz die Ursache für Krieg darstellt, hat im Übrigen schon Eugen Düring im Jahr 1867 hingewiesen: »Der Krieg ist nicht, wie Malthus meint, ein Mittel der Ausgleichung«, schrieb er, »sondern selbst eine Entstehungsursache von Mißverhältnissen zwischen Subsistenz und Bevölkerung.«[42]

Der aus sozialen Verwerfungen oder extremen regionalen Differenzen sich speisende Krieg kann diese Probleme nicht ausgleichen, sondern gebiert im Gegenteil neue, erzwungene Wanderungsbewegungen, Vertreibungen und Deportationen.

Der Umweltfaktor

Die Erwärmung der Erde mag viele Ursachen haben, doch die Klimaforscher sind sich in letzter Zeit darüber einig geworden, dass menschliche Eingriffe wesentlich dazu beitragen. Was in der Diskussion untergehen droht, ist die Antwort auf die Frage, wer von diesen Eingriffen profitiert und wer darunter zu leiden hat. Letzteres scheint offensichtlich, es ist meist die ärmere Bevölkerung auf der südlichen Halbkugel. Die

---

41 Thomas Robert Malthus, An Essay of the Prinicple of Polpulation, IV, Kapitel 3. London 1798, zit. in: Kulischer 1932, S. 16

42 Eugen Düring, Cursus der National- und Socialökonomie einschliesslich der Hauptpunkte der Finanzpolitik, Leipzig 1876, S. 114, zit. in: Kulischer 1932, S. 40

wenigen – kurzfristigen? – Gewinner hingegen leben durchwegs im reichen Norden und lenken von dort aus ihre Geschäfte.

Die nicht mehr zu leugnende Klimaveränderung bewirkt Überschwemmungen und Verwüstungen gleichzeitig, aber an unterschiedlichen Orten. Als spürbarster Ausdruck der Klimaerwärmung stieg der Meeresspiegel zwischen 1990 und 2017 um fünf Zentimeter. Bis zum Jahr 2100 könnte es entsprechenden Berechnungen zufolge ein Meter sein; in den Küstengebieten von Bangladesch liegt der prognostizierte Wert noch darüber. Schon der Anstieg um einen Meter hätte im Golf von Bengalen eine Überflutung von 30.000 km² zur Folge, das entspricht fast der Fläche von Baden-Württemberg oder von Niederösterreich und Oberösterreich zusammengenommen. 15 Millionen Menschen wären unmittelbar davon betroffen. Ein von Indien errichteter 4000 Kilometer langer Grenzzaun zu Bangladesch soll historische Grenzstreitigkeiten regeln, dient aber auch zur Abhaltung erwarteter Klimaflüchtlinge.[43]

Die reichen Länder des Nordens sind in den vergangenen zwei Jahrzehnten dazu übergegangen, kontaminierte Abfälle wie Giftmüll und Elektroschrott in die arme, südliche Hemisphäre zu exportieren oder – wie im Fall von Somalia – Atommüll einfach in fremden Gewässern zu verklappen.[44] In den Hafen der nigerianischen Hauptstadt Lagos werden monatlich 500 Container Elektroschrott geliefert; im ghanaischen Accra reihen sich Halde an Halde mit giftigen Stoffen wie Kadmium, Blei und Quecksilber, die allesamt aus Nordamerika oder Westeuropa kommen.[45] Diese Externalisierung von Umweltproblemen und Umweltkosten trägt wesentlich dazu bei, dass in vielen afrikanischen oder südasiatischen Regionen die Lebensumstände immer prekärer werden.

Mit der Wirklichkeit belastbare Zahlen, wie viele Menschen in den kommenden Jahrzehnten wegen drastischer Umweltveränderungen aus

43   Siehe: https://www.heise.de/tp/features/Die-indische-Mauer-3404254.html (8.6.2017); auch: Jochen Oltmer, Globale Migration. Geschichte und Gegenwart. München 2016, S. 125
44   Georg Auernheimer, Wie Flüchtlinge gemacht werden. Über Fluchtursachen und Fluchtverursacher. Köln 2018, S. 14, 121
45   Norbert Nicoll, Adieu, Wachstum! Das Ende einer Erfolgsgeschichte. Marburg 2016, S. 125; zit. in: Auernheimer 2018, S. 195

ihren angestammten Lebensräumen fliehen müssen, gibt es keine. Im UNO-Hochkommissariat schätzte man Anfang des 21. Jahrhunderts, dass Überflutungen oder Wüstenbildungen 24 Millionen zu Umweltflüchtlingen machen werden, das Rote Kreuz hingegen geht von bis zu 500 Millionen Betroffenen aus.[46] Der Umweltexperte Godfrey Baldacchino rechnet allein für Bangladesch mit 100 Millionen Menschen, deren Heimat in nächster Zeit von den Flutwellen des Meeres überschwemmt wird.[47] Die Umweltschutzorganisation Greenpeace geht noch einen Schritt weiter und gibt sich nicht nur mit Prognosen ab, sondern behauptet in einer Studie, dass in den Jahren zwischen 2008 und 2015 insgesamt bereits 203 Millionen Menschen »durch wetterbedingte bzw. geophysikalische Katastrophen« vertrieben worden sind, über 100 Millionen davon durch Überschwemmungen.[48]

Oft sind Klimaveränderungen Auslöser für gewalttätige Auseinandersetzungen. Aktuelle Beispiele dafür können im Sudan/Darfur oder in Syrien studiert werden, wo extreme Dürreperioden die Nomaden in die fruchtbareren Gebiete (in Darfur) und die Bauern in die Städte (in Syrien) getrieben haben. Soziale Spannungen entluden sich daraufhin in Bürgerkriegen, die wiederum von auswärtigen Interessen instrumentalisiert wurden. Die Menschen fliehen vor dem Krieg, der – auch – durch Klimakatastrophen und Umweltzerstörungen befeuert wird.

Bis heute stellen Klimawandel und Umweltveränderungen im Übrigen keinen Asylgrund dar.

Der Glaube treibt zur Flucht

Religiöse Verfolgungen gehörten in den 1970er-Jahren zu einer – Gott sei Dank, wenn diese Sprachformel hier nicht als anstößig empfunden

---

46 Oltmer 2016, S. 123

47 http://derstandard.at/2000055778214/Warum-der-Klimawandel-nicht-als-Fluchtgrund-gilt (8.6.2017)

48 Greenpeace (Hg.), Klimawandel, Migration und Vertreibung. Die unterschätzte Katastrophe. Hamburg 2017, S. 13, siehe: https://www.greenpeace.de/sites/www.greenpeace.de/files/publications/20170524-greenpeace-studie-klimawandel-migration-deutsch.pdf (8.6.2017)

wird – langsam aussterbenden Gattung gewalttätiger Auseinandersetzungen. In den vergangenen Jahrzehnten haben sie jedoch deutlich und weltweit zugenommen. Und mit ihnen ein Fluchtgrund, der Hunderttausende zum Verlassen ihrer Heimat zwingt.

Die europäische Geschichte ist gespickt mit Migrationswellen, die auf Ketzervorwürfen und religiöser Intoleranz basieren. Im Mittelalter sahen sich ganze christliche Glaubensgemeinschaften wie die Katharer oder die Waldenser als Häretiker gebrandmarkt und zur Flucht getrieben, antisemitische Pogrome trafen die jüdische Bevölkerung.[49] Die Austreibung der Muslime (Mauren) und Juden aus Spanien läutete im Westen des Kontinents die Neuzeit ein. Für die Vielzahl und Vielfalt der Protestanten, die zwischen dem 16. und 18. Jahrhundert ihre angestammten Lebensräume verlassen mussten, hat die Wissenschaft einen eigenen Terminus eingeführt: Exulanten. Die französischen Hugenotten, die nach der Aufhebung des Toleranzedikts von Nantes im Jahre 1685 für vogelfrei erklärt wurden, sind nur eines von vielen Beispielen, wie insbesondere die katholische Kirche und die mit ihr verbundenen politischen Potentaten große Migrationsströme auslösten. Die Hugenotten flohen Ende des 17. Jahrhunderts insbesondere in die Schweiz und nach deutschen Landen. Aus Böhmen wiederum mussten die Protestanten nach der Schlacht am Weißen Berg (1620) fliehen. Die Habsburger leiteten damals eine brutale Rekatholisierung ein, in der die religiöse Verfolgung von Lutheranern und Calvinisten Hand in Hand mit der Enteignung des protestantischen Adels ging; ein typisches Beispiel, wie sich Glaubensgrundsätze und ökonomische Interessen vermischen und das eine den Vorwand für das andere abgibt.

Im 20. Jahrhundert waren es dann zwei Holocausts, die neben immensen Opfern auch große Fluchtbewegungen auslösten. Sowohl bei der Verfolgung der Armenier im Osmanischen Reich als auch bei jener der Juden im »Dritten Reich« spielte die Religion für die Argumentation der Gewalttäter eine wichtige, wenn auch nicht die entscheidende Rolle.

49 Vgl. Hans-Heinrich Nolte, Zwischen Duldung und Vertreibung: (Ethno-)religiöse Minderheiten im europäischen Vergleich; in: Sylvia Hahn/Andrea Komlosy/Ilse Reiter-Zatloukal (Hg.) Ausweisung – Abschiebung – Vertreibung in Europa. 16.-20. Jahrhundert. Innsbruck 2006

Heutzutage werden viele im Kern soziale oder (geo)politische Konflikte mit religiösen Argumenten befeuert. Die Frage, ob der »falsche« Glaube migrationsverursachend ist oder ob doch eher soziale Missstände und extreme wirtschaftliche Schieflagen dafür verantwortlich sind, ist zu klären, spielt aber für die Vertriebenen nur eine untergeordnete Rolle. Die Religion muss jedenfalls in vielen Fällen als Grund dafür herhalten, warum sich Menschen zur Flucht entscheiden; ob das schiitische Muslime in einem Teil des Irak oder sunnitische Glaubens»brüder« in einem anderen Teil des Zweistromlandes sind oder Christen in Syrien – Zigtausenden bleibt als Ausweg, um überleben zu können, nur die Emigration.

Politisch vertrieben

Von politisch motivierten Fluchtbewegungen spricht man erst seit dem Ende des 18. Jahrhunderts. Davor wurden soziale oder kulturelle Bewegungen im Selbstverständnis der Akteure nicht im modernen Sinne als politisch begriffen. Erst mit der Französischen Revolution setzte sich das entsprechende Bewusstsein einer möglichen gemeinsamen gesellschaftlichen Willensbildung durch, die jenseits feudaler oder kirchlicher Strukturen handlungsfähig ist.

Vielleicht waren die von den Revolutionären vertriebenen Loyalisten die ersten, die sich als politisch Verfolgte sahen. Seit Anfang des 19. Jahrhunderts sammelte sich dann eine ganze Reihe von Revolutionären, Nationalisten und Reaktionären an, die aus politischen Gründen emigrieren mussten. Zu nennen wären z. B. die polnischen Nationalisten des Novemberaufstandes von 1830/31, die zu Tausenden vor den zaristischen Truppen nach Frankreich flohen, die Revolutionäre der Pariser Kommune nach deren Niederschlagung im Mai 1871 oder die Sozialdemokraten und Kommunisten, die vor der Repression der Sozialistengesetze in Deutschland in fremde Länder, allen voran nach England und in die Schweiz gingen. Politisch motivierte Vertreibungen erreichten (und erreichen) nie die Quantität von Subsistenzmigrationen und Kriegsflüchtlingen und betreffen in erster Linie Intellektuelle und Künstler. Massenwanderungen mögen dennoch politische Ursachen und Auslöser haben, als politische Migrationen werden sie nur bedingt wahrgenommen. Das der politischen Migration anhaftende Individuelle passt mit dem Schema einer Wanderungsbewegung nicht zusammen; der Begriff Flucht trifft in diesen Fällen die Sachlage besser.

Nach dem Zweiten Weltkrieg versuchte sich die UNO auf einer am 28. Juli 1951 einberufenen Konferenz an der Definition eines Flüchtlings. Dieser Genfer Konvention sind bis heute 147 Staaten beigetreten. Indien, Indonesien, Pakistan und Saudi-Arabien gehören zu den wichtigsten Staaten, die die Vereinbarung nicht ratifiziert haben. Für die Konvention gilt als Flüchtling eine Person, die »aus der begründeten Furcht vor Verfolgung wegen ihrer Rasse, Nationalität, Zugehörigkeit zu einer bestimmten sozialen Gruppe oder wegen ihrer politischen Überzeugung sich außerhalb des Landes befindet, dessen Staatsangehörigkeit sie besitzt und den Schutz des Landes nicht in Anspruch nehmen kann oder wegen dieser Befürchtungen nicht in Anspruch nehmen will«.[50] Ein Recht wird daraus nicht abgeleitet, auch nicht ein solches auf Asyl. Überhaupt ist die Genfer Konvention ein vielfach überschätzter Papiertiger. Geschaffen im Kalten Krieg, um meist politisch Bedrohten aus kommunistischen Staaten eine Perspektive im Westen zu bieten, ist sie für den Umgang mit aktuellen Fluchtbewegungen ungeeignet; sie behandelt einen quantitativ vergleichsweise überschaubaren Sonderfall im weltweiten Wanderungsgeschehen.

»Die Genfer Konvention hat teilweise ihre Anwendbarkeit auf die realen Probleme verloren (…), sie ist überhaupt nicht zugeschnitten auf Vertreibungen durch interethnische Konflikte oder auf die Bewältigung illegaler Migration aufgrund wirtschaftlicher Krisen in der Dritten Welt«, schreibt der jahrelang für Flüchtlingsfragen und Asylrecht im österreichischen Innenministerium zuständige Manfred Matzka.[51] Mit dem Abkommen aus dem Jahr 1951 wird man dem Phänomen der Massenwanderung jedenfalls nicht gerecht, geschweige denn, dass man damit einer Lösung näher kommt.

50 Genfer Flüchtlingskonvention von 1951, siehe: http://www.unhcr.org/dach/wp-content/uploads/sites/27/2017/03/Genfer_Fluechtlingskonvention_und_New_Yorker_Protokoll.pdf (17.4.2018)
51 Manfred Matzka, Zur Notwendigkeit einer europäischen Migrationspolitik. In: Manfred Matzka/Doris Wolfslehner (Hg.), Europäische Migrationspolitik. Band 1, Wien 1999, S. 27

Soziale Verwerfung und regionale Disparität

Die entscheidende Migrationsursache unserer Tage liegt in einer zunehmenden sozialen Differenz, wie sie sich im Weltmaßstab niederschlägt. Anfang 2017 stellte die britische Entwicklungshilfeorganisation Oxfam zum Auftakt des regelmäßig stattfindenden Weltwirtschaftsforums in Davos ihre Studie »An Economy for the 99 Percent«[52] vor und packte das Ergebnis griffig in die Formel, wonach acht weiße Männer so viel besitzen wie 50 % der ärmeren Hälfte der Weltbevölkerung.[53] Die Berechnungsmethode ist zwar von liberalen Ökonomen kritisiert worden. Die Grundaussage, wie sehr die soziale und regionale Ungleichheit in den vergangenen Jahrzehnten angestiegen ist, bezweifelt indes kein seriöser Ökonom oder Soziologe mehr; zu klar liegen die Fakten auf dem Tisch. Die drei reichsten Männer der Welt – Bill Gates, Amancio Ortega und Warren Buffet – besitzen jeder für sich ein Nettovermögen zwischen 60 und 75 Milliarden US-Dollar, das entspricht den Staatshaushalten von Polen, Neuseeland oder Iran und ist das Zehnfache dessen, was Länder wie Zypern, Guatemala oder der Sudan jährlich an Einnahmen lukrieren.[54] Am anderen Ende der Zahlenreihe finden wir Hunderte Millionen von Menschen, die nicht wissen, ob sie in der kommenden Woche genug zu essen und zu trinken haben werden, um überleben zu können. Es ist dieses geradezu obszöne Ungleichgewicht, das einen Migrationsdruck erzeugt, wie ihn die Welt seit ihrer menschlichen Besiedelung nicht gesehen hat. »Der neue Klassenkampf«, wie ihn Slavoj Žižek nennt, ist weltumfassend und speist sich nicht mehr hauptsächlich aus dem Auseinanderklaffen der sozialen Schere vor Ort, sondern aus weltweiten regionalen Disparitäten.

---

52 https://www.oxfam.de/ueber-uns/aktuelles/2017-01-16-8-maenner-besitzen-so-viel-aermere-haelfte-weltbevoelkerung (16.6.2017)

53 Die acht Milliardäre sind: Bill Gates (Nettovermögen: 75 Milliarden US-Dollar), Amancio Ortega (67 Milliarden), Warren Buffett (61 Milliarden), Carlos Slim Helu (50 Milliarden), Jeff Bezos (45 Milliarden), Mark Zuckerberg (45 Milliarden), Larry Ellison (44 Milliarden), Michael Bloomberg (40 Milliarden).

54 Die österreichischen Budgeteinnahmen betrugen 2016 187 Milliarden US-Dollar.

Branko Milanović hat in seinem Werk *Die ungleiche Welt* versucht, die globale Ungleichheit zu quantifizieren. Er tut dies auf Basis der Durchschnittseinkommen. Mit der sogenannten Theil-Methode trennt er den Faktor Klasse vom Faktor Ort bzw. Land. Damit soll erklärt werden, wie klein- bzw. großräumig sich die soziale Differenz gestaltet. Das Ergebnis ist äußerst aufschlussreich, zeigt es doch, wie unbedeutend im 19. Jahrhundert die Ungleichheit zwischen den Ländern und Weltregionen war, wie also der Klassenkampf um eine gerechtere Verteilung logischerweise vor Ort stattgefunden hat. Im Jahr 1820 waren dementsprechend nur 20% der globalen Ungleichheit auf unterschiedliche Einkommen zwischen Ländern zurückzuführen, 80% wurzelten im jeweiligen Land selbst.[55] Mitte der 1970er-Jahre hatte sich dieses Verhältnis gedreht, der Einfluss des Ortes auf die globale Ungleichheit beträgt nun 80%, jener der Klasse nur 20%. Mit anderen Worten: Der Kampf um die Verteilung findet nun im Weltmaßstab statt, die Ortsunterschiede übertreffen die Klassendifferenz. Frantz Fanons *Die Verdammten dieser Erde*[56], der berühmteste schriftstellerische Ausdruck dieses weltweiten antiimperialistischen Kampfs, findet hier seine statistische Untermauerung. Auch Friedrich Engels[57] hatte ja bereits 1892 mit seinem Begriff der »Arbeiteraristokratie« darauf verwiesen, dass (kleine) Teile der Arbeiterklasse im Zentrum vom Kapital kooptiert werden (können), um der örtlichen sozialen Befriedung willen.

Die unterschiedlichen Ausprägungen sozialpartnerschaftlicher Politiken seit dem Ende des Zweiten Weltkrieges, ob in Form des sogenannten rheinischen Kapitalismus, der österreichischen Sozialpartnerschaft, dem skandinavischen Sozialstaatsmodell oder anderen, haben dazu beigetragen, dass die Klassengegensätze in den entsprechenden Zentrumsländern verkleinert wurden. Allerdings geschah dies auf Kosten zunehmender sozialer Verwerfungen an der Peripherie. Dorthin wurde die technologisch

---

55 Milanović 2016, S. 137f.
56 Frantz Fanon, Die Verdammten dieser Erde, Frankfurt/Main 2008; zuerst 1961 auf Französisch erschienen, 1966 auf Deutsch.
57 Friedrich Engels, Vorwort zur englischen Ausgabe (1892) der »Lage der arbeitenden Klasse in England«, in: Karl Marx und Friedrich Engels Werke (MEW), Bd. 22, Berlin 1962, S. 265-278

ausgereifte Industrie zu billigen Arbeitsplätzen verlagert, von dort die billigen Rohstoffe und Lebensmittel importiert. Damit gelang es kurzfristig, die den Kapitalismus bestimmende Ungleichheit in den Zentrumsländern zu verschleiern und von der Klassenebene vor Ort auf die Ebene weltregionaler Disparitäten zu verschieben. Das aktuelle Migrationsgeschehen ist eine unmittelbare Reaktion darauf, es ist Ausdruck des weltweiten Kampfes um Verteilungsgerechtigkeit.

Regionale Entwicklungsunterschiede waren immer schon Triebkräfte dafür, diese mit Mobilität zu überwinden. Wanderarbeiter begleiten die europäische Geschichte – und nicht nur diese – seit Jahrhunderten. Die mittelalterliche Stadt fungierte dementsprechend als Anziehungspunkt; und die Kapitalisierung der Landwirtschaft provozierte insbesondere saisonale Migrationen. Im 19. Jahrhundert sprach man von »Rübenwanderungen« oder »Kartoffelbuddlern«, oft soziale Randgruppen, die sich als WanderarbeiterInnen ihren Lebensunterhalt verdienten.

Wanderarbeiterströme kennen wir bereits seit dem frühen 16. Jahrhundert im Städtebau der Renaissance oder im Anlegen riesiger Fischteichwirtschaften in Südböhmen, wo italienische Arbeiter für Feudalherren und reiche Bürger tätig waren. Nach dem Dreißigjährigen Krieg zog es zigtausende verarmte Deutsche aus peripheren Gebieten wie Westfalen, dem Osnabrücker Land oder dem Emsland in die Niederlande, wo sie im Ernteeinsatz, beim Kanalbau, in Torfgruben oder in Ziegelwerken ihr karges Dasein fristeten. Diese sogenannten »Hollandgänger« waren Teil eines umfassenden Wanderarbeitssystems[58], das seit dem 17. Jahrhundert für 200 Jahre Bestand hatte.

In der zweiten Hälfte des 19. Jahrhunderts war es der Bau großer Infrastrukturprojekte wie insbesondere die Errichtung von Schienentrassen für die Eisenbahn, die ohne MigrantInnen so nicht möglich gewesen wäre. Und nach der Fertigstellung erleichterten dann die schnellen Verbindungen überregionale Wanderungen in Städte und Industriegebiete.

---

58 Jan Lucassen, Migrant Labour in Europe 1600-1900. The Drift to the North Sea. London 1986.
    Siehe auch: Saskia Sassen, Migranten, Siedler, Flüchtlinge. Von der Massenauswanderung zur
    Festung Europa. Frankfurt/Main 1996, S. 24, 43

Dem späten 20. Jahrhundert blieb es vorbehalten, dass Migrationsströme, die aus regionaler Differenz entstehen, geografisch weltumspannend wurden und quantitativ Ausmaße erreichen, die in eine neue Qualität umgeschlagen sind.

ZÄSUREN DER EUROPÄISCHEN MIGRATIONSGESCHICHTE

Die Vertreibung Adams und Evas aus dem Paradies könnte als Metapher für den seit Ewigkeiten wandernden Menschen verstanden werden. Die alttestamentarische Erzählung böte auch in Hinblick auf den Zwangscharakter dieser Migration und das daraufhin ins Elend der Sterblichkeit geworfene Leben Anknüpfungspunkte an die heutigen Debatten. Wir wollen uns dennoch der jüngeren Geschichte widmen. Den konkreten Ursachen und Auswirkungen von Wanderungsbewegungen sollen schlaglichtartig die wichtigsten Formen und historischen Zäsuren von Migration vorangestellt werden.

Wanderung, Flucht und Vertreibung sind ihrer Natur nach so unterschiedlich wie ihre Auslöser. Änderungen in der Produktionsweise z. B. bewirken immer wieder Verschiebungen in der Bevölkerung, die sich daraufhin in großen Gruppen in Bewegung setzt.

Zwischen 1300 und 1750 blieb die Zahl der Menschen, die in Europa lebten, weitgehend konstant. Frankreich zählte im ausgehenden Mittelalter 20 Millionen EinwohnerInnen, 450 Jahre später waren es, nach zwischenzeitlichen Verlusten im 15. Jahrhundert, wiederum 20 Millionen. Auf den Britischen Inseln registrierte man im selben Zeitraum einen Bevölkerungszuwachs von 4 Millionen auf 6 Millionen; und in deutschen Landen stieg die EinwohnerInnenzahl zwischen 1300 und 1750 von 12 Millionen auf 16 Millionen, nachdem sie in Folge des 30-jährigen Krieges auf unter 10 Millionen abgesackt war. Demografischer Druck blieb jahrhundertelang ein vergleichsweise unbekanntes Phänomen, massenhafte Vertreibungen durch Kriege mobilisierten zwar Hunderttausende, die Folgen waren jedoch mit späteren Migrationsbewegungen nicht vergleichbar.

Die Produktivitätserhöhung in der Landwirtschaft gegen Ende des 17./ Anfang des 18. Jahrhunderts – unter Historikern auch als »Agrarrevolution«[59]

59 Siehe: Paul Bairoch, "The Impact" of Crop Yields Agriculture Productivity and Transport Costs

bekannt – zwang Hunderttausende zwischen England und (später) Deutschland zum Verlassen ihrer Heimat, zur Auswanderung. Da das kultivierbare Land sich nicht so ohne weiteres vergrößern ließ und das Feudalsystem an einer gerechten Verteilung der Güter nicht interessiert war, stieg die Armut exponentiell an. Die Grundherren benötigten aufgrund der gesteigerten Produktivität weniger Arbeitskräfte, die Löhne sanken und Familien ohne Land wurde ihre Lebensgrundlage entzogen. Auch kleine Grundbesitzer konnten kaum mehr überleben. Die in der Landwirtschaft unbrauchbar gewordenen Männer, Frauen und Kinder zogen entweder in die sich industrialisierenden westeuropäischen Städte oder nach Übersee. Die Urbanisierung der Welt erfuhr damit um 1800 einen rapiden Aufschwung.[60] Und die Eroberungszüge der weißen Siedler in Nordamerika und Argentinien brachten dort eine Ausdehnung des landwirtschaftlich nutzbaren Grund und Bodens um 100 Millionen Hektar mit sich.[61] In heutiger Terminologie würde die Agrarrevolution des frühen 18. Jahrhunderts als Push-Faktor und die Eroberung Amerikas als Pull-Faktor bezeichnet werden.

Erst das 18. Jahrhundert sah also großräumige, durch soziale Not ausgelöste Wanderungsströme in Europa. Landwirtschaftliche Produktivitätssteigerungen durch logistische und technische Umwälzungen wie die Aufhebung der Dreifelderwirtschaft, die zur Nutzbarmachung bisheriger Brachen führte, oder die beginnende Mechanisierung und Einführung besserer Werkzeuge machten signifikante Teile der Bevölkerung arbeitslos und im wirtschaftlichen Sinne nutzlos. Verarmte Massen waren zum Verlassen ihrer angestammten Wohnräume gezwungen.

Das Jahr 1816 erlebte dann eine Agrarkrise, die durch eine Umweltkatastrophe gigantischen Ausmaßes ausgelöst wurde. Sie verstärkte den bereits bestehenden transatlantischen Wanderungsstrom. Auf Java war im Jahr davor, 1815, der Vulkan Tambora ausgebrochen, ein Klimasturz war die Folge, der in weiten Teilen Europas zu einem »Jahr ohne Sommer« führte, wie es der damalige US-Botschafter in Großbritannien und spätere

on Urban Growth between 1800 und 1910. In: A. van der Woude/J. de Vries/A.Hayami (Hg.), Urbanisation in History. Oxford 1990

60 Heute lebt die Hälfte der Weltbevölkerung in städtischen Siedlungsgebieten.

61 Massimo Livi Bacci, Kurze Geschichte der Migration, Berlin 2015, S. 67

US-Präsident John Quincy Adams[62] nannte. Die Sonne war monatelang durch die Asche des Vulkanausbruchs verdunkelt, in London fiel Schnee im August, im Rheinland überflutete Sturzregen die landwirtschaftlichen Flächen, die Preise für Nahrungsmittel stiegen ins Unermessliche, Hunger breitete sich aus. Die Menschen strömten zu Zigtausenden in die atlantischen Häfen Westeuropas, um nach Nordamerika überzusetzen. »Traditionsreiche kontinentale und transatlantische Migrationspfade verwandelten sich in Fluchtrouten aus den Krisenzonen.«[63] Der Vulkan Tambora beruhigte sich bald wieder, die Auswirkungen seiner Eruption hielten noch lange an.

Die Agrarkrise der Jahre 1816/17 beschleunigte die Emigration insbesondere nach Übersee. Überfüllte Lager dies- und jenseits des Atlantiks und von auswanderungswilligen Menschen überbordende Schiffe kennzeichneten diese erste große Zäsur einer europäischen – auch transatlantischen – Wanderung.

Die Einführung der Dampfmaschine, die ab Mitte des 19. Jahrhunderts sowohl auf Schienen wie auch im Schiffsverkehr zum Einsatz kam, schuf technische Voraussetzungen für eine neue Quantität von MigrantInnen. Wirklich Schwung nahm die Auswanderungswelle über den Atlantik dann um 1860/70 mit der Dampfschifffahrt auf; statt 44 Tagen unter Segel brauchte man mit dem Dampfer nur noch 14 Tage für die Überfahrt.

Die erste Hälfte des 20. Jahrhunderts war vom größten Völkerschlachten geprägt, das die Welt je gesehen hatte. In zwei Weltkriegen verloren nicht nur 80 Millionen Menschen ihr Leben,[64] Fluchtbewegungen und gezielte Vertreibungen erreichten ein Ausmaß, das bis dahin in Europa unbekannt gewesen war.

Der Krieg ist die Ultima irratio der Zwangsmobilisierung. Diese findet in vielerlei Formen statt. Am Anfang steht die Requirierung bzw. Einberufung von Soldaten, auch schlicht Mobilisierung genannt. Der Feldzug als großer, gewaltsamer Strom bewaffneter Menschen war zu Zeiten

---

62   Zit. in: Klaus J. Bade, Europa in Bewegung. Migration vom späten 18. Jahrhundert bis zur Gegenwart. München 2000, S. 129
63   Ebd., S. 130
64   Davon 17 Millionen Tote im Ersten und 63 Millionen Tote im Zweiten Weltkrieg.

des Ersten und Zweiten Weltkrieges für die meisten der jungen Rekruten tatsächlich ihre erste weiträumige Wanderung, im reinen Eroberungskrieg der Nationalsozialisten oftmals auch mit einem Migrationsversprechen z. B. auf Ländereien fruchtbarer ukrainischer oder russischer Schwarzerdeböden verbunden. Der mobilisierte Kampfverband führte in Reaktion darauf unmittelbar zu großen Fluchtbewegungen im sogenannten Feindesland; ganze Landstriche entsiedelten sich. Zugleich wurden jene Fabriken und Bauernhöfe, denen im Hinterland des zweimaligen deutschen Aggressors durch die Mobilisierung die Arbeitskräfte fehlten, mit Fremdarbeitern und Kriegsgefangenen aufgefüllt. Der anfänglichen Freiwilligkeit beispielsweise durch belgische Arbeiter im Ersten und durch griechische im Zweiten Weltkrieg folgten bald Zwangsdeportationen Hunderttausender. Parallel dazu kam es zu massenhaftem Bevölkerungsaustausch und zu systematischen, geplanten Vertreibungen. Diese gipfelten am Ende des Ersten Weltkrieges im sogenannten »Bevölkerungsaustausch« zwischen Griechenland und der Türkei, während des Zweiten Weltkrieges im Holocaust an den Juden und danach in der Austreibung der deutschen Bevölkerung aus Böhmen, Mähren und Schlesien.

Über das konkrete Ausmaß dieses «Motors des Gewaltmigrationsgeschehens«,[65] wie Jochen Oltmer den Ersten Weltkrieg treffend nennt, liegt keine belastbare Gesamtstatistik vor. Klaus Bade, Jochen Oltmer und andere haben für einzelne Regionen oder Geschehnisse Zahlen zusammengezählt, die ein erschreckendes Bild ergeben. So floh beispielsweise 1914 ein Fünftel der BelgierInnen vor den heranrückenden Deutschen, ähnlich war die Situation in Serbien, wo die österreichisch-ungarische und die deutsche Soldateska menschenleere Landstriche und eine verbrannte Erde hinterließen. Aus Galizien und der Bukowina setzte sich 1915 eine knappe Million Bäuerinnen und Bauern in Bewegung, um vor zaristisch-russischen Angriffen ins niederösterreichische, böhmische und steirische Hinterland zu fliehen. Umgekehrt dürften es an die 7 Millionen RussInnen und UkrainerInnen gewesen sein, die bis 1917 von der deutsch-österreichischen Allianz vertrieben wurden. Den Arbeitseinsatz in der deutschen

---

65   Jochen Oltmer, Globale Migration. Geschichte und Gegenwart. München 2016, S. 77

Kriegswirtschaft hielten geschätzte 3 Millionen Ausländer aufrecht, zwei Drittel davon Kriegsgefangene.

Der Zweite Weltkrieg übertraf bei den Zwangsmigrationen den Ersten noch um Dimensionen. Unterschiedliche Schätzungen[66] kommen zu dem Schluss, dass zwischen 1939 und 1945 ca. 10 % der europäischen Bevölkerung geflüchtet waren oder deportiert wurden. Zwölf Millionen von diesen knapp 60 Millionen waren Sowjetbürger innerhalb der sowjetischen Staatsgrenzen, acht Millionen nach Deutschland verschleppte Zwangsarbeiter, davon wiederum mehr als ein Drittel Russen, Ukrainer und Weißrussen. Die zweithöchste Zahl kriegsbedingt Entwurzelter stellten Polinnen und Polen; von den drei Millionen wurde die eine Hälfte in Richtung Sowjetunion und die andere Hälfte in Richtung Deutschland deportiert.

Statt den von der Wehrmacht systematisch vertriebenen Slawen sollten im Sinne der nationalsozialistischen Idee zur Lösung des vorgeblichen Problems eines »Volkes ohne Raum« Deutsche im Osten angesiedelt werden. Eine Million »Volksdeutsche« verließen nach diesem Migrationsmuster ihre Heimat und zogen – kurzfristig – einer angeblich hehren Zukunft entgegen.

Mit der eigens von Berlin aufgestellten Sauckel-Behörde, benannt nach dem Gauleiter und Generalbevollmächtigten für den Arbeitseinsatz Fritz Sauckel, machten die Deutschen hinter der Front regelrecht Jagd auf Arbeitskräfte für die Heimatfront. Russische, polnische und französische ZwangsarbeiterInnen, 30 % davon Frauen, hielten die Kriegswirtschaft am Laufen. 20.000 Zwangsarbeiterlager in ganz Deutschland verteilten die von Sauckels Menschenjägern Gefangenen auf Bauernhöfe und in Handwerksbetriebe, vor allem aber auch in Produktionshallen kriegswichtiger Industriekonzerne.[67] Im Jahre 1944 war jeder zweite Beschäftige in der Landwirtschaft ein ausländischer Zwangsarbeiter, im Bergbau jeder dritte.[68]

66   Eugen Kulischer, Europe on the Move. War and Population Changes 1917-1947. New York 1948, S. 264; Wolfram Fischer, Wirtschaft, Gesellschaft und Staat in Europa 1914–1980, Bd. 6, Stuttgart 1987, S. 44f.; siehe auch: Bade 2000, S. 285
67   Oltmer 2016, S. 98
68   Bade 2000, S. 287. Siehe auch: Karl Heinz Roth, Die »andere« Arbeiterbewegung. München 1977, S. 145ff.

Die demografischen Verwerfungen des Zweiten Weltkrieges überlebten das Kriegsende. Vertreibungen und erzwungene Bevölkerungsverschiebungen strahlten im Osten bis Kasachstan und Sibirien und im Westen bis an den Rhein aus. Millionen von Deutschen, Polen und Sowjetbürgern mussten sich Ende der 1940er-Jahre in einer für sie neuen Umgebung zurechtfinden.

Die Vorboten einer neuen migrationsbewegten Zäsur kamen in Deutschland bereits 1955 an. Damals unterzeichneten die Regierungen Konrad Adenauer II und Antonio Segni ein Anwerbeabkommen für italienische Arbeitskräfte.[69] In den Jahren 1960 bis 1968 folgten acht weitere solche Verträge Deutschlands mit Spanien, der Türkei, Marokko, Jugoslawien und anderen Staaten. Österreich kopierte jeweils um ein paar Jahre versetzt den Trend. Frankreich zog Arbeiter aus Spanien und dem Maghreb, Großbritannien aus den ehemaligen Kolonialgebieten und dem Commonwealth in Asien und Afrika an. Zig Millionen Menschen zwischen Pakistan, der Türkei und Marokko folgten dem Ruf schlecht bezahlter Lohnarbeit in die westeuropäischen Zentren und fungierten als Konjunkturpuffer bzw. als industrielle Reservearmee vor Ort. In wirtschaftlichen Krisenjahren wie 1966/67 kehrten viele Gastarbeiter kurzfristig in ihre Heimat zurück, bis das Bonner Bundesministerium für Arbeit und Sozialordnung im November 1973 einen Erlass herausgab, der einem Anwerbestopp gleichkam. Schweden zog bereits zwei Jahre zuvor die Immigrationsbremse, Frankreich und Österreich folgten kurz darauf. Die weltweite Wirtschaftskrise des Jahres 1973 mit ihrem sichtbarsten Zeichen des »Ölpreisschocks« hatte eine Talfahrt im kapitalistischen Wirtschaftsreigen eingeleitet. Die Mär vom unbegrenzten Wachstum war – wieder einmal – an der Wirklichkeit zerschellt. Die Wanderungsbewegung kam für knapp 15 Jahre zu einem relativen Stillstand.

Die nächste große Zäsur ist dem Zusammenbruch der Sowjetunion und dem von ihr abhängigen Rat für gegenseitige Wirtschaftshilfe (RGW) im Jahr 1991 geschuldet. Die sogleich einsetzende Expansionsstrategie westeuropäischer (sowie US-amerikanischer und etwas später auch ostasiatischer) Konzerne in Richtung Osten erfasste nicht nur neue Absatzmärkte und Produktionsstätten, sondern führte auch zum Import billiger Arbeitskräfte

[69]   https://de.wikipedia.org/wiki/Gastarbeiter (2.4.2018)

insbesondere aus Polen, dem Baltikum, Rumänien und Bulgarien. 1992 mobilisierte der Bürgerkrieg in Bosnien weitere Millionen von Menschen und zwang sie, ihrer Heimat den Rücken zu kehren. Das gleichzeitig von der UNO auf Druck der USA und EG-Europas ausgesprochene Embargo gegen Jugoslawien/Serbien bewirkte de facto einen Migrantentausch; während serbischen Staatsbürgern in Westeuropa das Leben schwer gemacht wurde, indem ihnen beispielsweise im Zuge eines Embargos gegen Jugoslawien Geldüberweisungen in die Heimat verboten waren, öffneten dieselben westeuropäischen Länder ihre Grenzen für Arbeitskräfte aus Ex-RGW-Ländern. Die daraus entstehende Konkurrenzsituation führte zu einer weiteren Teilung von Arbeitsmärkten in den Zentralräumen, auf die wir weiter unten noch ausführlich zu sprechen kommen.

Der bislang letzte Einschnitt im europäischen Migrationsgeschehen kann symbolhaft auf den 31. August 2015 datiert werden. An diesem Montag äußerte die deutsche Bundeskanzlerin Angela Merkel auf der regelmäßig stattfindenden Bundespressekonferenz in Hinblick auf massenhafte Flüchtlingsströme, die sich vom Nahen Osten in Richtung Mitteleuropa bewegten, den Satz: »Wir schaffen das«. Damit beschleunigte und vervielfachte sie eine Wanderungsbewegung großteils muslimischer Menschen aus kriegsgeplagten Ländern, die in der Folge zu gesellschaftlichen Spannungen auch in den Zielländern führte. Der 29. Juni 2018 brachte dann nach erbittertem innerdeutschem Streit einen offiziellen Paradigmenwechsel am EU-Ratsgipfel im Umgang mit Asylsuchenden – tatsächlich hatte ein solcher schleichend bereits viele Monate zuvor in einer Reihe von Staaten stattgefunden. Nun diskutierte Brüssel auf deutschen Zuruf, getrieben von Regierungsbeteiligungen rechter Parteien in Italien und Österreich, Rückweisungen von andernorts registrierten Flüchtlingen und den Aufbau von Lagern außerhalb der Europäischen Union.

ARBEITSMIGRATION: VON DER BESIEDELUNG AMERIKAS BIS ZUM GASTARBEITERIMPORT

Viele der oben beschriebenen unterschiedlichen Migrationsursachen münden in Arbeitswanderungen. Zerstörte Subsistenzgrundlagen, Kriege und Vertreibungen, Umweltkatastrophen und extreme soziale Verwerfungen zwingen Menschen zur Migration, fungieren als entscheidende Push-Faktoren, die freilich anderswo Anziehungspunkte benötigen, damit daraus ein Migrationsgeschehen entsteht. Die Suche nach (besseren) Überlebensmöglichkeiten ist untrennbar mit der Möglichkeit, Arbeit zu finden, verbunden. Die Arbeitsmigration ist die entscheidende Triebkraft, der wir uns in der Folge widmen wollen.

Die Besiedelung Amerikas

Eine Sonderstellung in der Weltgeschichte der Wanderungsströme nimmt die Eroberung der Amerikas ein, die im nördlichen Halbkontinent zur fast vollständigen Ausrottung der einheimischen Bevölkerung und deren Ersatz durch den Import schwarzer Sklaven und weißer Siedler führte. Sich dies unter migrationspolitischen Aspekten etwas näher anzusehen, hilft auch zu begreifen, warum ausgehend von den USA Mobilität heutzutage im herrschaftlichen Diskurs ein positives Image aufweist.

Über die Verschleppung von Millionen Schwarzafrikanern nach Süd- und Nordamerika zu berichten, würde den Rahmen dieses Buches sprengen, zumal wir unser Hauptaugenmerk auf die europäischen Bezüge zur Migration legen. Doch gerade deshalb darf diese erzwungene Massenwanderung nicht unerwähnt bleiben. Denn es waren weiße Europäer, die den mutmaßlich größten und sicher gewalttätigsten Transfer von Menschen befehligten und an ihm verdienten. Der millionenfache Sklavenhandel – Schätzungen gehen von elf bis 15 Millionen Schwarzen aus, die zwischen dem 16. und dem 19. Jahrhundert als Sklaven jenseits des Atlantiks verkauft wurden[70] – hat die ethnische Säuberung Amerikas erst möglich gemacht und den weißen Mann einen Doppelkontinent erobern lassen.

Viele dieser weißen »Eroberer« waren freilich zu Anfang nicht viel besser dran als die schwarzen Sklaven. Denn neben freien Siedlern, die sich ihre Überfahrt ins vermeintlich bessere Leben selbst finanzieren konnten, und der zwangsweisen Überführung von Kriminellen,[71] beherrschte ein System der Schuldknechtschaft – auf Englisch: Indentured Servitude – das transatlantische Migrationsgeschehen Richtung Nordamerika vom 16. bis ins 18. Jahrhundert. Es funktionierte folgendermaßen: Migrantenhändler sandten ihre Emissäre vorzüglich in verarmte europäische Regionen aus, um Menschen zur Auswanderung nach Amerika zu animieren. Dabei schilderten sie die dortigen Lebensverhältnisse in rosigen Farben und die Überfahrt als leicht zu bewerkstelligendes Hindernis. Oft folgten ganze Großfamilien den Lockrufen dieser Werber. Doch schon bei der Ankunft in europäischen Häfen stellte sich heraus, dass die Auswanderungswilligen mittellos und – nun bereits fern der Heimat – den Geschäftspraktiken der Migrantenhändler schutzlos ausgeliefert waren. In aller Regel wurden dann sogenannte Kontrakte unterschrieben, in denen sich die Emigranten verpflichteten, die Kosten für die Überfahrt gegenüber einem Dienstherrn in Übersee abzuarbeiten. Solche abhängige Schinderei konnte drei, fünf oder zehn Jahre dauern, bis der Kontraktarbeiter am Ende der Vertragszeit ein kleines Stück Land erhielt (das zuvor den Einheimischen gestohlen worden war). Nach dem englischen Begriff für »Rückzahlung« nennt man diese Art der Migration auch Redemptioner-System.

Schon die Überfahrt von Häfen wie Rotterdam oder Hamburg war im wahrsten Sinne des Wortes mörderisch. Im 18. Jahrhundert starben

---

70   Claus Füllberg-Stolberg, Transatlantischer Sklavenhandel und Sklaverei in den Amerikas. In: Ulrike Schneider/Hans-Heinrich Nolte (Hg.), Atlantik. Sozial- und Kulturgeschichte in der Neuzeit. Wien 2010, S. 90; vgl. auch: Jochen Meissner/Ulrich Mücke/Klaus Weber, Schwarzes Amerika. Eine Geschichte der Sklaverei. München 2008, S. 47f.

71   Bis ins Jahr 1788 wurden ca. 50.000 verurteilte Straftäter von Großbritannien nach Nordamerika überstellt. Siehe: Annemarie Steidl, Unter Zwang und aus freien Stücken. Globale Migrationssysteme im 18. Jahrhundert. In: Margarete Grandner/Andrea Komlosy (Hg.), Vom Weltgeist beseelt. Globalgeschichte 1700–1815. Wien 2004, S. 190

durchschnittlich 8 % der Erwachsenen und 16 % der Kinder auf den völlig überladenen Schiffen oder unmittelbar nach der Ankunft.[72] Fälle wie jener vom 6. März 1818, als in New Orleans drei niederländische Schiffe einliefen, die in Europa 1100 Passagiere, die meisten davon Redemptioners, an Bord genommen hatten und nur mit 503 Überlebenden ankamen, waren keine Seltenheit.[73]

Acht Wochen Qualen auf hoher See beschreibt der aus Süddeutschland stammende Auswanderer Gottlieb Mittelberger. Er war im Jahre 1750 auf einem der Zwischendecks eingepfercht, in dem vor allem die Kinder reihenweise starben: »Während der Seefahrt aber entstehet in denen Schiffen ein Jammer-volles Elend, Gestank, Dampf, Grauen, Erbrechen, mancherley See-Krankheiten, Fieber, Ruhr, Kopfweh, Hitzen, Verstopfungen des Leibes, Geschwulsten, Scharbock, Krebs, Mundfäule, und dergleichen, welches alles von alten und sehr scharf gesalzenen Speisen und Fleisch, auch von dem sehr schlimmen und wüsten Wasser herrühret, wodurch sehr viele elendiglich verderben und sterben. Dieser Jammer steiget alsdann aufs höchste, wann man noch 2 bis 3 Tag und Nacht Sturm ausstehen muß, dass man glaubt samt Schiff zu versinken und die so eng zusammen gepackten Leute in den Bettstatten dadurch übereinander geworfen werden, Kranke wie Gesunde; manches seufzet und schreyet: Ach! wäre ich wieder zu Hause und läge in meinem Schweinestall.«[74] Aufrecht stehen war in den Zwischenböden, wo auf 2 mal 2 Meter fünf Personen kauern mussten, nicht möglich. Tatsächlich war der heimische Schweinestall, den Gottlieb Mittelberger in seinen Erinnerungen beschreibt, nicht nur geräumiger, sondern auch luftiger.

Die Ereignisse des April 1815 beeinflussten in der Folge auch die Wanderbewegung von Europa nach Amerika. Auf Java war der Vulkan Tambora

72 Farley Grubb, Morbidity and Mortality on the North Atlantik Passage: Eighteenth-Century German Immigration, in: Journal of Interdisciplinary History Nr. 17, Heft 3, S. 584, in: Bade 2000, S. 128

73 Ebd.

74 Gerhard E. Solbach: Reise des schwäbischen Schulmeisters Gottlieb Mittelberger nach Amerika 1750-1754. Wyk auf Föhr 1992, S. 36, zit. in: http://www.auswanderung-rlp.de/auswanderung-nach-nordamerika/1718-jahrhundert/die-bedingungen-der-reise-das-redemptioner-system.html#cLL2 (20.6.2017)

ausgebrochen, was im Sommer 1816 die gesamte nördliche Hemisphäre unter eine Kälteglocke stellte. Aschewolken verdunkelten weite Teile Europas und Nordamerikas. Das Migrationsgeschehen war davon insofern betroffen, als dass die Naturkatastrophe Zigtausende von ihren Äckern vertrieb, die in der Ferne ihr Glück suchten. Für einen solchen Massenandrang an Emigranten war das Redemptioner-Sysstem allerdings nicht ausgerichtet; es »war kein Auffanginstrument für Massenwanderungen, sondern ein kreditäres, auf Nachfrage im Zielgebiet angewiesenes, d. h. marktabhängiges Beförderungssystem. Deshalb verdarb das plötzliche Überangebot (an zur Auswanderung Gezwungenen, d. A.) die Chancen für einen profitablen Absatz der Arbeitskontrakte von Passagieren.«[75] In der Saison 1816/17 setzten geschätzte 20.000 Deutsche, zum großen Teil aus dem Großherzogtum Baden und dem Königreich Württemberg, nach Nordamerika über. Die Auswanderungswelle ließ den jahrzehntelang funktionierenden Kontraktmarkt zusammenbrechen. Migrationshändler, die auf das Redemptioner-System gesetzt hatten, gingen bankrott. Nach der Zäsur des Jahres 1816 änderten sich Struktur und Art der europäischen Auswanderung. An die Stelle der Rückzahlungsmodalitäten, die mittellose Auswanderer in jahrelange, sklavenartige Schuldknechtschaft getrieben hatten, trat ein System der Vorauszahlung bzw. Vorfinanzierung, das auch ermöglicht wurde, weil Verwandte oder Freunde der Migrationswilligen bereits in Amerika lebten und oft die Überfahrt ihrer Nachkommenden mitfinanzierten. Eine erste Kettenmigration setzte ein.

Für Inder und Chinesen blieb das Kontraktarbeitswesen noch bis Ende des 19. Jahrhunderts in Kraft. Sie kamen zu Hunderttausenden als »Kuli« genannte Sklavenähnliche in englische Kolonien, insbesondere in die Karibik, und arbeiteten die Kosten der Überfahrt bei ihren Dienstherren ab. Erst 1917 wurde das Redemptioner-System in Großbritannien verboten.[76]

Der koloniale Charakter der massenhaften Überseemigration stieß das gesamte 19. Jahrhundert hindurch in der Literatur auf positive Resonanz. Der weiße Mann, so erbärmlich die einzelnen persönlichen

75 Bade 2000, S. 130
76 Oltmer 2016, S. 65

Migrationsgeschichten gewesen sein mögen, wurde von Politik und Medien als »Kulturträger« gefeiert, dessen gottgegebenes Schicksal es war, den nordamerikanischen Kontinent wirtschaftlich zu entwickeln. Die Rede vom »Manifest Destiny«, nach dem die Besiedelung des Kontinents einer »offensichtlichen Bestimmung« geschuldet war, wurde zum Leitbild auch der späteren USA.[77] Die »Zerstörung der Existenzbasis der gegebenen einheimischen Bevölkerung« und die »weiße Kolonisation von Gebieten primitiver Völkerschaften«[78] waren tief verwurzelte Glaubenssätze eines kaum angezweifelten, ja nicht hinterfragbaren Fortschrittsdenkens.

Dem bekannten Soziologen und Volkswirt Werner Sombart blieb es im Jahr 1928 vorbehalten, Migranten generell zu unterstellen, sie brächten Fortschritt im Sinne des Kapitalismus. Denn ihre Heimatlosigkeit mache sie risikofreudiger als Ortsansässige. »Wanderung entwickelt den kapitalistischen Geist durch den Abbruch aller alten Lebensgewohnheiten und Lebensbeziehungen, den sie im Gefolge hat«, schreibt er nicht nur in Bezug auf die einzigartige transatlantische Wanderungsbewegung.[79] Diese bezeichnet er als den »großen Griff«, der die Grundlage zur Entfaltung des Hochkapitalismus war. Ohne diese Völkerverschiebung wäre es mit der »kapitalistischen Herrlichkeit« schon Anfang des 19. Jahrhunderts zu Ende gegangen, paraphrasiert Kulischer[80] Werner Sombart und trifft damit den Kern der Sache.

Die durch eine ungleiche Verteilung und Erbteilungen im europäischen Feudalismus wirtschaftlich »überflüssig« gewordenen Menschen wurden jenseits des Atlantiks mit der Ausrottung der einheimischen Bevölkerung zum Träger einer postfeudalen, kapitalistischen Kultur. Ihre diesseits aufgestaute Unzufriedenheit, die der Nationalökonom Friedrich List im Zuge einer Befragung im Auftrag des württembergischen Königs im Jahr 1817[81] erhob, entlud sich in der Neuen Welt zerstörerisch gegenüber dem

---

77 siehe: Christina Halwachs, Manifest Destiny und die Indigenenpolitik der USA. Vom Indian Removal Act 1830 zum General Allotment Act 1887. Wien 2017
78 Kulischer 1932, S. 13
79 Werner Sombart, Der moderne Kapitalismus. München 1928, S. 885f.
80 Kulischer 1932, S. 136
81 Friedrich List befragte deutsche Auswanderer nach ihren Motiven. Siehe: https://www.

dort Alten und produktiv im Sinne der kapitalistischen Verwertungslogik. Der Transmissionsriemen dafür hieß Migration.

Woher kamen nun die Millionen von Auswanderungswilligen, die daheim nicht mehr menschenwürdig überleben konnten? Periphere Gebiete in Nord-, Ost- und Mitteleuropa, auch in deutschen Landen, belieferten das amerikanische »Arbeitseinfuhrland«.[82] Für die Ärmsten der Armen war Emigration nie eine Option, sie betraf vor allem jene, die den gesellschaftlichen Abstieg in die unterste Klasse vermeiden wollten. Baden und Württemberg waren z. B. jene Länder, die unter der Emigration zu leiden hatten, was den württembergischen König schon Anfang des 19. Jahrhunderts veranlasste, Gegenmaßnahmen in Erwägung zu ziehen und Auswanderungsbeschränkungen zu erlassen.

Bis in die 1830er-Jahre nahmen – nach unterschiedlichen Quellen – zwischen 600.000 und knapp zwei Millionen Europäer die Passage nach Übersee. Danach explodierte ihre Zahl in den zwei Wellen von 1846 bis 1857 und von 1864 bis 1873.[83] Bis 1880 wanderten 15 Millionen Menschen aus Europa nach Nordamerika, davon vier Millionen Deutsche, drei Millionen Iren (was ca. 30 % der Gesamtbevölkerung entsprach), drei Millionen Briten und eine Million Skandinavier.[84] Die dritte große Welle von 1880 bis 1893 erfasste dann je eine halbe Million aus Österreich-Ungarn und aus Russland, die bis Mitte des 19. Jahrhunderts eine restriktive Auswanderungspolitik betrieben hatten. Insgesamt überquerten im »langen 19. Jahrhundert« bis zum Ersten Weltkrieg 55 bis 60 Millionen Europäer den Atlantik.[85] Das große Völkerschlachten von 1914 bis 1918 sowie die Einführung von Einwanderungsquoten durch die USA nach 1918 beendete dann die massive Überseemigration.

handelsblattmachtschule.de/fileadmin/PDF/Serien/Sternstunden_der_Wirtschaft/05.05.2015_1817_FRIEDRICH_LIST_Im_Auftrag_seiner_Majestaet.pdf (22.6.2017)

82 Imre Ferenczi, Kontinentale Wanderung und die Annäherung der Völker. Jena 1930, S. 21
83 Sassen 1996, S. 69
84 Oltmer 2016, S. 41
85 Ebd., S. 11

Arbeitsmigration im 18. und 19. Jahrhundert

Die klassischen Handwerkerwanderungen, auf denen sich seit dem Mittelalter junge Burschen durch halb Europa trieben, nutzten eine Reihe von Berufsgruppen zur Weiterbildung, um mögliche neue technische und organisatorische Arbeitsgrundlagen in der Fremde zu erfahren. Ihrer ganzen Struktur nach haben diese Reisen nichts mit den späteren Massenmigrationen zu tun: Sie blieben einer kleinen Auswahl von qualifizierten Handwerkern vorbehalten, entsprangen nicht existenzieller Not und verbanden Wissbegierde, Gastfreundschaft und Reiselust. Mit den Wanderarbeitern des Industriezeitalters verbindet die Handwerker kaum etwas. Diese waren (und sind) in ihrer Mehrheit unqualifiziert, stammen aus sozial schlecht gestellten Schichten und krisengeschüttelten Regionen und bewegen sich in Richtung besserer Lohn- und Verdienstmöglichkeiten. Die Migrationen des frühen Industriezeitalters verdeutlichen in geradezu idealtypischer Weise soziale und regionale Ungleichheit, wobei die Bewegungen von den peripheren, ländlichen in die zentralen, urbanen Räume stattfinden.

Um 1800 verortet der niederländische Sozialhistoriker Jan Lucassen[86] sechs sogenannte Pull-Zonen in Europa, also Zuwanderungsgebiete, die durch ihre relative wirtschaftliche Stärke Migranten anzogen. Ihre überregionale Attraktivität bestand insbesondere in einem vergleichsweise hohen Lohnniveau, das freilich nicht unbedingt gleichbedeutend mit besseren Lebensbedingungen war. Solche Zielgebiete, in denen sich jährlich mindestens 20.000 Wanderarbeiter aufhielten, waren das Pariser Becken mit 60.000 ArbeitsmigrantInnen, Madrid und sein ländliches Umland, die Gegend um Rom, London und Umgebung, die Po-Ebene, Katalonien, die holländische Nordseeküste und – weniger bedeutend – das Rheintal. Wanderarbeit war bis weit ins 19. Jahrhundert hinein aufs Engste mit der Landwirtschaft verbunden, die die meisten Arbeitskräfte in der saisonalen Erntehilfe verbrauchte.

---

86 Jan Lucassen, Migrant Labour in Europe 1600-1900. The Drift to the North Sea. London 1986, S. 107 und Abbildung 6.3; siehe auch: Heinz Noflatscher, Arbeitswanderung in Agrargesellschaften der frühen Neuzeit. In: Geschichte und Region, 2. Jg., Heft 2, Bozen 1993, S. 69f.

Arbeitswanderung existierte in Europa freilich lange vor dem 19. Jahrhundert und hat sich in ihren Formen seit der Frühen Neuzeit nur wenig verändert. Neben dem kleinräumigen, täglichen Pendeln zwischen Arbeits- und Wohnstätte kennt die Forschung die temporäre, saisonale Migration, die Etappenwanderung, auf der vagierende Taglöhner, Dienstboten oder abgerüstete Soldaten auf ihrem Weg durch die Lande zeitweilig Arbeiten annahmen, die sogenannte Siedlungswanderung, eine Migration in Verbänden, die gleichwohl einen familiären Anker in ihrer Heimat zurückließen, und die Emigration, aus der heraus Siedlerkolonien in den Amerikas, Australien und Neuseeland entstanden;[87] eine solche großräumige Auswanderungsbewegung fand, in etwas anderer Form, auch für Sibirien und osteuropäische Regionen – beispielsweise die Besiedelung des Banat durch süddeutsche MigrantInnen – statt. Nach dem Friedensschluss von Passarowitz mit dem Osmanischen Reich (1718) siedelten beispielsweise die Habsburger planmäßig Menschen aus Baden, Franken, Bayern und Luxemburg in den Sumpfgebieten des Banat an, die in sogenannten »Ulmer Schachteln« – klapprigen Holzkähnen – die Donau abwärts ruderten und in der Folge zwischen ungarischer Tiefebene und Karpaten als Donauschwaben bekannt wurden. Gegen Ende des 18. Jahrhunderts kam ein neues Zielgebiet für süddeutsche Auswanderer hinzu: Galizien.[88]

Als wichtigste europäische Zuwanderregion kann das holländische Küstenland, mit Amsterdam als Zentrum, genannt werden. Mit der sogenannten »Hollandgängerei« kamen spätestens ab dem 17. Jahrhundert zigtausende Arbeitssuchende, vor allem, aber nicht ausschließlich aus deutschen Regionen an die Nordseeküste, insbesondere aus dem Emsland; und diese MigrantInnen beschränkten sich nicht mehr auf agrarische Saisonarbeit. Eindeichungen und Trockenlegungen von Küstengebieten sowie der zügige Städteausbau verlangten nach Bau- und Ziegelarbeitern, Zimmerleuten, Steinarbeitern, Pflasterern und Maurern.[89] Der frühindustrielle Boom Amsterdams lockte Wanderarbeiter aus vieler Herren

87   Heinz Noflatscher, Arbeitswanderung in Agrargesellschaften der frühen Neuzeit. In: Geschichte
      und Region, 2. Jg., Heft 2, Bozen 1993, S. 73–75
88   Steidl 2004, S. 195
89   Noflatscher 1993, S. 83

Länder an, die hier mit höheren Löhnen und einer größeren Kaufkraft rechnen konnten. Die Herkunftsregionen der Migranten, in der Literatur auch Push-Zonen genannt, waren oft schon naturräumlich benachteiligte Gebiete wie beispielsweise die süddeutschen und die Tiroler Alpenländer. Armut löst aber nicht automatisch eine Wanderungsbewegung aus, dazu bedarf es der Gleichzeitigkeit von Arm und Reich, die überhaupt erst Push- und Pull-Faktoren erzeugt. Und im 17. und 18. Jahrhundert trug noch eine spezifische Form des Erbrechts dazu bei, dass Menschen sich aufmachten, um anderswo ihr Glück zu versuchen. Regionen, in denen ein einziger Sohn das Erbe seines väterlichen Bauernhofes antrat, waren von Auswanderung deutlich weniger betroffen, als solche, in denen die Erbteilung (wie in Baden und Württemberg) vorherrschte, wo also im Zuge von Generationswechseln die Zerstückelung von Grund und Boden auf der Tagesordnung stand.[90] Demgegenüber stand das auf einen einzigen Nachfolger zugeschnittene Anerbenrecht, das diesem nicht nur einen größeren Hof garantierte, sondern auch das Bevölkerungswachstum hemmte. Statt vieler Kinder arbeiteten auf dem Hof nicht heiratsberechtigte Dienstboten, deren Reproduktion durch restriktive Ehegesetze in geringerem Ausmaß vonstattenging. Die nicht-erbenden Bauernkinder trieb es ebenso wie die Besitzlosen häufig in die Emigration.

Richtig Fahrt nahm die innereuropäische, frühindustrielle Wanderarbeit mit der Eisenbahn auf, die in den 1840er-Jahren erste großräumige Verbindungen schuf und ab den 1870er-Jahren massentauglich war. Im Jahr 1885 lagen 37.500 Kilometer Schienenstränge in deutschen Landen, was ziemlich exakt dem Umfang des aktuell bedienten Streckennetzes entspricht.[91]

Der Bau von Eisenbahntrassen stellte das erste großindustrielle Projekt auf dem europäischen Kontinent dar. Hunderttausende Arbeiter waren notwendig, um es zu verwirklichen. Sie mussten billig und vor allem mobil sein, denn für die rasant sich in die Landschaft fräsende Streckenführung

---

90 Ebd., S 88
91 Der deutsche Bahnausbau erreichte 1912 mit 58.000 Kilometern seinen Höhepunkt, seither schrumpfen die Strecken.

waren Ortsansässige unbrauchbar. Italiener, Polen und Iren, aber auch Männer aus ländlichen Regionen in Böhmen und Mähren, bevölkerten die wandernden Baustellen quer durch Europa. Ihr Lebensstil war rau, ihre Gesundheit schlecht, Kriminalität und Krankheiten beherrschten das Terrain, das, so gut es ging, von den örtlichen BewohnerInnen gemieden wurde. »Wo immer in Deutschland an einer Eisenbahnlinie gebaut wird, kann man sicher sein, Italiener in großen Mengen zu finden«, schrieb die Soziologin Gisela Michels-Lindner, die die Lage der Arbeiter untersuchte.[92] Am Höhepunkt des Eisenbahnbooms in den 1870er-Jahren dürften in Deutschland knapp 550.000 Arbeiter damit beschäftigt gewesen sein.[93] Beim Kanal- und Straßenbau herrschten ähnliche Zustände: Eine verschreckte Bevölkerung vor Ort sah sich mit plötzlich auftauchenden Fremden konfrontiert, deren Sprache sie oft nicht verstanden und für deren Entlohnung und der daraus resultierenden wilden Lebensweise sie kein Verständnis aufbrachten. Eine Untersuchung für die Schweiz hat ergeben, dass gegen Ende des 19. Jahrhunderts in der dortigen Bauwirtschaft 85 % aller Maurer, 60 % aller Steinhauer und Ziegler sowie 50 % aller Maler und Gipser aus dem Ausland, großteils aus Italien, kamen.[94]

Eine Reihe von Faktoren trieb die Massenwanderungen des 19. Jahrhunderts an. Zuoberst müssen die soziale Differenz und die regionale Disparität genannt werden, die in nun aufgeklärten Zeiten mobilisierend wirkten. Die Französische Revolution hatte aus herrschaftlichen Untertanen Staatsbürger gemacht, die – so sie männlich waren – das Gesetz gleichgestellt hatte. Mit der politischen Gleichstellung ging in keiner Weise eine soziale Angleichung einher; im Gegenteil: Da der mit dem feudalen Herrschaftssystem verbundene Schutz der Untertanen nun wegfiel, kam die soziale Differenz umso deutlicher zu tragen. Die Freisetzung des Untertanen zum Staatsbürger warf Millionen von Menschen auf den Arbeitsmarkt, den es zuvor in dieser Dimension nicht gegeben hatte. »Nach

92   Gisela Michels-Linder, Die italienischen Arbeiter in Deutschland. In: Der Arbeitsmarkt Nr. 15/1910/1911; zit. in: Ulrich Herbert 1986, S. 61
93   Siehe: Bade 2000, S. 95
94   Erich Gruner/Hans-Rudolf Wiedmer, Arbeiterschaft und Wirtschaft in der Schweiz 1880–1914. Zürich 1978, S. 249ff.; zit. in: Bade 2000, S. 94

dem Wegfallen der patriarchalen herrschaftlichen Sicherheitsnetze«, schreibt die Wirtschaftshistorikerin Andrea Komlosy, »war die Verfügbarkeit von Arbeitskräften, die keine Subsistenzmittel besaßen, gewährleistet.«[95] Oder anders ausgedrückt: Die in der bürgerlichen Revolution erkämpfte neue Freiheit ebnete für Reiche den Weg zu einer hürdenfreieren Kapitalakkumulation und eröffnete vielen Armen die Möglichkeit, ihre Arbeitskraft ohne herrschaftliche Zustimmung zu verkaufen. »Da sich diese (neuen Arbeitskräfte) in der Regel nicht dort aufhielten, wo sie auf Baustellen, in Fabriken, Büros und Haushalten gebraucht wurden, setzte die bürgerliche Umgestaltung der Gesellschaft eine massive Wanderungsbewegung in Gang, die landwirtschaftliche Intensivregionen, Industriereviere und Städte mit temporären oder dauerhaften Arbeitskräften versorgte.«[96]

Dazu kam ein in den 1820er-Jahren einsetzendes höheres Bevölkerungswachstum, das nicht zuletzt durch den Anbau neuer Feldfrüchte wie Rüben und Kartoffel ermöglicht wurde, die zu Massennahrungsmitteln der Frühindustrialisierung wurden. Zwischen 1850 und dem Ersten Weltkrieg verdoppelte sich die EinwohnerInnenzahl Europas auf 468 Millionen. Ein Rückgang von Hungersnöten und Seuchen ließ die Sterblichkeitsrate sinken; Anfang des 20. Jahrhunderts überlebten 79 % der Frauen ihr 20. Lebensjahr, während es vor der Französischen Revolution nur 62 % gewesen waren.[97] Die Aufhebung der Erbuntertänigkeit bzw. Leibeigenschaft in Preußen (1807/1848), in Österreich-Ungarn (1781/1848) und Russland (1861/1906) setzte wiederum Menschen als Arbeitskräfte frei, die zuvor als feudale Untertanen an die Scholle gebunden waren.

In Österreich-Ungarn stellte das Staatsgrundgesetz von 1867 eine wesentliche Zäsur im Wanderungsgeschehen dar. Damit war die freie Wahl des Aufenthaltsortes verbunden. Die Passpflicht für Binnenreisen entfiel, die Auswanderung wurde legalisiert, nicht aber die Anwerbung von Auswanderungswilligen. Durch das Heimatrecht waren die Menschen auf die Heimatgemeinde verwiesen, die im Fall der Verarmung für die

95 Andrea Komlosy, Grenzen. Räumliche und soziale Trennlinien im Zeitenlauf. Wien 2018, S. 50
96 Ebd.
97 Michael Anderson, Population Change in North-Western Europe 1750-1850, London 1988, zit. in: Sassen 1996, S. 54

notwendige Versorgung zuständig war.[98] Genau zu jenem Zeitpunkt, als die Binnenwanderung massiv anstieg, unterband ein neues Heimatgesetz (1863) die Möglichkeit für Zugewanderte, wie bisher nach zehnjährigem Aufenthalt das Heimatrecht am Zuwanderungsort zu erlangen. Sie blieben Fremde, auch wenn sie die Staatsbürgerschaft besaßen. Die Freiheit, in die wirtschaftlichen Zentren zu migrieren, endete für sie im Krankheits- oder Armutsfall.[99] Dann ging es freiwillig oder »per Schub« unter polizeilicher Begleitung zurück in die Heimatgemeinde. Die Folge war, dass der Anteil der EinwohnerInnen, die am Ort ihres Aufenthalts – also dort, wo sie arbeiteten und lebten – kein Heimatrecht hatten und dementsprechend nicht krankheits- und altersversorgt wurden, rasch anstieg. Um das Jahr 1900 waren beispielsweise in Wien nur 38 %, in Prag gar nur 20 % der Anwesenden heimatberechtigt, wie Andrea Komlosy schreibt.[100] Hotspots der Einwanderung wie Wien unterlagen damit einer extrem hohen Fluktuation an ein- und auswandernden Arbeitskräften. Eine in der zweiten Hälfte des 19. Jahrhunderts gesetzlich mögliche dauerhafte Niederlassung am fremden Ort scheiterte oft an der sozialen Praxis. Die Osteuropahistorikerin Monika Glettler bezeichnete Wien in ihrer Arbeit über die tschechischen Migranten treffend als ein »Hotel – stets besetzt, aber immer wieder von anderen Leuten«.[101]

Städte und Agglomerationen wie das Ruhrgebiet, München, Leipzig oder Wien wurden zu Anziehungspunkten von ArbeitsmigrantInnen. Zur Mitte des 19. Jahrhunderts basierte das Bevölkerungswachstum in allen europäischen Großstädten auf massiver Zuwanderung, die fast überall zu 50 % und mehr dafür verantwortlich zeichnete. In München war die Zuwanderung sogar mit 72 % für das städtische Wachstum verantwortlich.[102]

---

98 Andrea Komlosy, Grenze und ungleiche regionale Entwicklung. Binnenmarkt und Migration in der Habsburgermonarchie. Wien 2003, S. 98
99 Hunderte von Millionen chinesischer WanderarbeiterInnen waren seit den 1990er-Jahren einem ähnlichen Heimatrecht-Modell unterworfen, der sogenannten Hukou, einer Haushaltsregistrierung.
100 Andrea Komlosy 2003, S. 100
101 Monika Glettler, Die Wiener Tschechen um 1900. Strukturanalyse einer nationalen Minderheit in der Großstadt. München/Wien 1972, S. 41
102 Dirk Hoerder, Cultures in Contact. World Migrations in the Second Millenium. London 2002, S. 347

Die Eisenbahn multiplizierte und beschleunigte die Migration in mehrfacher Hinsicht. Neben dem oben beschriebenen Bau als solchem, für den Hunderttausende Arbeiter aus oft fernen Gegenden schufteten, ermöglichte sie einerseits den schnelleren Transport der Arbeitsuchenden in die Industriezentren und erweiterte andererseits die Absatzmärkte für lokal hergestellte Produkte, indem nun auch verderbliche Waren wie Obst und Gemüse über längere Strecken transportiert werden konnten. Das wiederum führte zum vermehrten Einsatz von wandernden agrarischen SaisonarbeiterInnen, die sich als Erdbeerpflücker, Spargelstecher oder Weinerntehelfer verdingten. Außerdem brachte die Eisenbahn Industriewaren aufs Land, mit denen die kleinen örtlichen Gewerbebetriebe konkurrenzmäßig nicht mithalten konnten. Durch ihre Schließung entstand neues Migrationspotenzial.

In England gab es im Jahr 1841 50.000 saisonal wandernde irische ArbeiterInnen, in Frankreich sollen es – laut Angaben der Agrarunternehmer – Mitte des 19. Jahrhunderts jährlich über eine Million gewesen sein, die meisten davon während der Weinlese.[103]

Das Land, das im 19. Jahrhundert den größten Aderlass an auswandernden Menschen zu verzeichnen hatte, war – Ironie der Geschichte – eines, das zu diesem Zeitpunkt gar nicht existierte. In den letzten drei Jahrzehnten vor dem Ersten Weltkrieg verließen 3,5 Millionen Polinnen und Polen ihre Heimat, davon ca. je ein Drittel aus dem russischen Kongresspolen, den preußischen Provinzen und dem österreichischen Kronland Galizien.[104] Sie gingen zum Kohle graben nach Calais oder in den Ruhrpott, zum Kartoffel- und Rüben ernten nach Sachsen und Preußen, zum Fleisch schneiden in die Schlachthöfe Westeuropas und Chicagos oder zum Wald roden nach Kanada. Jeder fünfte Kumpel, der täglich in die Zechen des Ruhrbergbaus einfuhr, war polnischer Herkunft.[105] 100 Jahre später wiederholte sich das Schicksal der Polinnen und Polen, als Arbeitskräftereservoir für den

103 Abel Châtelain, Les migrants temporaires en France de 1800 à 1914, Lille 1976; zit. in: Sassen 1996, S. 53

104 Julian Bartosz, Polen und Westeuropa: Fortschritt in der Heuchelei. In: http://www.money-nations. ch/topics/euroland/text/polen; zit. in: Hannes Hofbauer, EU-Osterweiterung. Historische Basis – ökonomische Triebkräfte – soziale Folgen. Wien 2007, S. 113

105 Ulrich Herbert, Geschichte der Ausländerbeschäftigung in Deutschland 1880–1980. Saisonarbeiter, Zwangsarbeiter, Gastarbeiter. Berlin-Bonn 1986, S. 71

Westen zu dienen. Nach dem Fall des Eisernen Vorhangs steigerte sich der Strom an Auswanderern, der in der Kommunezeit nur gebremst, über ein System doppelter Staatsbürgerschaften jedoch nicht ausgetrocknet worden war. Sogleich nach der Aufnahme Polens in die Europäische Union im Jahr 2004 trieb es zwei Millionen neue polnische EU-BürgerInnen nach Großbritannien und Skandinavien.[106]

Neben Polen waren es im 19. Jahrhundert vor allem Italiener und Iren, die ihre Heimat nicht mehr zufriedenstellend ernähren konnte und die sich zur Emigration gezwungen sahen. Ohne irische Arbeiter wäre die frühe Industrialisierung in England nicht gelungen, »die durch sie entstandene Konkurrenz (am Arbeitsmarkt, d. A.) drückte Löhne und Bedingungen auch für andere Arbeiter.«[107]

»Irische, polnische, jüdisch besiedelte und italienische Gebiete waren Teil des kapitalistischen Weltarbeitskräftereservoirs in den 1880er-Jahren«, fasst der Historiker Dirk Hoerder die europäischen Push-Regionen im ausgehenden 19. Jahrhundert zusammen.[108] Damals emigrierten jährlich 10 % bis 15 % der Irinnen und Iren, getrieben vom Hunger auf der Insel, den eine zwischen 1846 und 1848 grassierende Kartoffelfäule noch unerträglicher gemacht hatte.[109] Doch auch Menschen aus ost-, südosteuropäischen und russischen Regionen zog es in die Ferne. Die allermeisten fuhren über den Atlantik in die Neue Welt. Die zwei großen Schifffahrtslinien Hapag und Lloyd, die an dieser Massenwanderung profitierten, boten ab Mitte des 19. Jahrhunderts drei Klassen für die Überfahrt an. EmigrantInnen der dritten Klasse wurden sowohl vor dem Einchecken als auch im vermeintlich gelobten Land in den dort dafür eingerichteten Quarantäne-Stationen auf Ellis Island vor New York komplizierten und langwierigen Prozeduren unterzogen. Als im Jahre 1892 in Hamburg eine Cholera-Epidemie ausbrach, verschärften die deutschen Behörden die Kontrollen und schlossen zeitweilig die Grenze zum russischen Zarenreich.[110]

---

106 Hofbauer 2007, S. 113
107 Edward P. Thompson, The Making of the English Working Class, Harmondsworth 1968, S. 469f.
108 Hoerder 2002, S. 339
109 Ebd.
110 Komlosy 2018, S. 180

Sowohl der Überseemigration als auch der Ost-West-Binnenwanderung in die europäischen Zentralräume lagen ökonomische Push-Faktoren zugrunde. In den polnisch, ukrainisch und russisch besiedelten Gebieten führte die Kapitalisierung der Landwirtschaft unter der Knute des Adels zu einer raschen Verknappung von Grund und Boden für die Subsistenzproduktion. Damit stieg die Bereitschaft zur Abwanderung in Richtung Preußen und westwärts. Die jüdische Bevölkerung wiederum litt sowohl unter der russischen Zarenherrschaft als auch unter den österreichischen Habsburgern an mangelnden beruflichen Möglichkeiten und einem sich ausbreitenden Antisemitismus, die einander bedingten.

Billiger Weizen aus den USA, der nun mit Dampfschiffen schnell über den Atlantik gebracht wurde, ließ die Weizenpreise zwischen 1870 und 1886 in Europa sinken und stürzte Deutschland und Österreich-Ungarn in eine Agrarkrise. Die Regierungen antworteten darauf mit einer Schutzzollpolitik im Interesse der Großagrarier; die Konsumenten litten unter den steigenden Preisen. Diese lang anhaltende Strukturkrise destabilisierte vor allem die ostelbischen Regionen.[111] Eine gleichzeitig im Deutschen Reich rapide ansteigende Bevölkerungsanzahl von 41,6 Millionen (1873) auf 52 Millionen (1895) erzeugte einen zusätzlichen Emigrationsdruck und führte »in verstärktem Maße zur Abwanderung der Landbevölkerung; die ›Landflucht‹ wurde im letzten Drittel des 19. Jahrhunderts zu einem auffälligen und die Zeitgenossen sehr beunruhigenden Phänomen«,[112] schreibt der Historiker Ulrich Herbert. Aufgefüllt wurde die dadurch entstandene »Leutenot« vor allem in den agrarisch geprägten deutschen Gebieten durch polnische Landarbeiter. Auf deren massenhaften Zuzug in den 1880er-Jahren reagierte die Politik mit fallweisen Ausweisungsverordnungen, die allerdings oft an der Wirklichkeit scheiterten. Ende 1890 einigten sich dann die nach billigen und flexiblen Lohnarbeitern rufenden Agrarunternehmer auf eine saisonale Regelung, die polnische und andere Migranten zu einer wahren Verschubmasse für sie vernutzende Betriebe machte. Ihr Arbeitseinsatz wurde nur für die Zeit vom 1. April bis 15. November eines jeden Jahres erlaubt, mithin

111 Herbert 1986, S. 15
112 Ebd.

für die Hochzeit der Erntearbeiten.[113] Anschließend daran mussten sie das Land wieder verlassen. Im Frühling und im Spätherbst kam es somit zu einer regelrechten Massenwanderung junger polnischer (und russischer) Männer und Frauen nach Westen bzw. nach Osten. Deutschnationalen Protesten gegen die »schmutzigen Pollacken«, wie sie bald in entsprechenden Medien beschimpft und als Gefahr für die »deutsche Seele« dargestellt wurden, entgegneten die Profiteure der saisonalen Arbeiterimporte mit dem Argument der wirtschaftlichen Notwendigkeit.

Wilhelm Stieda, Nationalökonom und Mitglied der sächsischen Akademie der Wissenschaften, fasste die Sicht der Unternehmer auf das ständige Hin- und Her-Migrieren ihrer Arbeiter folgendermaßen zusammen: »Sie bevorzugen Ausländer, weil sie mit ihnen leichter fertig werden, ihnen längere Arbeitszeiten, mehrfach auch niedrigere Löhne zumuten können. Die Ausländer sind zufriedener und gefügiger als die deutschen Arbeitskameraden. Kriegen sie je einmal Lust, sich ebenfalls einmal an Arbeitseinstellungen (…) zu beteiligen, so werden sie als lästige Ausländer über die Grenze abgeschoben. Ein preußischer Gutsbesitzer (von Below-Saleske) hat das gelegentlich eines Vereinstages der Pommerschen Landwirtschaftskammer (29. Novbr. 1906) mit anerkennenswerter Offenheit ausgesprochen: ›Daß mancher‹, sagte er, ›zur Zeit lieber mit Russen, Polen oder Galiziern arbeitet als mit einheimischen Arbeitern, weiß ich wohl und kann es bis zu einem gewissen Grade auch verstehen. Im Sommer flotte Arbeit, mit allem bei Zeiten fertig, Mieten und Scheunen noch flugs ausgedroschen und dann fort mit der Gesellschaft. Im Winter braucht man dann nur Leute zum Viehfüttern und Dungausfahren, hat keine Scherereien mit Leuteland, Deputat, Wohnungen …‹.«[114]

Auf saisonaler Basis wurden auch ausländische Arbeiter für bauliche Großprojekte wie Talsperren oder Kanalbauten ins Land geholt. Nach dem Ende der Baustelle entließen sie die Unternehmer ohne Komplikationen und auch der Staat war alle Sorgen um etwaige Sozialleistungen los. Die

---

113   Herbert 1986, S. 24
114   Wilhelm Stieda, Ausländische Arbeiter in Deutschland. In: Zeitschrift für Agrarpolitik, Bd. 9/1911, S. 360f; zit. in: Herbert 1986, S. 33

Teilung des Arbeitsmarktes in mit – zugegeben – geringen Rechten ausgestatteten einheimischen Lohnabhängigen und rechtlosen Ausländern war damit vollbracht. Dass dies eine bewusste Maßnahme einer sozialen Segregierung auf ethnischer Grundlage war, beschreibt der Jurist, spätere Reichsarbeitsminister und führende Organisator der NS-Zwangsarbeit Friedrich Syrup Anfang der 1920er-Jahre eindrucksvoll in einer Empfehlung. Ausländische Arbeiter seien, so Syrup, »gerade mit den niedrigsten, keine Vorbildung erfordernden und am geringsten entlohnten Arbeiten zu beschäftigen, denn dadurch besteht für die einheimische Arbeiterschaft gleichzeitig der beachtenswerte Vorteil, daß hier der Aufstieg von der gewöhnlichen, niedrig entlohnten Taglöhnerarbeit zu der qualifizierten und gut entlohnten Facharbeit wesentlich erleichtert wird.«[115] Der Migrant wird nicht nur als besonders profitabel für den Unternehmer dargestellt, sondern auch als hilfreicher Steigbügelhalter zur Qualifizierung des heimischen, sprich: deutschen Arbeiters. Folgerichtig fordert Syrup an anderer Stelle, mit den staatlichen Einwanderungsrestriktionen Schluss zu machen, weil »die deutsche Volkswirtschaft aus der Arbeitskraft der im besten Alter stehenden Ausländer einen hohen Gewinn zieht, wobei das Auswanderungsland die Aufzuchtkosten bis zur Erwerbsfähigkeit der Arbeiter übernommen hat«, und weil deshalb die »Erschwerungen der Ausländerarbeit in der Industrie zu beseitigen (sind)«.[116] Zum betriebswirtschaftlichen Profit und den Chancen auf Qualifizierung der deutschen Arbeiter im Schatten billiger Migranten kommt also noch der Appell an die staatspolitische Räson dazu, diesen Zielen den Weg zu ebnen.

In der Habsburgermonarchie funktionierte das gleiche System in der zweiten Hälfte des 19. Jahrhunderts auf Basis des Heimatrechts, das Zuwandernde aus anderen Regionen zu Bürgern zweiter Klasse machte.

Die italienische Landwirtschaft sah sich in der weltweiten Agrarkrise der 1880er-Jahre einer die einheimische Produktion zerstörenden Billigkonkurrenz durch indischen Reis, chinesische Seide und Olivenöl aus

---

115 Friedrich Syrup, Die ausländischen Industriearbeiter vor dem Krieg. In: Archiv für exakte Wirtschaftsforschung, Bd. IX, 1918-1922, S. 299f.; in: Herbert 1986, S. 50
116 Syrup, S. 197; zit. in: Herbert 1986, S. 52

den nordafrikanischen französischen Kolonien ausgesetzt.[117] In der Folge emigrierten Hunderttausende Italiener sowohl aus den nördlichen wie aus den südlichen Regionen nach Westeuropa, die USA und Südamerika. Von der iberischen Halbinsel wiederum zog es gegen Ende des 19. Jahrhunderts fast fünf Millionen zu Hause überschüssig Gewordene vornehmlich nach Argentinien, Brasilien und Kuba. Am Vorabend des Ersten Weltkrieges befanden sich die Armen aus den europäischen Peripherien im mobilisierten Ausnahmezustand. Mächtige Wanderungsströme zogen auf der Suche nach einer Überlebensperspektive in die Zentralräume und über den Atlantik; in Russland strömten sie in Richtung Kaukasus und Pazifik.

Der Aderlass an jungen Menschen – und nur solche kamen für die Arbeitsmigration infrage – führte in vielen Auswanderungsregionen zu einer fortgesetzten Peripherisierung und war in volkswirtschaftlicher Hinsicht äußerst problematisch. Deshalb ließen die Herrscher dort, wo die entsprechende politische Macht vorhanden war, Auswanderungsverbote verhängen. Diese galten entweder allgemein oder waren auf bestimmte Berufsgruppen beschränkt. Im Frankreich Colberts war die Ausreise generell bei Todesstrafe verboten,[118] was mit erklärt, warum Franzosen im 17. Jahrhundert kaum in den Migrationsstatistiken auftauchen. In England wiederum durften zeitweise Berufsgruppen wie Schmiede oder Webstuhl- und Maschinenbauer das Land nicht verlassen. Und Österreich-Ungarn erließ im Jahre 1784 ein eigenes Auswanderungsgesetz, nach dem Untertanen der Habsburgermonarchie die Emigration nicht gestattet war. Wenn es um die Ausweisung von Protestanten oder politisch unliebsamen Elementen ging, galt dies freilich nicht, was den instrumentellen herrschaftlichen Charakter der Migrationspolitik anschaulich macht. Oft handelte es sich dabei zudem nicht um eine weiträumige Auswanderung, sondern um Umsiedlungsaktionen im Reich, die der Sozialdisziplinierung und der Erschließung von Grenzregionen wie z. B. dem Banat diente.

Reisende waren fast ausschließlich adelig und/oder reich und mussten um spezielle Genehmigungen ansuchen, wenn sie das Land verlassen

117   Hoerder 2002, S. 341
118   Sassen 1996, S. 25

wollten. »Tatsächlich spielte Auswanderung aus der Habsburgermonarchie bis in die zweite Hälfte des 19. Jahrhunderts keine große Rolle«, schreibt Andrea Komlosy.[119] Erst das Grundgesetz von 1867 hob das Verbot auf und garantierte Bewegungsfreiheit, allerdings mit den weiter oben beschriebenen heimatrechtlichen Einschränkungen.

Gebremste Mobilität (1918–1939)

Zwischen den Weltkriegen versuchten die Staaten Europas (und die USA), ihre eigene Wirtschaft zu schützen. Die militärischen Mobilisierungen des Ersten Weltkrieges hatten allzu katastrophale Spuren im Leben der Menschen hinterlassen. Nun ging es darum, die überall sichtbaren Schäden so gut es ging zu beseitigen. Nach vier Jahren imperialistischem Expansionsgeheul traten – nicht zuletzt bedingt durch das Auseinanderfallen der von Wien, Moskau und Konstantinopel/Istanbul gelenkten Reiche – Werte wie nationale Selbstbestimmung und Autarkie auf den Plan. In Mittel- und Osteuropa erstand eine Reihe von neuen Nationalstaaten, die sich nicht nur ideologisch-theoretisch, sondern auch in der politischen und wirtschaftlichen Praxis aus den als erzwungen betrachteten Reichsverbänden lösten und nationale Souveränität leben wollten. Frische Grenzen wurden quer über den Osten des Kontinents gezogen. Losungen wie das rumänische »Durch uns selbst« (»Prin noi înşine«[120]) zielten auf den Aufbau einer nationalen Industrie durch eine ebensolche Bourgeoisie, aber auch auf Schutzmaßnahmen für den Arbeitsmarkt. Auf die Arbeitsmigration hatten diese Bewegungen einen stark bremsenden Effekt.

Die deutsche Regierung gründete bereits Anfang 1919 ein »Reichsamt für deutsche Einwanderung, Rückwanderung und Auswanderung«, mit dem das Migrations- und Fluchtgeschehen kontrolliert werden sollte. Immerhin hatten die Signatare der Pariser Verträge nationalen Grenzziehungen

119 Andrea Komlosy, Grenze und ungleiche regionale Entwicklung. Binnenmarkt und Migration in der Habsburgermonarchie. Wien 2003, S. 152
120 Losung der Nationalliberalen Partei, die einer ihrer Führer, Vintilă I.C. Brătianu, noch vor dem Ersten Weltkrieg geprägt hatte: https://ro.wikipedia.org/wiki/Prin_Noi_%C3%8En%C8%99ine! (2.7.2017)

zugestimmt, die Millionen Menschen in ihrem bisherigen Zuhause von einem Tag auf den anderen als potenziell Fremde definierten. Flüchtlingsströme waren die Folge; sie orientierten sich am Prinzip der ethnischen Entmischung. Das stark zusammengeschrumpfte Österreich sah sich mit dem Zuzug zahlreicher Deutschsprachiger aus ehemaligen Kronkolonien konfrontiert, die nun zu selbstständigen Staaten mutiert waren. Umgekehrt waren nicht-deutschsprachige Zugewanderte, die auf dem nunmehrigen Staatsgebiet kein Heimatrecht besaßen, ab sofort unerwünscht. Fast eine halbe Million TschechInnen »repatriierten« mehr oder weniger freiwillig in die Tschechoslowakei.

Die aus Böhmen, Mähren, einem Teil Schlesiens, Oberungarn und der Karpato-Ukraine entstandene Tschechoslowakei war das vielleicht eindrucksvollste Beispiel einer solchen neuen Staatsgründung. Auch das um Elsass-Lothringen und die deutschen Ostgebiete Posen, Teile Westpreußens, Oberschlesien und das Memelland[121] verkleinerte Deutschland kämpfte mit dem Phänomen sogenannter »Heimkehrer«, die allerdings dort, wohin sie heimkehrten, nie gelebt hatten. Den massivsten Eingriff in die Bevölkerungsstruktur erlebten Griechen und Türken, die dies- und jenseits der Ägäis beheimatet waren. Der Lausanner Friedensvertrag von 1923, der den griechisch-türkischen Krieg beendete, zwang ca. 1,2 Millionen Griechen und 500.000 Türken zur Umsiedlung.

Die Wanderungsbewegungen nach dem Ersten Weltkrieg fußten also weniger auf dem Phänomen der Arbeitsmigration, sondern waren direkte Folgen der großen innerimperialistischen Konfrontation. Zu den von Friedenskonferenzen dekretierten oder abgesegneten Fluchten und Vertreibungen kam unmittelbar nach Kriegsende noch die Demobilisierung millionenstarker Heere hinzu; geschätzte 8 Millionen Deutsche und 5 Millionen Franzosen vagierten in Soldatenröcken durch die Lande,[122] die 2,5 Millionen (russischen, serbischen, französischen etc.) Kriegsgefangenen auf deutschem Boden[123] noch nicht mit eingerechnet. Schätzungen gehen

---

121 Allein aus den Polen zugesprochenen ehemaligen deutschen Ostgebieten zählte das statistische Reichsamt bis 1925 850.000 Zuwanderer. Siehe: Bade 2000, S. 278
122 Bade 2000, S. 255
123 Hoerder 2002, S. 469

davon aus, dass in den fünf bis sieben Jahren nach Kriegsende in Europa (einschließlich Russland) fast 10 Millionen Menschen zur Flucht und zum Umsiedeln gezwungen wurden. Der Wunsch nach Kontrolle dieser massiven Ströme von Entwurzelten erfasste sowohl die Länder, die von einem Abzug, als auch jene, die von einem Zuzug betroffen waren.

Der deutsche und der österreichische Arbeitsmarkt litten nach 1918 – kriegsbedingt – an einem großen Überangebot an unqualifizierten Arbeitsuchenden, während es an Facharbeitern mangelte. Der Staat trat mit regulierenden Gesetzen auf, die vor allem die Einwanderung, aber auch die Abwanderung von besser Ausgebildeten verhindern sollte. Mit einem Gesetz zum Schutz der nationalen Arbeit wurde in Berlin ein Schulterschluss zwischen Gewerkschaften, Unternehmervertretungen und Staat versucht. Inländische ArbeiterInnen erhielten Vorrang vor fremdländischen, und im Arbeitsnachweisgesetz von 1922 wurde festgehalten, dass paritätisch von Unternehmern und Gewerkschaften besetzte Ausschüsse die Beschäftigung von Ausländern genehmigen mussten.[124] Das kam einer bereits vor 1914 postulierten Forderung der Arbeiterbewegung gleich. Die geänderten Bedingungen machten dies nun möglich. Ein deutsches Gesetz zur Rückkehrpflicht für polnische ArbeiterInnen, die nach der Übergabe der deutschen Ostgebiete an Polen in Deutschland zu AusländerInnen geworden waren, hatte die ganzen 1920er-Jahre hindurch Bestand, kam aber nur in Ausnahmefällen zur Anwendung, weil die vor allem in der Landwirtschaft beschäftigten PolInnen nur schwer durch deutsche Arbeitskräfte zu ersetzen waren.[125] Von den etwa 1,2 Millionen ausländischen Arbeitskräften, die vor dem Ausbruch des Ersten Weltkrieges in Deutschland beschäftigt waren, blieben zehn Jahre später – 1924 – nur mehr 174.000 übrig.[126] Der Höchststand ausländischer Arbeiter in der Zwischenkriegszeit wurde im Jahr 1928 mit 236.000 erreicht.[127] Diese

124 Im Jahr 1933 wurden diese paritätisch besetzten Kommissionen wieder aufgelöst und die Frage der Beschäftigung von Ausländern in staatlichen Händen zentralisiert. Vgl. Herbert 1986, S. 118

125 Bade 2000, S. 268; von den 62,5 Millionen EinwohnerInnen, die nach 1918 in der jungen Republik wohnten, waren 1,3 Millionen nicht-deutsche Staatsbürger, davon 1,1 Millionen Polen, siehe: Hoerder 2002, S. 454

126 Vgl. Herbert 1986, S. 114

127 Herbert 1986, S. 188

äußerst geringe Zahl ist ein Beispiel für die Bedeutungslosigkeit von internationalen Arbeitsmigranten zwischen den Weltkriegen.

Auch das quantitativ wichtigste Einwanderungsland nicht nur für europäische Migranten, die USA, stellte nach 1918 die Zeiger der Wirtschaftsentwicklung auf Protektionismus. Und der betraf auch den Arbeitsmarkt. Ein wesentlicher Grund dafür war die aus Kriegszeiten stammende Überproduktion militärischer Güter in vielen industriellen Sektoren, die man nur schwer auf zivile Produkte umzustellen vermochte. Mit dem »Quota Act« von 1921 ging die US-Administration so weit, exakte Aufnahmequoten für ausländische Arbeitskräfte festzusetzen. Die Kontingente wurden für jede Nationalität mit einem Prozentsatz festgelegt, jährlich durften bloß 3 % der bereits in den USA befindlichen ArbeiterInnen aus dem jeweiligen Staat ins Land kommen;[128] 1924 wurde diese Regelung noch verschärft.

Die Weltwirtschaftskrise von 1929 drehte den Migrationsstrom, der in Richtung Nordamerika bereits im ersten Jahrzehnt des 20. Jahrhunderts stark nachgelassen hatte, teilweise sogar um. Nun setzten Rückwanderungen über den Atlantik nach Europa ein. Die italienische, portugiesische, spanische und polnische Emigration ging nach dem Krieg drastisch zurück, insgesamt sanken die Zahlen der Auswanderer auf ein Fünftel des Niveaus von vor der Weltwirtschaftskrise.[129] Großbritannien z. B. wies nach mehreren Jahrzehnten erstmals wieder eine positive Wanderungsbilanz aus, weil viele Engländer, Waliser und Schotten Nordamerika den Rücken kehrten. Der migrationspolitische Pull-Faktor der USA war Geschichte. Zwischen 1929 und 1933 stieg die offizielle Arbeitslosigkeit im Land der angeblich unbegrenzten Möglichkeiten von 3 % auf 24,5 %. Am Höhepunkt der Krise waren 13,3 Millionen AmerikanerInnen ohne Job. Mit dem »New Deal« 1933 reagierte der frisch gewählte Präsident Franklin D. Roosevelt auf diese Entwicklung mit für die USA außergewöhnlichen Regulierungsmaßnahmen wie einer Finanzmarktreform, die die Banken an die Kandare nahm, der Einführung einer Sozialversicherung und Arbeitsmarktregulierungen; er scheiterte aber mit seinem Versuch zur Etablierung eines Mindestlohns. In

128 Bade 2000, S. 264
129 Oltmer 2016, S. 91

ganz Europa versuchte man sich mit ähnlichen staatlichen Interventionen. Am weitesten gediehen sie in der Sowjetunion, deren Migrationsgeschehen völlig anders geartet war und nicht den kapitalistischen Push- und Pull-Faktoren von Angebot und Nachfrage folgte.

Zwangsmigration unter NS-Herrschaft

Den Nationalsozialisten blieb es vorbehalten, die brutalste und perfideste Art erzwungener Arbeitsmigrationen seit dem Ende des transatlantischen Sklavensystems zu erfinden: die Verschleppung von Millionen Zivilisten aus Feindländern zur Zwangsarbeit ins Deutsche Reich.

Die Einführung des Arbeitsdienstes nach der Machtübernahme Adolf Hitlers im Januar 1933 folgte vorerst noch dem ideologischen Postulat einer imaginierten reinen deutschen Rasse. Diese war als Herrenmensch zur Herrschaft über Europa vorgesehen, sollte aber auch dem Volk durch außergewöhnlichen Arbeitseinsatz dienen. In die Emigration gezwungen wurden neben politisch Verfolgten in erster Linie Juden. Geschätzte 250.000 flüchteten in mehreren Wellen zwischen 1933 und 1938, dem Jahr des sogenannten »Anschlusses« Österreichs an Hitler-Deutschland.[130]

Bald war klar, dass das gewaltige deutsche Expansionsprojekt, wie es von der Allianz der NSDAP mit wesentlichen Sektoren des Großkapitals geplant war, mit heimischen Arbeitskräften allein nicht zu bewerkstelligen war, zumal Millionen von Männern als Soldaten an den Fronten gebraucht wurden. Kurzfristig flammte eine ideologische Debatte auf, in der die Frage gestellt wurde, ob man den zu erwartenden Arbeitskräftebedarf durch vermehrten Einsatz von deutschen Frauen im Erwerbsleben oder eben durch bald zur Verfügung stehende ausländische Zivilarbeitskräfte und Kriegsgefangene decken sollte. Der Arbeitsrechtler Eduard Willeke fasste das Dilemma prägnant zusammen. Im ersten Fall sah er »die volksbiologische Kraft des deutschen Volkes durch stärkeren Fraueneinsatz gefährdet«, widersprach doch die weibliche Lohnarbeit dem nationalsozialistischen

---

130   https://mediendienst-integration.de/artikel/fluechtlinge-asyl-migrationsbewegungen-geschichte-einwanderung-auswanderung-deutschland-aussiedler-gastarbeiter.html (7.7.2017)

Frauenbild, der zweite Fall – also der massenhafte Einsatz von ausländischen Arbeitern – hatte den Nachteil, »dass der deutsche Boden nur so lange dem deutschen Volke im echten Sinne des Wortes erhalten bleibt, als er auch von deutschstämmigen Menschen bewirtschaftet wird.«[131] Die NS-Führung entschied sich für den Einsatz ausländischer Arbeiter.

Der Griff nach ausländischen Kräften begann schon vor dem deutschen Überfall auf Polen. Dass diese Politik zur Ideologie von der Reinheit der deutschen Rasse im haarsträubenden Widerspruch stand, störte die NS-Behörden nicht; sie setzten ohnedies auf das Diktum des »Herrenmenschen«, dem sich die minderwertigen Rassen unterzuordnen hätten. Bereits im Jahr 1936 führte die deutsche Regierung erste Anwerbegespräche für ausländische Arbeitskräfte mit der polnischen Seite, wo die Arbeitslosenrate in der Landwirtschaft bei 40 % lag.[132] Fast 100.000 Polen kamen auf diese Weise bis 1939 als schlecht bezahlte ArbeiterInnen, aber freiwillig, nach Deutschland. Ihnen folgten Griechen, Italiener, Jugoslawen und Bulgaren, die sich über Anwerbebüros zur Arbeit im Deutschen Reich meldeten.

Mit dem deutschen Überfall auf Polen am 1. September 1939 veränderte sich die Lage am Arbeitsmarkt schlagartig. Nun begann die NS-Verwaltung, massenhaft Kriegsgefangene nach Deutschland zu verbringen und hier zur Arbeit, anfangs wiederum vor allem in der Landwirtschaft, zu zwingen. Auch erste Zwangsverschleppungen von ZivilistInnen fanden statt. Mitte 1940 zählten die penibel arbeitenden deutschen Behörden bereits 700.000 Polen, die auf deutschen Feldern die Ernte einbrachten oder auch begannen, in ausgewählten Fabriken zu arbeiten. Vor dem Überfall auf die Sowjetunion im Juni 1941 weist die Statistik 2,1 Millionen zivile ArbeiterInnen und 1,2 Millionen Kriegsgefangene aus, die sich in Deutschland ausbeuten lassen mussten, das entsprach ca. 9 % aller Beschäftigten.[133]

Mit Stichtag 21. März 1942 blies Berlin dann zur regelrechten Jagd auf ausländische Arbeitskräfte. Dafür wurde ein eigenes Amt eingerichtet und

131   Eduard Willeke, Der Arbeitseinsatz im Kriege; in: Jahrbücher für Nationalökonomie und Statistik, Nr. 154 (1941), S. 347f.; zit. in: Herbert 1986, S. 125
132   Frieda Wunderlich, Farm Labor in Germany 1810-1945, Princeton 1961, S. 292f., zit. in: Hoerder 2002, S. 470
133   Hoerder 2002, S. 471; Herbert 1986, S. 131

Fritz Sauckel als Generalbevollmächtigter für den Arbeitseinsatz bestellt. Im rassistischen Raster der nationalsozialistischen Kategorisierungen von Arbeitern, der – neben dem deutschen Vorarbeiter – Arbeiter aus verbündeten Staaten, Polen, Ostarbeiter, Kriegsgefangene und Juden[134] kannte, ging Sauckel daran, Polen und Ostarbeiter – sprich Russen, Weißrussen und Ukrainer – massenweise nach Deutschland zu verschleppen. Schon die erste Zwangsaushebung von April bis August 1942 brachte 1,6 Millionen erbeutete Arbeitskräfte. Männer, Frauen und Kinder wurden von speziellen Trupps auf Bahnhöfen, Märkten und Straßenkreuzungen in den von Deutschland besetzten Gebieten zusammengetrieben und in Viehwaggons gesteckt, die schnurstracks Richtung Westen fuhren. In Deutschland angekommen, verteilte man die »Polen« und »Ostarbeiter« auf Industriebetriebe oder Bauernhöfe, die entsprechende Arbeitskräfte angefordert hatten. Für kleine Kinder, die sich oft unbeabsichtigt in den Netzen der Menschenjäger verfingen, war offiziell ein Schulbesuch vorgesehen, viele von ihnen vagabundierten allerdings durch den Bezirk, in dem ihre Mutter Zwangsarbeit leisten musste.

Eine zweite große Jagd auf Arbeitskräfte brachte im Dezember 1942 weitere 4,5 Millionen ZivilistInnen aus Polen und der Sowjetunion ins Deutsche Reich; und selbst nach der Niederlage der Wehrmacht in Stalingrad im Januar 1943 schafften es Sauckels Männer, nochmals 1,4 Millionen Menschen aus dem Osten zu verschleppen. Ein Betroffener, der im Flick-Konzern zum Einsatz kam, berichtet über sein Schicksal: »Man fängt jetzt Menschen wie die Schinder früher Hunde gefangen haben. Man ist schon eine Woche auf Jagd und hat doch nicht genug. Die gefangenen Arbeiter sind in Schulen eingesperrt, sie dürfen nicht einmal hinaus, um ihre Bedürfnisse zu erledigen, sondern müssen es wie Schweine im selben Raum tun. Aus den Dörfern wallfahrten viele Leute an einem bestimmten Tag nach Potschaev. Sie wurden alle festgenommen, eingesperrt und man wird sie zur Arbeit schicken.«[135] Das Zwangsmigrationsregime der

134   Karl Heinz Roth, Die »andere« Arbeiterbewegung. München 1977, S. 145
135   Klaus Drobisch, Die Ausbeutung ausländischer Arbeitskräfte im Flick-Konzern während des Zweiten Weltkrieges. Berlin (Diss.) 1964, S. 34f; zit. in: Roth 1977, S. 142

Nationalsozialisten bedeutete für die Verschleppten den »Tod auf Zeit«, wie der Historiker Karl Heinz Roth das System der Vernichtung durch Arbeit nennt.[136]

Zum Kriegsende hielten sich geschätzte 8 Millionen ZwangsarbeiterInnen und 2 Millionen zur Arbeit verpflichtete Kriegsgefangene in Deutschland auf; mit 2,8 Millionen stellten Sowjetbürger die Mehrheit der Zwangsarbeiter, gefolgt von Polen (1,7 Millionen) und Franzosen (1,2 Millionen). Jede dritte Verschleppte war eine Frau. Der Anteil von ausländischen ZwangsarbeiterInnen in der deutschen Industrie lag zwischen 20 % und 30 %, in der Landwirtschaft bei 46 %. Es gab Unternehmen, deren Belegschaft zu 80 % aus Zwangsarbeitern bestand.[137] Kriegsgefangene erhielten überhaupt keinen Lohn, die zwangsweise zur Arbeit verschleppten Zivilisten wurden zwar formal – äußerst schlecht – bezahlt, diverse Abgaben (wie die »soziale Ausgleichsabgabe«) sowie Kosten für Unterkunft, Kleidung und Essen ließen von diesem »Lohn« allerdings nichts übrig.

Insgesamt dürften während des Zweiten Weltkrieges zwischen 50 und 60 Millionen Menschen – in die eine wie in die andere Richtung – vertrieben, deportiert und zwangsmobilisiert worden sein, mithin 10 % der damaligen europäischen Bevölkerung inklusive Russland.[138]

Zu Kriegsende sprang das Leid von vornehmlich slawischen (aber auch französischen, italienischen und griechischen) Zwangsdeportierten auf deutsche EinwohnerInnen über. In vorerst wilden Vertreibungen und überstürzten Fluchtbewegungen sowie später mehr oder wenig geordneten Umsiedlungen mussten 12 bis 14 Millionen Deutschsprachige ihre Heimat verlassen. Das Potsdamer Abkommen vom 2. August 1945 regelte die von den vier Alliierten – Sowjetunion, USA, Großbritannien und Frankreich – gemeinsam beschlossene Zwangsaussiedlung. Die Kollektivstrafe betraf (mit wenigen Ausnahmen) sämtliche Deutschsprachige aus Ostpreußen, Danzig, Pommern, Schlesien, dem Memelland, deutschen Siedlungen im

---

136 Roth 1977, S. 147
137 Vgl. Hans-Heinrich Nolte, Weltgeschichte des 20. Jahrhunderts. Wien–Köln–Weimar 2009, S. 332; Oltmer 2016, S. 98
138 Wolfram Fischer, Wirtschaft, Gesellschaft und Staat in Europa 1914-1980, Bd. 6, Stuttgart 1987, S. 44f.; zit. in: Bade 2000, S. 285

Baltikum, Böhmen und Mähren (Prag, Brünn, Olmütz sowie aus diversen deutschen Sprachinseln wie z. B. Iglau), aus Ungarn, Siebenbürgen, dem Banat, Slawonien, der Vojvodina, dem nördlichen Slowenien sowie der Gottschee. Die mörderischsten Aussiedlungen fanden aus der Tschechoslowakei und aus Polen statt, der sogenannte Brünner Todesmarsch vom 31. Mai 1945, auf dem fast 30.000 Zivilisten – großteils Frauen, Kinder und alte Männer (die wehrfähigen Männer befanden sich noch an der Front oder in Kriegsgefangenenlagern) – vom mährischen Brünn nach Wien getrieben wurden, stellt einen der traurigsten Höhepunkte dieser Zwangsmigrationen dar.

Die »Gastarbeiter«-Wellen (1960–1980)

Nach dem Ende des Zweiten Weltkrieges herrschte auf den zerstörten Straßen und Eisenbahnstrecken Europas ein heilloses Chaos. Millionen Flüchtlinge, demobilisierte Soldaten, Zwangsverschleppte und entlassene Kriegsgefangene befanden sich auf dem Heimweg, der oft Monate in Anspruch nahm. Die Menschen wollten nichts weniger als Mobilität; Krieg und Vertreibungen hatten sie ihnen in ihrer grausamsten Form vorgeführt. Sesshaftigkeit, Heimat und Wiederaufbau waren angesagt. Und dieser Wiederaufbau erfolgte überall als nationale Kraftanstrengung. Ausländische Arbeitskräfte wurden dafür nicht gebraucht, zumal nun die aus der Tschechoslowakei und Polen vertriebenen Deutschen in der BRD und Österreich als willige Arbeitskräfte zur Verfügung standen. Bis 1950 flüchteten 8 Millionen Deutsche in die Bundesrepublik, was 16 % der Gesamtbevölkerung entsprach; in den folgenden zehn Jahren kamen dann nochmals 4 Millionen dazu, der Großteil von ihnen als Übersiedler aus der DDR.[139]

Die wirtschaftlichen Wachstums- und die sozialen Arbeitsmarktindikatoren zeigten nach oben. Kein Wunder nach dem Ausmaß der Kriegsschäden, die dazu geführt hatten, dass 13 % des Kapitalstocks in Deutschland,

---

139 Berechnet nach: Statistisches Bundesamt (Hg.), Bevölkerung und Wirtschaft 1872-1972, Stuttgart/ Mainz 1972, S. 90; zit. in: Herbert 1986, S. 181

8 % in Frankreich und 25 % in der Sowjetunion zerstört waren.[140] Bis zur Mitte der 1950er-Jahre war im Westen Deutschlands de facto die Vollbeschäftigung erreicht;[141] im Osten strich man die Vokabel Arbeitslosigkeit unter kommunistischer Ägide ohnedies aus dem Wörterbuch. Österreich wiederum setzte mit zwei Verstaatlichungsgesetzen in den Jahren 1946 und 1947 auf einen »Kapitalismus mit menschlichem Antlitz«. Im sowjetisch kontrollierten Osten des Landes, der Gegend rund um Wien, standen die meisten Großbetriebe – als vormaliges »Deutsches Eigentum« – unter der Verwaltung Moskaus. Auch hier herrschte Vollbeschäftigung.[142]

Vollbeschäftigung, so lehren uns neoklassische wie marxistische Analytiker gleichermaßen, wiewohl mit gänzlich konträren Zielvorstellungen, hemmt den Profit. Und ohne dieses Treibmittel funktioniert der Kapitalismus nicht. Denn die Arbeitskraft und ihre Verwertung ist ein, wenn nicht *das* zentrale Element des kapitalistischen Akkumulationsprozesses, mithin: der Profitlogik. Wenn aber kein Druck auf dem Arbeitsmarkt liegt, wenn sich also Arbeiter mit ihrer Ware Arbeitskraft keiner Konkurrenz stellen müssen, verfallen sie logischerweise auf die Idee, für diese Ware einen höheren Preis – also mehr Lohn – zu verlangen. Davor graut den Unternehmern, weswegen die Konkurrenz auf dem Arbeitsmarkt für kapitalistisches Wirtschaften eine Notwendigkeit darstellt.

Vor diesem Hintergrund darf es nicht verwundern, dass Unternehmerkreise Ende der 1950er-Jahre verstärkt begannen, nach wirtschaftlichen Liberalisierungsmaßnahmen wie der Deregulierung von Sozial- und Arbeitsgesetzen zu rufen. An gesetzliche Eingriffe gegen Kollektivverträge, gesetzlich geregelten Arbeits- und Kündigungsschutz oder gar das Umdefinieren des sozialversicherten Lohnarbeiters zum Selbstständigen, wie es 40 Jahre später in so mancher Branche stattfand, war indes nicht zu denken. Das hätte sich die lohnarbeitende Wiederaufbaugeneration mit ihrem Stolz auf das Vollbrachte nicht gefallen lassen, zumal sie unter

---

140   Angus Maddison, Economic Policy and Performance in Europe 1913-1970, London 1973, zit. in: Alan Milward, Der 2. Weltkrieg. München 1977, S. 385
141   Die Arbeitslosigkeit war regional stark unterschiedlich, in den industriellen Ballungsräumen Baden-Württemberg und NRW lag sie zwischen 2 % und 3 %, vgl. Herbert 1986, S. 190
142   Vgl. Kurt Rothschild, Arbeitsmarktpolitik. Arbeitslosigkeit 1955-1975, Linz 1977

schwersten Bedingungen und zu niedrigen Löhnen schuftete. Dazu kam die »soziale Auslage« des kommunistischen Ostens, die zwar im Westen kaum jemanden direkt beeindruckte, aber in Ländern wie der BRD und Österreich indirekt eine starke Gewerkschaftsbewegung entstehen ließ, die in sozialpartnerschaftlich-korporatistische Formen der Partizipation eingebunden wurde.

Der Klassenkampf von oben konzentrierte sich in den Nachkriegsjahren vor allem auf die starke Linke im Süden Europas und nahm dort die kommunistischen Parteien ins Visier. So hatte die CIA z. B. für den italienischen Wahlkampf des Jahres 1948 eine Kampagne gestartet, in der italienischstämmige AmerikanerInnen aufgefordert wurden, ihre Verwandten auf der Apenninen-Halbinsel per Brief vor einer Stimmabgabe für die Kommunistische Partei Italiens zu warnen. Zehn Millionen solcher Warnungen gingen über den Atlantik.[143] In Österreich kämpfte der in den USA vom dortigen Gewerkschaftsbund AFL instruierte Sozialdemokrat Franz Olah gegen einen möglichen Einfluss von Kommunisten auf die Arbeiterschaft. Am 5. Oktober 1950 ließ er starke Trupps seiner Bau- und Holzarbeitergewerkschaft gegen einen Streik von Linken in die – für ihn siegreiche – Schlacht ziehen. Ein damit durchgesetztes Lohn-Preis-Abkommen zu Ungunsten der Beschäftigten stellte sicher, dass die Sozialdemokratie mit den Interessen des Kapitals kompatibel blieb.[144]

Im geopolitischen Ringen um Weltherrschaft spannten die USA über den ganzen Westen Europas ein Netz sogenannter »Stay-Behind«-Organisationen auf. Diese klandestin betriebene paramilitärische Struktur sollte einem möglichen Angriff der Sowjetunion entgegentreten können, war allerdings auch gegen eine denkbare Machtübernahme Kapitalismus-kritischer Kräfte gedacht. Das »Stay-Behind«-Netzwerk wurde erst nach dem Ende des Kalten Krieges einer breiteren Öffentlichkeit bekannt, als der italienische Ministerpräsident Giulio Andreotti die Existenz von »Gladio«, dem italienischen Ableger, zugab. [145]

143 Bade 2000, S. 301
144 siehe dazu: Peter Autengruber/Manfred Mugrauer, Oktoberstreik. Wien 2016
145 vgl. dazu: Gert R. Polli, Deutschland zwischen den Fronten. Wie Europa zum Spielball von Politik und Geheimdiensten wird. München 2017, S. 150f. Siehe auch: Wolf Wetzel, Der Tiefe

Statt die lokalen respektive nationalen Arbeiterbewegungen direkt anzugreifen, verfiel man in Unternehmerkreisen auf die Idee, sie einem Konkurrenzdruck von außen auszusetzen. Der Import billiger Arbeitskräfte schien dafür das probate Mittel, er hatte ja – zugegeben unter völlig anderen Vorzeichen – auch im Nationalsozialismus gut funktioniert. Damals unter Zwang und unfreiwillig, sollte er nun mit gezielter Anwerbung und freiwillig passieren. Auch begrifflich unterschied sich die neue Zeit des wirtschaftlichen Aufbruchs von der alten. Anstelle der Bezeichnung »Fremdarbeiter« wurde der Ausdruck »Gastarbeiter« forciert. Damit sollte auch ein inhaltlich-ideologisches Signal gesetzt werden. Nicht mehr die ethnische oder nationale Differenz des andersartigen »Fremd«arbeiters wurde betont, sondern die freundliche und vor allem zeitlich beschränkte Aufnahme des »Gast«arbeiters. Eine weitere Generation später fiel auch diese Begrifflichkeit vor den Augen des dann politisch Korrekten in Ungnade.

Der Vorstellung vom angeblich unabdingbar notwendigen Zuzug neuer Arbeitskräfte lag (und liegt) das Theorem des wirtschaftlichen Wachstums als einzig möglichem Entwicklungsweg zugrunde. »Prozesse des wirtschaftlichen Wachstums einer geschlossenen Volkswirtschaft gehen einher mit einem zusätzlichen Bedarf an Arbeitskräften.«[146] Mit Aussagen wie dieser nehmen neoliberale und keynesianische Ökonomen gleichermaßen das herrschende Gesellschaftsmodell als naturgesetzlich vorgegeben an. »Einfachen ökonomischen Gesetzen folgend, läuft diese Entwicklung parallel mit einer Erhöhung des Lohnniveaus und führt dazu, daß die benötigten zusätzlichen Arbeitskräfte dort gesucht werden, wo ein quantitativer Überschuß an Arbeitskräften und somit niedrigstes Lohnniveau herrscht.«[147] Damit ist – mit ungelenker Wortwahl – der Zusammenhang zwischen Migration und Arbeitsmarkt treffend erklärt. Wenn im ökonomischen Zentralraum die Menschen einen sicheren Arbeitsplatz haben, dessen

Staat und der konzerneigene Untergrund – eine Symbiose; in: Ullrich Mies/Jens Wernicke (Hg.), Fassadendemokratie und Tiefer Staat. Auf dem Weg in ein autoritäres Zeitalter, Wien 2017, S. 167ff.

146 Ingrid Nowotny, Migration und Arbeitsmarkt. In: Manfred Matzka/Doris Wolfslehner (Hg.), Europäische Migrationspolitik, Bd. 1, Wien 1999, S. 120
147 Ebd.

Sicherheit zu einem höheren Lohnniveau führen könnte, braucht es für weiteres Wachstum die Einfuhr billiger KonkurrenzarbeiterInnen, um den gesättigten Arbeitsmarkt (mit den satten Beschäftigten, was so freilich nicht gesagt wird) aufzumischen. Die Alternative, ein Lebens- und Gesellschaftsmodell ohne Einbeziehung bzw. Ausbeutung ferner Ressourcen aufzubauen, wird nicht gedacht … und wo doch, je nach politischem Standort von der herrschenden Doktrin als rückwärtsgewandt oder utopisch diffamiert.

Soweit zum Ausgangspunkt für einen seit den späten 1950er-Jahren endlos scheinenden Strom billiger Arbeitsmigranten aus den anfangs europäischen und später weltweiten Peripherien in die Zentren der Weltwirtschaft. Gleichzeitig mit der Einfuhr billiger Arbeitskräfte in die Zentralräume begann übrigens auch der Export von technologisch ausgereiften Industrieanlagen in für den Unternehmer günstige Standorte auf der südlichen Halbkugel.[148] Diese sogenannten Weltmarktfabriken, in denen auf Basis der billigen Arbeitskraft für die Zentrumsmärkte produziert wird, sind die Kehrseite der Gastarbeiterströme; ihr Aufbau entspringt derselben Logik.

Wer woher wohin

In vielen Fällen folgte die Arbeiterwanderung entlang traditionell bestehender kultureller – oder besser: geopolitischer – Pfade, die meist im Kolonialsystem wurzelten. So kamen die Zuwanderer in Frankreich vornehmlich aus dem afrikanischen Maghreb oder aus diversen französischen Überseegebieten, nach Großbritannien wanderten neben Iren vor allem Inder sowie Menschen aus Pakistan und Bangladesch ein. Italien, Griechenland, Spanien und Portugal mutierten bereits zehn bis 15 Jahre nach Kriegsende zu Push-Regionen für Frankreich und Deutschland. Türkische und jugoslawische ArbeiterInnen zogen erst ein wenig später Richtung Nordwesten.

148   vgl. Volker Fröbel/Jürgen Heinrichs/Otto Kreye, Die neue internationale Arbeitsteilung. Strukturelle Arbeitslosigkeit in den Industrieländern und die Industrialisierung der Entwicklungsländer. Hamburg 1977

Bereits im Jahr 1955 schloss Deutschland das erste Anwerbeabkommen mit Italien. Interessanterweise war es der baden-württembergische Bauernverband[149], der als allererster nach billigen, auswärtigen Arbeitskräften rief und von Bonn gehört wurde. Danach meldeten sich die fisch- und fleischverarbeitende Industrie, das Bauwesen und die Gastronomie, die ihre Lohnkosten senken wollten. Entsprechende Rekrutierungen im Süden Europas folgten auf dem Fuß.

Die aktuell meinungsbildende Migrationsforschung hat sich darauf verständigt, dass ein kongruentes Interesse zwischen den Pull- und Push-Ländern der Migration bestand (und besteht); in verständlicheren Worten: dass der Arbeitskräftebedarf in den entwickelten Zentralräumen Westeuropas und die Überschussbevölkerung in den landwirtschaftlich geprägten Randgebieten des Südens und Südostens einander bedurften. »In den Zielländern gab es ein Interesse an billigen un- bzw. angelernten Arbeitskräften (…). Dem entsprach in den Herkunftsländern ein Interesse an kontrollierbarem Export von nicht oder wenig qualifizierten Erwerbslosen (…)«, schreibt etwa Klaus Bade, Vorstand des Instituts für Migrationsforschung an der Universität Osnabrück. Diese Sichtweise ist in zweierlei Hinsicht kritikwürdig. Zum einen beharrt sie auf dem »natürlichen« Prinzip von Angebot und Nachfrage, das jede Kapital getriebene Gesellschaft auszeichnet und scheinbar ewig für einen gesellschaftlichen Ausgleich sorgt. Zum anderen negiert sie ein Strukturprinzip des auf Expansion beruhenden Kapitalismus, nämlich die Inwertsetzung möglichst vieler – wenn nicht aller – Ressourcen, wozu auch die Arbeitskraft zählt. Sie verkennt, dass Regionen solange nicht peripherisiert sind, wie ihre BewohnerInnen und Güter nicht dem Verwertungsprozess unterworfen sind. Nur ihre Nutzbarmachung für eingesetztes Kapital macht aus armen Menschen billige Arbeitskräfte. Oder, in der Sprache der Migrationsforscher: ohne Pull-Faktor kein Push-Faktor. Die Auswirkung des Gastarbeiterimports auf die Herkunftsregionen wird als Win-win-Situation verbrämt. Im Grunde wurden sie jedoch lediglich als Lieferanten abrufbarer Arbeitskraft betrachtet.

149 Bade 2000, S. 317

Diese grundsätzliche Einschätzung steht in keinem Widerspruch zur Politik in einigen Ländern des europäischen Südens. Insbesondere in Italien und Spanien versuchten rechte und liberale Kräfte, der grassierenden Arbeitslosigkeit mit dem Export von Arbeitslosen zu begegnen. Die Sorge vor deren Radikalisierung und Hinwendung zu kommunistischen Parteien stand dafür Pate. Es traf sich also ein ökonomischer Pull-Faktor im Zielland mit einem hauptsächlich politisch motivierten Push-Faktor im Herkunftsland der ArbeitsmigrantInnen.

Im ersten deutschen Anwerbeabkommen vom 22. Dezember 1955 mit Italien konnte die Bevölkerung der BRD allerdings kein Weihnachtsgeschenk erkennen. Denn die überwiegende Mehrheit der Deutschen lehnte den Import billiger Arbeitskräfte rundweg ab. Laut einer Umfrage, die vom Institut für Demoskopie Allensbach veranstaltet wurde, sprachen sich damals 55 % der Befragten kategorisch gegen die Anwerbung von »Gastarbeitern« aus, nur 20 % waren definitiv dafür.[150] Die Spitzen der deutschen Politik focht die Volksmeinung nicht an. Es waren vor allem der Bundeswirtschaftsminister Ludwig Erhard und sein Kollege für besondere Aufgaben, Franz Josef Strauß, die gemeinsam bei Bundeskanzler Konrad Adenauer für das Anwerbeabkommen mit Italien warben. Strauß argumentierte dies offen mit der Chance, dass mit ausländischen Arbeitskräften »den Forderungen nach Lohnerhöhungen seitens der deutschen Gewerkschaft entgegengetreten (werden könne)«.[151]

Weitere Anwerbeabkommen folgten Schlag auf Schlag, 1960 mit Spanien und Griechenland, 1961 mit der Türkei, 1963 mit Marokko und Südkorea, 1964 mit Portugal, 1965 mit Tunesien und 1968 mit Jugoslawien. Eine öffentliche Debatte darüber fand nicht statt. Die Abkommen wurden hinter verschlossenen Türen verhandelt, auch die Medien schwiegen sich dazu aus. Konkret regelte die erste zwischenstaatliche Vereinbarung von 1955 – wie alle späteren nach ihr – die Vermittlung italienischer

150 Noelle, Elisabeth/Neumann, Erich Peter (Hg.): *Jahrbuch der öffentlichen Meinung 1957*. Allensbach am Bodensee 1957, S. 258, zit. in: https://de.wikipedia.org/wiki/Gastarbeiter (9.7.2017)

151 Heike Knortz: Diplomatische Tauschgeschäfte. »Gastarbeiter« in der westdeutschen Diplomatie und Beschäftigungspolitik 1953–1973. Böhlau Verlag, Köln 2008, S. 68–75, zit. in: : https://de.wikipedia.org/wiki/Gastarbeiter (9.7.2017)

ArbeiterInnen für deutsche Unternehmen, inklusive Anreise, Lohnfragen und Familiennachzug. Die Entlohnung der Gastarbeiter erfolgte nach den gültigen Kollektivverträgen, sie füllten die Branchen mit den niedrigsten Löhnen auf. Oftmals waren sie als Saisonarbeitskräfte in der Landwirtschaft und in der Gastronomie beschäftigt. Insgesamt kamen auf dem Ticket des deutsch-italienischen Anwerbeabkommens über die Jahrzehnte 4 Millionen ItalienerInnen – meist aus dem peripheren Süden – in die BRD, wovon allerdings fast 90 % später wieder in die alte Heimat zurückkehrten.[152] Diese Zahl zeigt deutlich, wie sehr der deutsche »Gastarbeiter«import von Anfang an als zeitlich beschränkte, von der Konjunktur abhängige Maßnahme geplant war. Dementsprechend gestaltete sich auch die Art der Unterbringung für ausländische Arbeiter. Im *Industriekurier* aus dem Herbst 1955 werden die diesbezüglichen Vorteile für den Unternehmer und die öffentliche Hand beschrieben. »Ein Rückgriff auf Italiener bringt mit sich, daß dadurch keine Wohnungsbauballung verursacht wird, sondern die Gestellung von Baracken im allgemeinen ausreichen dürfte (…).«[153] Wie solche Wohnverhältnisse im Konkreten aussahen, darüber existieren eine Menge eindrucksvoller Sozialreportagen, wie z. B. diese aus dem *Handelsblatt* vom Februar 1967, in dem eine Polizeirazzia in Düsseldorf beschrieben wird: »In einem Raum von nicht mehr als 15 Quadratmetern hausen sechs türkische und griechische Gastarbeiter. Übereinander und eng zusammengerückt stehen die Betten; alle Männer liegen schon, obwohl es gerade erst halb neun ist. Was sollen sie in diesem Loch anders anfangen? Nicht einmal genügend Stühle sind vorhanden; in der Mitte, unter einer schief hängenden Glühbirne, steht ein kleiner, von einer ›Tischdecke‹ aus Zeitungspapier bedeckter Tisch. (…) Man sucht nach Worten, um den Toilettenraum zu beschreiben. Auf dem Boden schwimmt eine einzige dreckige Lache, das Inventar besteht aus einer kalksteinernen Latrine ohne Besatz (…).«[154] Düsseldorf, im Februar 1967.

152 http://www.italiener.angekommen.com/Dokumente/Abkommen.html (17.4.2018)
153 »Es geht nicht ohne Italiener!«, in: *Industriekurier* vom 4. Oktober 1955, zit. in: Herbert 1986, S. 192
154 »Fremd- statt Gastarbeiter?«, in: *Handelsblatt* vom 16. Februar 1967, zit. in: Herbert 1986, S. 202f.

Am 10. September 1964 wird der Portugiese Armando Rodrigues als einmillionster Gastarbeiter auf deutschem Boden empfangen und in einem kleinen Festakt die Rolle der ausländischen Arbeitskräfte für deutsche Unternehmen gewürdigt. Zum 50. Jahrestag, im September 2014, bejubelt der deutsche *Spiegel* die angebliche Erfolgsgeschichte unter dem Titel: »Heute ist ein Feiertag«.[155]

Bis zum Jahr 1973, das migrationspolitisch eine wesentliche Zäsur darstellt, wanderten 14 Millionen ausländische Arbeitskräfte nach Deutschland ein.[156] Vor dem Anwerbestopp arbeiteten hier 2,5 Millionen Gastarbeiter, die 12 % der erwerbstätigen Bevölkerung ausmachten.[157]

Das Beispiel Österreich

Österreich folgte – verspätet und mit restriktiveren Vorgaben – dem bundesrepublikanischen Weg. Diese Verspätung war der andersgearteten Eigentümerstruktur großer Leitbetriebe in der Industrie und im Banksektor geschuldet, die sich in staatlicher Hand befanden. Im Vergleich zu anderen westeuropäischen Ländern fehlten starke Unternehmerfiguren, die entsprechend Druck auf die Politik aufbauen konnten, billige Arbeitskräfte herbeizuschaffen. Zudem wehrte sich der Österreichische Gewerkschaftsbund (ÖGB) länger als sein deutsches Pendant gegen den Einsatz ausländischer Arbeitskräfte und setzte Ende der 1950er-Jahre auf die Mobilisierung heimischer ArbeiterInnen.[158] Bis 1961 blockierte die Gewerkschaft alle Vorschläge der Bundeswirtschaftskammer für den Einsatz von »Gastarbeitern«. Erst im Herbst 1962 beschlossen der ehemalige Bundeskanzler und nunmehrige Chef der Wirtschaftskammer Julius Raab und ÖGB-Boss Franz Olah im

---

155 Sebastian Hammelehle: »Heute ist ein Feiertag!« (Kommentar anlässlich des 50. Jahrestages); siehe: http://www.spiegel.de/kultur/gesellschaft/gastarbeiter-1964-kam-der-einmillionste-nach-deutschland-kommentar-a-990639.html (18.4.2018)

156 https://mediendienst-integration.de/artikel/fluechtlinge-asyl-migrationsbewegungen-geschichte-einwanderung-auswanderung-deutschland-aussiedler-gastarbeiter.html (25.4.2018)

157 http://www.bpb.de/politik/grundfragen/deutsche-verhaeltnisse-eine-sozialkunde/138012/geschichte-der-zuwanderung-nach-deutschland-nach-1950?p=all (24.4.2018)

158 Eveline Wollner, Die Reform der Beschäftigung und Anwerbung ausländischer Arbeitskräfte Anfang der 1960er Jahre in Österreich. In: *Zeitgeschichte*, 34. Jg., Juli/August 2007, Heft 4, Innsbruck 2007, S. 215

Geheimen eine sogenannte Kontingentvereinbarung über die Zulassung von 48.000 Ausländern für den österreichischen Arbeitsmarkt. Olah war jener rechte Gewerkschaftsboss, der zwölf Jahre zuvor seine Bauarbeiter gegen einen Massenstreik gehetzt hatte; Jahre später fiel er bei seiner Partei, der SPÖ, in Ungnade, weil er eine große Geldsumme aus der Gewerkschaftskasse an die FPÖ überwiesen hatte.

Die Gestaltung der Ausländerbeschäftigung oblag den Sozialpartnern, also der Bundeswirtschaftskammer für die Unternehmer- und dem ÖGB für die Beschäftigtenseite. Die Betriebe waren beim Einsatz von »Gastarbeitern« nicht nur an die herrschenden Kollektivverträge und Arbeitsgesetze gebunden, sondern mussten Inländer vor Ausländern anstellen und Ausländer vor Inländern kündigen, den Arbeitsinspektoren regelmäßig Auskunft über die Lohn- und Arbeitsbedingungen geben und durften ausländische Beschäftigte nicht gegen streikende Arbeiter einsetzen.[159]

Kontingentvereinbarungen sahen zudem ein auf ein Jahr beschränktes Beschäftigungsverhältnis vor. Der Unternehmer hatte für eine gesicherte Unterkunft sowie die Rückreisekosten seiner ausländischen Arbeitskräfte zu sorgen. Vermittelt wurden die Arbeitsmigranten an bestimmte Unternehmen, eine freie Wahl des Arbeitsplatzes existierte nicht. Anfang der 1970er-Jahre stieg der Druck von Unternehmerseite, die Ausländerbeschäftigung weiter zu liberalisieren. An der gängigen Praxis der sogenannten Touristenbeschäftigung entzündeten sich heftige Kontroversen zwischen Unternehmerverbänden und Gewerkschaft. Die sich verschlechternde Konjunktur im Gefolge der Ölkrise 1973 führte zu einem sozialpartnerschaftlichen Kompromiss. 1975 wurde das Ausländerbeschäftigungsgesetz beschlossen, das ein Jahr darauf in Kraft trat. Es verhinderte einerseits weitere Deregulierungen am Arbeitsmarkt und entrechtete andererseits die migrantische Arbeitskraft, indem sie sie an einen bestimmten Unternehmer band.[160] Das Gesetz wurde in seltener Einstimmigkeit vom österreichischen Parlament verabschiedet.[161]

159 Wollner 2007, S. 218
160 Kenneth Horvath, Die unbekannten Pfade der Migrationspolitik. In: Österreichische Zeitschrift für Soziologie. Wien, Oktober 2016, S. 25
161 Haydar Sari, Ausländerbeschäftigungspolitik in Österreich. Dissertation, Wien 1988, S.60

Formal trat erst 1964 ein Anwerbeabkommen Österreichs mit der Türkei in Kraft, nachdem seit 1962 diverse Übergangsverträge die Unternehmen relativ verunsichert zurückließen.[162] Der jugoslawische Präsident Josip Tito lehnte übrigens mehrere Jahre ein bereits ausverhandeltes Anwerbeabkommen mit dem Hinweis auf die demütigende Art des Exports von Arbeitskräften ab. Erst im Jahr 1962 verabschiedete das Parlament in Belgrad ein Amnestiegesetz für ausgewanderte ArbeiterInnen, die nun wieder nach Hause zurückkehren konnten, ohne eine strafrechtliche Verfolgung befürchten zu müssen. Arbeitsmigration war bis dahin verboten gewesen. Wie umstritten die Abwerbung von Arbeitskräften durch westliche Unternehmen war, zeigt auch die Tatsache, dass sie anfangs nur lokal begrenzt auf Emigrationswillige aus Sarajewo und Zagreb zugelassen wurde. Die offizielle jugoslawische Sprachregelung zur Arbeitsmigration in den Westen lautete, dass es sich um eine »temporäre Beschäftigung« handle. Westliche Anwerbebüros wurden, anders als z. B. in der Türkei, nicht gestattet.[163]

Österreichs Anwerbebüro für türkische ArbeitsmigrantInnen befand sich seit Mitte der 1960er-Jahre im Narmanlı Han, einem 150 Jahre alten historischem Gebäude in Istanbul, das zuvor als russisches Konsulat und zeitweise auch als Gefängnis gedient hatte.[164] Die dort beheimatete Kommission übermittelte auf Zuruf österreichischer Unternehmen entsprechende Daten an die türkische Arbeitsvermittlungsanstalt, die wiederum aus Interessentenlisten die gewünschten Personen nach Alter, Gesundheit und – gegebenenfalls – Qualifikation herausfilterte. Fachliche Prüfungen wurden von Fall zu Fall von österreichischen Firmen vor Ort durchgeführt.[165] »Schickt uns 500 Arbeiter«, lautete beispielsweise ein entsprechendes Ansuchen. Rund um das Narmanlı Han entstand eine Reihe von halblegalen und illegalen Nebengewerben, die mit Übersetzerdiensten, allerlei »Beratungen« wie Vorreihungen, ärztlichen Attesten und Passfotos gute Geschäfte machten.

162 Wollner 2007, S. 219
163 Vgl. Verena Lorber, Angeworben. GastarbeiterInnen in Österreich in den 1960er und 1970er Jahren. Göttingen 2017, S. 82
164 Hakan Gürses/Kornelia Kogoj/Sylvia Mattl, Gastarbajteri. 40 Jahre Arbeitsmigration. Wien 2004, S. 122
165 Ebd., S. 123

Der österreichischen Unternehmervertretung ging das ganze Prozedere zu langsam. Wie in solchen Fällen üblich, wetterte sie gegen die angeblich überbordende Bürokratie. Darüber hinaus forderte sie, das Anwerberegime vollständig einzustellen und den österreichischen Arbeitsmarkt ohne jede Kontrolle zu öffnen. Im Mai 1970 verfasste die »Österreichische Industriellenvereinigung« einen Brief an das Innenministerium, in dem sie dagegen protestierte, dass Türken, die mit einem bloßen Touristenvisum nach Österreich eingereist waren, keiner legalen Beschäftigung nachgehen durften. Diese Praxis hatte wie bereits in den frühen 1960er-Jahren überhandgenommen und die Behörden versuchten dagegen vorzugehen. Die Unternehmer wollten das Gegenteil. »Die ökonomischen Gründe, die im Augenblick für eine Beschäftigung von türkischen Touristen sprechen«, so die Industriellenvereinigung, »dürften zweifelsfrei schwerer wiegen, als die – momentan nicht mehr ganz aktuellen – fremdenpolizeilichen Bedenken.«[166] Mit anderen Worten: Wir wollen uns nicht um Gesetze scheren müssen, der Profit geht vor. Verpackt wurde die Forderung nach migrationspolitischer Liberalisierung ganz frech mit der Überschrift »Industrie gegen Diskriminierung türkischer Arbeitskräfte«.

Ein besonderes Kapitel in der jüngeren österreichischen Migrationsgeschichte stellt die Beschäftigung von sogenannten freien Unternehmern in der Zeitungskolportage dar. Anfang der 1980er-Jahre begannen die beiden auflagenstarken Tageszeitungen *Kronen Zeitung* und *Kurier* mit der Anwerbung von großteils aus Ägypten stammenden Zeitungskolporteuren. Eine Absprache der Mediengiganten mit dem österreichischen Innenministerium machte es möglich, Hunderte von jungen Ägyptern speziell für die Kolportage auf der Straße ins Land zu holen. Die Zeitungsverkäufer erhielten in ihrem Pass einen eigenen »Z«-Stempel für »Zeitungskolporteur«, der sie de facto in ein sklavenartiges Verhältnis zum Unternehmen brachte. Obwohl sie genaue Standzeiten – meist sechs Stunden pro Schicht – einzuhalten hatten und die Arbeitskleidung der jeweiligen Zeitung tragen mussten, die zugleich ein weithin sichtbarer Werbeträger war, gelang es den

---

166 »Industrie gegen Diskriminierung der türkischen Arbeitskräfte«, Pressedienst der Industrie vom 15. Mai 1970; zit. in: Gürses u. a. 2007, S. 150

Zeitungsherausgebern und ihrer Vertriebsfirma, die Kolporteure nicht als unselbstständig Beschäftigte – was sie ganz offensichtlich waren – sondern als Selbstständige zu definieren. Die Unternehmer ersparten sich damit Sozialleistungen und Entlohnung nach Kollektivvertrag und die ägyptischen Migranten benötigten keine Arbeitserlaubnis.[167]

Ein Flugblatt mit dem Titel »Ein Herz für Sklaven« machte im Dezember 1980 auf die erbärmliche soziale Stellung der Zeitungsverkäufer aufmerksam, die dadurch noch unerträglicher wurde, dass ihr »Z«-Stempel im Pass ihnen nicht erlaubte, eine andere Erwerbstätigkeit als die als des »Gewerbetreibenden« für den Zeitungsverkauf aufzunehmen. Ihre persönliche Alternative als Migranten lautete: Entweder die Bedingungen des Medienunternehmens zu akzeptieren oder die Heimreise anzutreten. Selbst Letzteres war oft ein Ding der Unmöglichkeit, weil hohe Kautionen für die besten Standorte bezahlt werden mussten, die die Kolporteure zusätzlich in Schuldknechtschaft trieben. Als sich die ägyptischen »Z«-Migranten gegen die menschenunwürdigen Bedingungen zu wehren begannen und im Jahr 1987 eine Selbsthilfeorganisation gründeten, antwortete das von *Kurier* und *Kronen Zeitung* dominierte Kolportageunternehmen »Mediaprint« mit dem Import südostasiatischer Konkurrenzkolporteure, was ethnische Spannungen zwischen den Ausgebeuteten schürte.[168]

Von einzelnen ägyptischen Kolporteuren angestrengte Prozesse gegen die Einstufung als selbstständiger Gewerbetreibender bei vollkommen unselbstständiger Tätigkeit wurden von ihnen allesamt gewonnen. Die jeweils Klagenden waren auf Basis ihrer »Z«-Stempel im Pass allerdings längst abgeschoben, bis das Urteil – oft erst nach Jahren – verkündet wurde. Auch wehrten sich die führenden Zeitungen erfolgreich dagegen, solche Urteile als Grundsatzentscheidungen zu akzeptieren. Für den Rechtsstaat blieben es Einzelfälle. Da half auch ein Urteilsspruch des Obersten Gerichtshofes vom Februar 2004 nichts, der klipp und klar die

---

167 vgl. Roman Hummel/Günther Löschnigg/Heinz Wittmann (Hg.), Krone! Kurier! Soziale Lage und rechtliche Situation der Zeitungskolporteure. Neue Aspekte in Kultur- und Kommunikationswissenschaften, Bd. 6, Wien 1996. Siehe auch: Thomas Schmidinger, Verein der Zeitungskolporteure 1987, in: Gürses u. a. 2004, S. 139
168 Schmidinger in: Gürses u. a. 2004, S. 137

selbstständige Tätigkeit des Kolporteurs in Abrede stellte: «Es geht hier doch um langjährige Beschäftigte, die nach der konkreten Ausgestaltung des Vertragsverhältnisses genaue Vorgaben hinsichtlich Arbeitsort, Arbeitszeit und sogar Arbeitskleidung und -verhalten (sanktioniert) hatten und sich auch nur eingeschränkt und mit Zustimmung der Beklagten vertreten lassen konnten.«[169] »Mediaprint«-Anwalt Ernst Swoboda kommentierte den Fall von drei verlorenen Prozessen zynisch-gelassen, die drei Kolporteure würden nach dem Gerichtsspruch »... halt ein bisschen was kriegen, wenn sie noch im Lande sind, was ich nicht glaube.«[170] Die spezielle Regelung für Zeitungskolporteure gilt übrigens auch für Hauszusteller von Werbeprospekten. So befinden sich bei den zwei marktführenden Firmen »Redmail« und »Feibra« von den 4000 Mitarbeitern nur jene 10 % in einem Angestelltenverhältnis, die in der Administration tätig sind, die Austräger von Werbemitteln haben allesamt ein selbstständiges Dienstverhältnis.[171]

Der »Gastarbeiter« als Verschubmasse

Zwischen 1960 und 1973 stieg der Anteil ausländischer ArbeiterInnen in Deutschland von 1,3 % der Gesamtbeschäftigtenzahl auf 11,9 % an.[172] Ihre Tätigkeit war auf die Zeit der Hochkonjunktur ausgerichtet, ihre Aufenthaltsbewilligungen blieben zeitlich jeweils auf ein Jahr befristet, eine Verlängerung bedurfte der behördlichen Zustimmung. Im Ausländergesetz vom April 1965 »wurde das Konzept des vorübergehenden Aufenthalts zur Rechtsvorschrift«,[173] fasst der Historiker Ulrich Herbert in seinem Klassiker »Geschichte der Ausländerbeschäftigung in Deutschland 1880–1980« die Situation zusammen. »Die Vorschriften legten damit die Diskriminierung dieser Arbeitskräfte gegenüber InländerInnen fest und verankerten sie in ihrer Funktion als mobile Arbeitskraftreserve«, fügt die

---

169 http://derstandard.at/1565968/Zeitungskolporteure-Werkvertrag-oder-Ausreise (10.7.2017)
170 Ebd.
171 Brigitte Haidinger/Christoph Hermann, Beschäftigungsverhältnisse bei den neuen Postdienstleistern. (Forba-Forschungsbericht Nr. 4/2008), Wien 2008, S. 5
172 Bade 2000, S. 318
173 Herbert 1986, S. 199

Sozialwissenschaftlerin Eveline Wollner hinzu.[174] Der einzelne »Gastarbeiter« sah sich dadurch strukturell benachteiligt und prekarisiert, was auch der Absicht der mittel- und westeuropäischen Migrationspolitik entsprach. Darüber hinaus fungierten die ausländischen Arbeitskräfte generell als industrielle und landwirtschaftliche Reservearmee, die in guten Zeiten Gewehr bei Fuß zu stehen hatte und in schlechten Zeiten demobilisiert werden konnte. Familiennachzug existierte in den Anfangsjahren des ArbeiterInnenimports nicht. Die Ausländer waren durchwegs in schlecht bezahlten Jobs tätig, im Jahr 1966 plagten sich 72 % von ihnen als un- oder angelernte Arbeiter, die allermeisten von ihnen in Industriebetrieben.[175]

Auf einer Konferenz der deutschen Arbeitgeber Mitte der 1960er-Jahre zeigte man sich mit der konjunkturabhängigen Pufferfunktion der Arbeitsmigranten hoch zufrieden und wies auch darauf hin, wie praktisch – sprich: profitabel – diese in betriebswirtschaftlicher Hinsicht sei. »Was bringen die ausländischen Arbeitskräfte auf dem Gebiet der Mobilität?«, lautete die Frage im Unternehmerkreis. Ministerialrat Christoph Rosenmöller gab in seinem Referat darauf die Antwort: »Wenn wir uns das näher betrachten, stellen wir fest, daß die ausländischen Arbeitskräfte, die hier bei uns sind, total mobil sind, nicht nur der einzelne ausländische Arbeitnehmer, sondern die ausländischen Arbeitnehmer insgesamt durch den enormen Rückfluß und das starke Wiedereinwandern. (...) Der Betrieb A, der im nächsten Jahr die Arbeitnehmer nicht mehr braucht, wird keine neuen Arbeitnehmer einstellen, und der Betrieb B, der im Wachstumsbereich tätig ist, wird im nächsten Jahr seine 100 oder 1000 Arbeitskräfte bekommen. Dadurch wird meiner Ansicht nach ein außerordentlich günstiger Effekt ausgelöst.«[176] Das sah die Bundesregierung genauso. CDU-Außenminister Theodor Blank verband anlässlich seiner Begrüßungsrede für den einmillionsten Gastarbeiter am 10. September 1964 die betriebswirtschaftliche Zufriedenheit über die Mobilität der Arbeitsmigranten mit dem volkswirtschaftlichen

174 Wollner, S. 218
175 Statistisches Bundesamt (Hg.), Bevölkerungsstruktur und Wirtschaftskraft der Bundesländer, o. O. 1973, S. 78f.; zit. in: Herbert 1986, S. 200
176 Diskussionsbeitrag von Christoph Rosenmöller, in: Probleme der ausländischen Arbeitskräfte in der Bundesrepublik. Konjunkturpolitik, Beiheft 13, Berlin 1966, S. 105; zit. in: Herbert, S. 96

Wohlergehen Deutschlands. »Diese Million Menschen auf deutschen Arbeitsplätzen«, hob er an, »trägt mit dazu bei, daß unsere Produktion weiter wächst, unsere Preise stabil bleiben und unsere Geltung auf dem Weltmarkt erhalten bleibt. Die Rolle der Gastarbeiter auf dem Arbeitsmarkt wird in den kommenden Jahren sicher gewichtiger werden«,[177] schloss er seine Dankesrede. Die inflationsbremsende Auswirkung der Beschäftigung von Ausländern beruhte übrigens auf der berechneten Erkenntnis, dass »Gastarbeiter« wegen ihres kurzzeitigen Aufenthalts eine hohe Sparquote aufweisen und vergleichsweise wenig konsumieren, um möglichst viel von ihrem erworbenen Geld nach Hause bringen zu können.

Ideologisch wurde die Anwerbung von »Gastarbeitern« in den 1960er-Jahren von Politik, führenden Medien und Unternehmerkreisen mit wohlklingenden Begriffen begleitet. Arbeitsminister Blank war es nicht zu peinlich, den einmillionsten Arbeitsmigranten als Zeichen der »Verschmelzung Europas« und der »Annäherung von Menschen verschiedenster Herkunft« zu beschreiben. Die Billiglöhner aus dem Süden wurden von jenen, die von ihrer Arbeit profitierten, in einem Atemzug mit »Völkerverständigung« und »europäischer Integration« genannt; auch der Terminus »Entwicklungshilfe« tauchte auf, wenn darüber geschrieben wurde, wie es den Herkunftsländern damit ginge, junge und kräftige Menschen in die Ferne zur Arbeit zu schicken. Genau 50 Jahre später, als es darum ging, Millionen von Flüchtlingen aus Kriegs- und wirtschaftlichen Krisengebieten im Herbst 2015 als neue Reservearmee in den westeuropäischen Zentren zu positionieren, gelang es den herrschaftlichen Medien wiederum, das Diktum von der »Entwicklungshilfe« zu lancieren und den vielen freiwilligen HelferInnen dieses Wohlgefühl zu vermitteln. Die erste Nachkriegswelle der Einwanderung verlor jedoch sehr bald ihr positives Flair, das ohnedies von Anfang an nur die raue Wirklichkeit kaschieren sollte.

Bereits die vergleichsweise kleine Wirtschaftskrise der Jahre 1966/67 sah eine erste größere Rückwanderungswelle, während der schnell ersichtlich wurde, wie sehr der Gastarbeiter eine volks- und betriebswirtschaftliche

---

177 Theodor Blank, Eine Million Gastarbeiter. In: Bulletin des Presse- und Informationsdienstes der Bundesregierung Nr. 160/ S. 1480, zit. in: Herbert 1986, S.197

Verschubmasse darstellte. Im Jahr 1966/67 verließen schlagartig fast 400.000 ausländische Arbeiter – das waren 30 % des Gesamtbestandes – Deutschland und exportierten damit zugleich ihre Arbeitslosigkeit in die Heimatländer, was diese vor große Probleme stellte.[178] Ihre Reintegration in ohnedies krisengeschüttelte periphere Länder gelang nicht.

Mit der Wirtschaftskrise 1966/67 änderte sich auch der meinungsbildende Diskurs gegenüber »Gastarbeitern«. Bis dahin war zwar offen und ohne Scheu über ihre Funktion als arbeitsmarktpolitische Reservearmee für Landwirtschaft und Industrie gesprochen worden, Feindseligkeiten gegenüber den Fremden blieben jedoch eher die Ausnahme. Nun, nachdem die Krise erstmals ihren Charakter als Verschubmasse bloßlegte, schwenkten viele Medien vom Beiwort »nützlich« auf »überschüssig«. Berichte über Kriminalität und sexuelle Übergriffe von Migranten nahmen zu, und das aufmerksame Publikum hätte sich fragen müssen, ob denn in den Jahren 1955 bis 1966 keine schwarzen Arbeitsschafe importiert worden wären. Eine Umfrage des Emnid-Instituts wies – wie schon während der ersten Anwerbungen – eine mehrheitliche Gegnerschaft für die weitere Beschäftigung von Ausländern aus.[179]

Erneut kümmerten sich weder Regierung noch Unternehmerverbände um das ablehnende Meinungsbild. Kaum schien die Krise überwunden, verschob man wieder eifrig billige Gastarbeiter in die deutschen Zentralräume. Zwischen 1966 und 1967 sank die Zahl der beschäftigten AusländerInnen kurzzeitig unter eine Million – von 1,3 Millionen auf 990.000. Danach stieg sie wieder kräftig an, um am Höhepunkt 1973 2,6 Millionen zu erreichen.[180] Mittlerweile bot die sogenannte Arbeitserlaubnisverordnung aus dem Jahr 1971 bei längerem Aufenthalt die Möglichkeit, eine fünfjährige Arbeitserlaubnis zu erhalten. Diese hatte mittelbar zur Folge, dass es mehr und mehr Migranten gab, die ihre Familien nach Deutschland brachten. Eine gewisse Verstetigung des Aufenthaltes setzte ein.

178 Stephan Castles/Godula Kosack, The Function of Labour Immigration in Western European Capitalism; in: *New Left Review* 1/73. May-June 1972

179 »Kuli oder Kollege«, in: *konkret*, November 1966

180 vgl. Herbert 1986, S. 188; von den 2,6 Millionen »Gastarbeitern« im Jahr 1973 kamen 600.000 aus der Türkei, 530.000 aus Jugoslawien, 430.000 aus Italien und 250.000 aus Griechenland.

Die Zäsur des Jahres 1973

Zeithistoriker verbinden mit dem Jahr 1973 die erste große Wirtschaftskrise nach dem Krieg. Eine linke Analyse sieht nach vollbrachtem Wiederaufbau eine dem Kapitalismus zyklisch innewohnende Strukturkrise. Diese wurzelte allgemein darin, dass die weltweite Nachfrage zurückging und Waren auf Halde lagen, mithin eine Überproduktionskrise die Kapitalverwertung hemmte. Dazu kam im Besonderen die Schwäche der bis dahin führenden US-amerikanischen Wirtschaft, was in einem Absacken des Dollars zum Ausdruck kam. Der seit den Vereinbarungen von Bretton Woods im Jahr 1944 zur Weltleitwährung erkorene Dollar hatte sich zudem im Vietnam-Krieg verblutet. Im Jahr 1971 wurde die Dollar-Gold-Bindung aufgegeben, die als Symbol für die Stärke der US-amerikanischen Währung galt.

Effektiver Auslöser der tiefen 1973er-Krise war dann wohl die Übereinkunft führender Erdöl produzierender Staaten, ihre Fördermengen radikal zu drosseln. Libyen, Algerien, der Irak, Katar, Kuwait, Saudi-Arabien und die Vereinigten Arabischen Emirate nahmen den Jom-Kippur-Krieg (bzw. Ramadan-Krieg) zwischen Ägypten und Syrien auf der einen und Israel auf der anderen Seite zum Anlass, um die OPEC entsprechend aktiv werden zu lassen. Die durch den Ölpreisschock ausgelöste Weltwirtschaftskrise traf die westlichen Industrieländer ins wirtschaftliche Mark. Im Oktober 1973 sprang der Rohölpreis um 70 % in die Höhe, eine starke Rezession war die Folge, die mit Sonntagfahrverboten, Energieferien und autofreien Tagen auch unmittelbar ins persönliche Leben eingriff. Die Arbeitslosigkeit erhöhte sich sprunghaft.

Die westlichen Zentrumsländer reagierten mit Anwerbestopps und Zuwanderungsverboten. Wieder einmal erwies sich die Arbeitsmigration als Spiegelbild ökonomischer Konjunkturen. Deutschland erließ unter SPD-Bundeskanzler Willy Brandt am 23. November 1973 einen vollkommenen Aufnahmestopp. Migranten, die schon im Lande und deren Arbeitsberechtigungen noch gültig waren, mussten damit rechnen, im Fall einer Rückkehr in die Heimat einen neuerlichen Aufenthalt nicht mehr bewilligt zu bekommen. Diejenigen, die blieben, versuchten, ihre

Familien nachzuholen, was in vielen Fällen gelang. Damit änderte sich die Struktur der Migrationsszene: Die Zahl der ausländischen Arbeiter sank, während bei der ausländischen Bevölkerung insgesamt die Statistik keine stark rückläufige Tendenz zeigt. Von den im Jahr 1973 2,6 Millionen ausländischen Beschäftigten blieben 1978 noch 1,8 Millionen übrig. Die migrantische Wohnbevölkerung (inklusive Familien) blieb demgegenüber auf demselben Niveau und betrug in beiden Jahren knapp 4 Millionen.[181] In Österreich bot sich das gleiche Bild. Die Zahl der ausländischen Beschäftigten sank zwischen 1973 und 1983 von 226.000 auf 145.000, während die migrantische Wohnbevölkerung im selben Zeitraum mit 300.000 sogar leicht anstieg.[182] Mit einem eigenen sogenannten Ausländerbeschäftigungsgesetz reagierte Österreich 1975 auf den angespannten Arbeitsmarkt. Inländer vor Ausländern blieb die Devise, geforderte Liberalisierungen des Arbeitsmarktes blieben aus.[183]

Mitte der 1970er-Jahre trat an die Stelle der zuvor forcierten Importe billiger Arbeitskräfte die Auslagerung von arbeitsintensiven Fertigungen in vornehmlich asiatische und lateinamerikanische Billiglohnländer. Insbesondere die Textil- und Bekleidungsindustrie folgte diesem Trend. Für die Arbeitsmigranten in den Zentren bedeutete dies, dass viele von ihnen aus der Industrieproduktion herausfielen und neuer Nachschub in anderen Sektoren arbeitete.

Auch die Wohnstruktur der ausländischen Bevölkerung begann sich allmählich zu ändern. Man lebte in Familienverbänden, die oft durch Kettenmigration mit den heimatlichen Dörfern verbunden waren und wenig Kontakt mit der ansässigen Bevölkerung in den Zentrumsländern hatten. Zudem wohnten die Ausländer kinderreich auf engstem Raum, was in den Hochburgen der Migrationsgemeinden rasch zur Ghettoisierung führte. Einzelne Bezirke in Städten wie Stuttgart, Frankfurt, Berlin oder Wien mutierten zu Ausländervierteln. Die unvermeidlichen Schnittstellen mit heimischen Unterschichten taten ihr Übriges und führten zu Problemen.

181 Herbert 1986, S. 188
182 Nowotny, in Matzka/Wolfslehner 1999, S. 122
183 Vgl. ebd., S. 123

Rassenunruhen wie in Großbritannien oder Frankreich, wo sich die Wut der weißen Unterprivilegierten schon in den späten 1960er-Jahren gegen Schwarze gewandt hatte, blieben Deutschland und Österreich erspart. Distanz, Verachtung und Hass gegenüber Ausländern griffen gleichwohl um sich. Und sie waren nicht auf die unteren Klassen, die sich in unmittelbarer Konkurrenz zu den Migranten am Arbeitsplatz befanden, beschränkt. Im Jahr 1982 wünschten sich 68 % der Befragten einer repräsentativen Umfrage, dass Gastarbeiter wieder in ihre Heimat zurückkehren sollten; vier Jahre zuvor waren es nur 39 % gewesen.[184] Ausländerfeindlichkeit grassierte allerorts.

Der Historiker Patrick von zur Mühlen erklärt verständnisvoll, wie es dazu kommen konnte: »Die gesamte Einwanderung von Ausländern wurde von Arbeitsämtern und Unternehmen, Parteien und Gewerkschaften durchgeführt und beschlossen, ohne daß sich jemand Gedanken darüber machte, was zu tun sei, wenn man sie bei verändertem Arbeitsmarkt einmal nicht mehr brauchen würde. Die deutsche Bevölkerung wurde hierbei nicht befragt. Jede Kritik an dieser Entwicklung wurde früher mit dem Schuldvorwurf der Fremdenfeindlichkeit rasch zum Schweigen gebracht, so daß die Diskussion über das Für und Wider nicht stattfand. Daß dieses verdrängte Unbehagen in Form von massiven Äußerungen von Ausländerfeindlichkeit jetzt erneut an die Oberfläche tritt, ist, so scharf man ihnen begegnen muß, psychologisch nicht unerklärlich. Man hat durch jahrelangen millionenfachen Menschen-Import unserer Gesellschaft ein Minderheitenproblem großen Ausmaßes aufgebürdet. Appelle zur Integration und gegen Fremdenfeindlichkeit klingen daher mehr nach einem Alibi, wenn sie von Personen und Institutionen stammen, die Menschen beliebig verpflanzten, aus sozialen, kulturellen und familiären Bindungen herausrissen und entwurzelten (...). Daß die Gastarbeiter in völliger Unkenntnis dieser Problematik und aufgrund materieller Not freiwillig herkamen, entbindet nicht die Verantwortlichen in Deutschland von der schweren Schuld, die sie auf sich geladen haben.«[185]

184   Dieter Just/Peter Caspar Mühlens, Ausländerzunahme: Objektives Problem oder Einstellungsfrage? In: Aus Politik und Zeitgeschichte Bd. 25/ 1982, S. 35f.; zit. in: Herbert 1986, S. 227

185   Patrick von zur Mühlen, Ausländerpolitik. In: Die Neue Gesellschaft, Nr. 29, Heft 6 (1982), S. 535f.; zit. in: Herbert 1986, S. 229

Tatsächlich änderten die (un)verantwortlichen Kräfte aus Politik, Unternehmertum und Medien ihre Strategie zum Thema Ausländer nach dem Jahr 1973. Anstelle der Betonung des kurzfristigen »Gast«arbeiterdaseins schwenkte man nun auf das Schlagwort der »Integration« um. Im Zeitalter von Anwerbestopps war die rasche Austauschbarkeit der billigen Arbeitskräfte nicht mehr argumentierbar. Nun galt es, eine neue Ideologie rund um die hier verbliebenen Migrantenfamilien zu entwickeln. Die Mär von der Integration in die Mehrheitsgesellschaft schien den Profiteuren und Claqueuren der geteilten Arbeitsmärkte das richtige Mittel dafür. Der für sie angenehme Nebeneffekt: Jeder, der diese sichtbar unrealistische »Integration« anzweifelte, konnte als fremdenfeindlich stigmatisiert werden. Diese Strategie blieb Jahrzehnte – mit einigem Erfolg – in Gebrauch.

Die arbeitsmarktpolitische Zäsur von 1973 mit ihren Restriktionen hatte aber auch auf die Herkunftsländer der MigrantInnen einen negativen Effekt, wie aus einer entsprechenden Studie aus dem Jahr 1976 hervorgeht. In den Push-Ländern war die Arbeiterwanderung mehr als ein Jahrzehnt lang als Lösung für die heimische Arbeitslosigkeit gepriesen worden. Das Gegenteil war allerdings der Fall. »Die Migration erweist sich in allen drei Ländern (Türkei, Italien, Jugoslawien, d. A.) als ungeeignetes Mittel, um die hohe Arbeitslosigkeit in den Griff zu bekommen, zumal die Entsendeländer auf diesem Wege von der Konjunkturentwicklung der Anwerbeländer abhängig werden und in Rezessionsphasen Rückwandererwellen in Kauf nehmen müssen. Die regionalen Entwicklungsgefälle in den Entsendeländern wurden durch die Migration nicht abgebaut, sondern eher noch verstärkt. Die Impulse für die wirtschaftliche Entwicklung durch die Ersparnisse der Abwanderer waren minimal. Ebenso sind die erhofften technisch-industriellen Lerneffekte der Migration gering geblieben, bzw. es wurden erhöhte berufliche Qualifikationen nicht adäquat verwertet.«[186] Ein vernichtendes Urteil, das die Argumentation der politischen Klasse in den Herkunftsländern als Propaganda enttarnt.

---

186 Dietrich von Delhaes/Othmar Haberl/Alexander Schölch, Abwanderung von Arbeitskräften aus Italien, der Türkei und Jugoslawien. In: Aus Politik und Zeitgeschichte, Bd. 12/ 1976, S. 32; zit. in: Herbert 1986, S. 221

Exkurs: Griechenland

Er war der unauffälligste Mieter im ganzen Zinshaus mit seinen gut 30 »Parteien«, wie die Hausbewohner in Wiener Altbauten noch bis in die 1990er-Jahre genannt wurden. Man schrieb das Jahr 1965. Herr Deltsios ging einer geregelten Arbeit nach und machte nicht viel Aufheben über die Art seiner Tätigkeit. Als Kanalräumer verbrachte er die Tage unter der Erde. An manchen Wochenenden scharte er junge Buben aus der Mietskaserne um sich, packte Semmel und Knackwürste ein und fuhr hinaus ins Praterstadion, um der Wiener Austria beim Siegen zu helfen.

Herr Deltsios, dessen Vorname unbekannt blieb, sprach ein seltsames, wiewohl fast fehlerloses Deutsch. Er stammte aus der Gegend um Thessaloniki und war lange vor den ersten Gastarbeitern nach Wien gekommen; genauer: im Jahre 1940. Als damals 18-Jähriger hatte er davon gehört, dass im Deutschen Reich Arbeiter gesucht und gut bezahlt würden. Daheim im Dorf lagen die Chancen schlecht, einen halbwegs guten Job zu bekommen. Also folgte er Hitlers Aufruf, der jungen Männern aus befreundeten Staaten galt. Dass es ihn nach Wien in die »Ostmark« verschlug, machte damals keinen Unterschied. Auf diese Weise kamen die ersten Fremdarbeiter genannten Griechen in deutschsprachige Lande, um hier jene heimischen Arbeitskräfte zu ersetzen, die für die Eroberungsfeldzüge gebraucht wurden.

Anfang 1942 änderte sich die Form des Zuzugs griechischer ArbeiterInnen ins Deutsche Reich schlagartig. Der eigens für den Einsatz ausländischer Arbeitskräfte beauftragte Fritz Sauckel schlug den Weg der Zwangsverschleppung von vornehmlich Weißrussen und Russen ein, die er an beliebigen Stellen – vorzugsweise auf Bahnhöfen – zusammentreiben ließ, in Viehwaggons verfrachtete und zu Verteilstellen ins Reich führte. Diese Praxis fand auch in Griechenland statt. Giorgios Dimitriadis ist der Sohn einer auf diese Weise vom Bahnhof Katerini verschleppten Griechin, die in Wien zwangsarbeiten musste. Nach dem Krieg heiratete sie einen Österreicher, und Giorgios wurde zum Spross mit Zwangsmigrationshintergrund.

Im Jahr 1960 unterzeichnete Bonn dann ein Anwerbeabkommen mit Athen. Die Migration wurde wieder freiwillig, gleichwohl von der wirtschaftlichen Not getrieben. Zehntausende bestiegen in der Folge Busse und Bahnwaggons, um in der Ferne ihr Glück zu suchen. Ausgerechnet der als schnulziger Schlagersänger bekannt gewordene Udo Jürgens fing die Atmosphäre ein, die in dieser großen (nicht nur) griechischen Gastarbeitergeneration herrschte. In »Griechischer Wein« besingt er die abgrundtiefe Traurigkeit der von ihren Familien und ihrer Heimat getrennten Männer und ihre Hoffnung, dass dies bald vorbei sein möge: »Und dann erzählten sie mir von grünen Hügeln, Meer und Wind; von alten Häusern und jungen Frauen, die alleine sind; und von dem Kind, das seinen Vater noch nie sah. Sie sagten sich immer wieder, irgendwann geht es zurück; und das Ersparte genügt zu Hause für ein kleines Glück; und bald denkt keiner mehr daran, wie es hier war.«[187]

Die Botschaft des Liedes kam erst Jahrzehnte später an. Deutsche hörten bei »Griechischer Wein« vornehmlich die eingängige Musik heraus, die sie Urlaubsträumen nachhingen ließ. Von auseinandergerissenen Familien und der verzweifelten Einsamkeit fremdländischer Arbeiter wollte man im Aufschwung der 1960er- und frühen 1970er-Jahre nichts wissen. Ihre Funktion sollte auf die der billigen Arbeitskraft beschränkt bleiben; der Mensch interessierte nur die wenigsten. Und für griechische Gastarbeiter war das Lied ohnedies nicht geschrieben, sie sangen ihre eigenen Melodien und Texte.

---

187 Udo Jürgens/Donald Black/Michael Kunze, Griechischer Wein, o. O. 1974; höre: https://www.youtube.com/watch?v=QBkPARPm-Mc (8.5.2018)

Nach dem Militärputsch des Jahres 1967, der in eine Verfolgungsjagd aller linken Kräfte mündete, kamen zu den griechischen Arbeitsmigranten noch politische Flüchtlinge hinzu. Deren Zahl war zwar gering, ihr kultureller Einfluss jedoch beachtlich. In vielen deutschen und österreichischen Städten schossen kleine Restaurants aus dem Boden, die oft von linken Griechen geführt und bald zu Kommunikationszentren wurden. Das Wiener »Hellas« in der Rechten Wienzeile war ein solches. Dort trafen sich Künstler, Hippies und Linke zum Austausch, tranken griechischen Süßwein und lernten, dass Käse zu Salat passt und Fischeier gegessen werden können. Somit trugen einzelne politisch verfolgte Griechen in der Bundesrepublik Deutschland und in Österreich zur multikulturellen Post-68er-Infrastruktur mit bei.

Während der Herrschaft der Militärjunta in Athen fanden kommunistische Griechinnen und Griechen auch in der Tschechoslowakei politischen Unterschlupf. Alekos ist einer der wenigen, der dortgeblieben ist. In einer landwirtschaftlichen Produktionsgenossenschaft praktizierte er zusammen mit den meisten anderen EinwohnerInnen eines kleinen mährischen Dorfes das, was im Zentralkomitee als kommunistisches Wirtschaften ausgegeben wurde. Er überlebte die Wende mir ihrer »samtenen Revolution« im Spätherbst 1989 und das Auseinanderbrechen der Tschechoslowakei 1993. Heute betreibt er ein kleines Weingut in seiner zweiten Heimat. Aus einem griechischen Kommunisten ist ein mährischer Winzer geworden.

Die allermeisten griechischen Gastarbeiter (wie auch die Flüchtlinge) sind jedoch wieder in ihre Heimat zurückgekehrt. Das kann jeder Urlauber bestätigen, der auch in dem kleinsten Dorf jemanden findet, der die deutsche Sprache beherrscht. Vor allem ältere Männer können einem ungefragt auf Deutsch Auskunft geben. Zwei Jahre als Bergarbeiter in Duisburg, fünf Jahre in Essen oder ein halbes Arbeitsleben bei Mercedes in Stuttgart … derlei Geschichten hört man viele; und alle erzählen von der schiefen Ebene, die zwischen Deutschland/Österreich und Griechenland besteht, von den ungleichen wirtschaftlichen Voraussetzungen, die Generationen von jungen GriechInnen zur Emigration zwingt.

Dimos L. treffen wir in den weitläufigen Ausgrabungen von Philippi zwischen den Überresten der griechischen Agora und jenen der römischen Via Egnatia. Er arbeitet hier als eine Mischung aus Wächter und Historiker. Seine Biographie ist die kondensierte griechische Migrationsgeschichte schlechthin. Die Großmutter kam während der sogenannten »kleinasiatischen Katastrophe« der Jahre 1922/23, im Zuge derer der in dieser Region bislang größte Bevölkerungsaustausch stattgefunden hatte,[188] vom Schwarzen Meer an die ostmakedonische Küste. Dimos' Eltern verließen Ende der 1960er-Jahre ihr Dorf in der Nähe von Kavala; beide fanden Arbeit in Stuttgart. In Deutschland geboren, begleitete der 8-jährige Grundschüler seine Eltern wieder zurück in die Heimat, was freilich für ihn kein »Zurück« war, kannte er doch das kleine Dorf Krinides nur von sommerlichen Besuchen. »Griechisch hatte ich in der nachmittäglichen Diaspora-Schule in Stuttgart gepaukt, das fiel jetzt weg, was mir sehr gelegen kam«, meint Dimos in perfektem Deutsch. Seiner ersten Schulsprache ist er bis heute treu geblieben. Viele seiner Landsleute aus dem griechischen Makedonien, die in Baden-Württemberg gearbeitet haben, pflegen ihre regionale Identität mit dem Spruch zu untermauern: »Stuttgart ist mir näher als Athen«.

Mitte der 1980er-Jahre migrierte Dimos auf einem Kunststudium-Ticket – »damit konnte man leicht eine Arbeitserlaubnis erhalten« – nach Berlin, wo er einen Job als Zinnfigurenmaler fand. Die Arbeit war gut bezahlt und er fühlte sich wohl – bis die Mauer fiel. Mit dem Zusammenbruch der DDR, so der heute knapp 60-Jährige, stiegen die Wohnungspreise, während der Lohn rapide sank. »Statt 5 DM pro Zinnfigur zahlte das Unternehmen plötzlich nur mehr 1,50 DM, weil aus dem Osten viele billige und gut ausgebildete Arbeitskräfte nach Westberlin kamen. Die Miete der Wohnung explodierte in wenigen Monaten von 150 auf 500 DM.« Auch in der Zinnfigurenmalerei fungieren Migranten als industrielle Reservearmee bzw. müssen noch kostengünstigeren Konkurrenten Platz machen. Der Grieche Dimos kapitulierte vor dem Ansturm ostdeutscher

188 Geschätzte 1,2 Millionen GriechInnen und 500.000 TürkInnen wurden damals umgesiedelt. Viele überlebten die Strapazen nicht.

und polnischer Kollegen. Zurück im Dorf Krinides dauerte es zwei Jahre, bis er im staatlichen Sektor bei den Ausgrabungen von Philippi eine adäquate Anstellung bekam. Sein Sohn studiert in Thessaloniki und es bedarf nicht viel Phantasie, sich vorzustellen, wo er Arbeit finden wird.

Spätestens seit 2008 ist eine neue Welle griechischer EmigrantInnen im Anrollen auf den deutschen Arbeitsmarkt. Die sozialen Auswirkungen einer aufoktroyierten Sparpolitik durch die berüchtigte Troika aus Europäischer Zentralbank, EU-Kommission und Internationalem Währungsfonds raubten den Jungen ihre Zukunftschancen. In mehreren Memoranden seit dem Jahr 2010 wurden unterschiedliche Regierungen in Athen von Brüssel und Washington zu einer Austeritätspolitik gezwungen, die für die Gesellschaft verheerend ist.[189] Noch acht Jahre nach dem ersten giftigen Mix aus Lohn- und Pensionskürzungen, Entlassungen von Staatsangestellten und Privatisierungen, dem Memorandum von 2010 beträgt die Arbeitslosigkeit in Griechenland laut Berechnungen der Gewerkschaft 27,5 %.[190] Im Jahr 2013, am Höhepunkt der sogenannten Griechenland-Krise, betrug die Jugendarbeitslosigkeit 59 %.[191] Wer kann, emigriert. Und er folgt damit, wie wir gesehen haben, seinen Vorfahren. In den vergangenen zehn Jahren haben 150.000 AkademikerInnen – Ärzte, Ingenieure, Chemiker, IT-Spezialisten und Universitätspersonal – das Land verlassen.[192]

189   Nikos Chilas/Winfried Wolf, Die griechische Tragödie. Rebellion, Kapitulation, Ausverkauf. Wien 2016, S. 61-88
190   Gewerkschaftsstudie, zit. in: Griechenland-Zeitung vom 28. März 2018, S. 3
191   http://europa.eu/rapid/press-release_MEMO-13-464_de.htm (29.12.2017)
192   Chilas/Wolf 2016, S. 86

nicht eingelösten (Konsum-)Versprechen enteignet und vom zukünftigen Markt genommen.

In fast allen osteuropäischen Ländern war die Inflation zu Zeiten der Wende dreistellig.[201] Polens Konsumenten- und Investitionsgüterpreise verteuerten sich zwischen 1989 und 1990 um 600 %. In wenigen Monaten war das in der Kommune-Zeit Erarbeitete nichts mehr wert. 1991 erreichte die Hyperinflation Bulgarien (320 %) und Rumänien (200 %), 1992 Slowenien (200 %), das bereits im ersten Jahr seiner staatlichen Existenz 1991 mit einer dreistelligen Inflationsrate zu kämpfen gehabt hatte. Russische und ukrainische Sparer wurden im Jahr 1992 enteignet; Russland durchlebte eine Inflation in der Höhe von 1500 %, die Ukraine schraubte sich von 1200 % (1992) auf 5300 % (1993). Dagegen nahmen sich die tschechische Inflationsrate von 60 % (für 1991) und die ungarische von 35 % (für 1991) geradezu unbedeutend aus; sie zeugen von einer gewissen Konkurrenzfähigkeit der beiden Volkswirtschaften gegenüber dem Westen.

Parallel zu den Hyperinflationen enteigneten drastische Reallohneinbußen in den ersten Wendejahren diejenigen LohnarbeiterInnen, die noch in den Staatsbetrieben beschäftigt waren. In Polen und Slowenien verloren die ProletarierInnen bereits 1990 ein Viertel ihres Lohneinkommens (im Vergleich zum Jahr davor); in der Tschechoslowakei und Rumänien vermissten sie selbiges Viertel ein Jahr später auf dem Lohnzettel, in Bulgarien betrug der Reallohnverlust gar 39 %.[202]

De-Industrialisierung

Zwischen 1990 und 1993 löste sich die Branchen- und Produktionsstruktur der kommunistischen Planwirtschaften auf. In Polen brach die industrielle Produktion 1990 im Vergleich zum Vorjahr um ein Viertel (24,2 %) ein, in der Tschechoslowakei, Bulgarien und Rumänien passierte dies ein Jahr später; Ungarn verlor 1992 ein Fünftel seiner industriellen Kapazitäten. Im

---

201   Die Zahlen sind entnommen aus: Wiener Institut für Internationale Wirtschaftsvergleiche (Hg.), Countries in Transition 1995. Wien 1995, S. 38ff.
202   Ebd., S. 42

Zeitraum zwischen 1990 und 1993 sank die Produktion von Industriegütern – je nach Land unterschiedlich – um 40 % bis 70 %.[203] Am härtesten betroffen waren – neben den vom Krieg gezeichneten Ländern Bosnien-Herzegowina und Kroatien – Polen, Bulgarien und Rumänien. Die logische Konsequenz: Arbeitsplatzverlust. So fielen in den Jahren nach 1989 26 % der bulgarischen ArbeiterInnen aus einem formellen Beschäftigungsverhältnis heraus, in Rumänien waren es 13,5 %, in Ungarn 9 % und in der Ukraine 10 %. In Menschenschicksalen heißt das, dass 840.000 BulgarInnen ohne soziale Sicherheit dastanden, 1,5 Millionen RumänInnen, 380.000 UngarInnen und 1 Million UkrainerInnen. Ein Teil von ihnen fand sich bald darauf in mehr oder weniger (il)legalen Arbeitsverhältnissen in Westeuropa ein.

Nicht mit allen verfuhr das Schicksal freilich so hart wie mit jenem jungen Mann – nennen wir ihn Cantemir –, den wir Anfang der 2000er-Jahre am Brüsseler Canal Charleroi, in Rufweite zur mächtigen EU-Zentrale treffen. Dies und jenseits einer imaginären Linie stehen je circa 100 weiße und schwarze Männer, die peinlich darauf achten, sich nicht zu mischen. Am Canal Charleroi befindet sich in jenen Tagen der größte Arbeitsstrich in der europäischen Hauptstadt, an dem kleine Bauunternehmer oder Private vorfahren, um kräftige Männerhände ins Auto zu laden, die anschließend um vier bis fünf Euro die Stunde arbeiten müssen. Ein mit solchen zwei Arbeitshänden ausgestatteter Mit-Vierziger aus Osteuropa erzählt uns bereitwillig seine Geschichte, wie es ihn hierher auf die unterste Stufe des Arbeitsmarktes verschlagen hatte. Cantemir stammt aus Moldawien, mit seiner rumänischen Muttersprache sieht er sich in der frankophonen Welt ein wenig im Vorteil, und tatsächlich kann er sich auf Französisch verständlich machen. Zusammen mit acht anderen Männern aus Moldawien wollte er per Kleinbus nach Frankreich, hatte es aber nur bis hierher nach Brüssel geschafft. Die kleinen Baustellen, auf denen er arbeitet, bringen weit weniger Geld, als er sich erhofft hatte. Nach drei Monaten Brüssel, in denen er sich eine Wohnung mit sieben anderen Schwarzarbeitern teilt, denkt Cantemir schon wieder daran, nach Hause zurückzufahren; die »europäischen Erfahrungen«, wie er sie nennt, blieben unter seinen

203 Ebd., S. 38ff.

hochgesteckten Erwartungen. Als er hört, dass wir aus Wien sind, hellen sich seine Augen kurz auf. Seine Mutter, so Cantemir, arbeitete in ihrer Jugend in Wien. Sie war von den Nazis zur Zwangsarbeit dorthin verschleppt worden. Seine spontane Freude, mit der er auf die Nennung des Namens Wien reagiert, lässt uns verwirrt und ein wenig beschämt unseren Weg fortsetzen.

Herstellung des Arbeitsmarktes

Der Transformationsplan für Osteuropa verfolgte neben dem Aufbau einer Marktwirtschaft die Herstellung von Arbeitsmärkten im Besonderen. Es herrschte ein unbedingter Wille zur Mobilisierung von Arbeitskräften, die zu Zeiten unkündbarer kommunistischer Arbeits(zwangs)verhältnisse kaum gegeben war.

Eines bringt Mobilität der Arbeitskraft – egal ob durch Krieg oder weniger brutale Deregulierungsmethoden herbeigeführt – auf jeden Fall mit sich: ihre Verbilligung. Im Weltbankbericht des Jahres 1995 ist dies eindrucksvoll, wenngleich auch in der gewöhnungsbedürftigen Sprache des Kapitals, dargestellt: »Inflexible Löhne können die Umstrukturierung der Beschäftigung unterminieren, selbst wenn andere Märkte gut funktionieren. (…) Zu hohe Mindestlöhne begrenzen die Verteilung der Löhne nach unten und verhindern eine Lohnbildung auf markträumendem Niveau.« Die Sorgen der Banker konnten zerstreut werden. Die Arbeitsmärkte in den Ländern Osteuropas wurden geräumt, die »Verteilung der Löhne nach unten« funktionierte klaglos; und multinationale Konzerne konnten die lohnintensiven Teile ihrer Standortketten in osteuropäische Billiglohnzonen auslagern. Die Lohnhöhe spielt dabei eine in westlichen Medien immer wieder kleingeschriebene, in Wahrheit jedoch entscheidende Rolle. Während Mitte der 1990er-Jahre der durchschnittliche Bruttostundenlohn in den westlichen deutschen Bundesländern bei 44 DM und in Ostdeutschland bei 26,50 DM lag, betrug er in Polen, Ungarn, der Slowakei und Tschechien zwischen 3 und 4 DM, in Rumänien 1,40 DM.[204]

204 Institut für Deutsche Wirtschaft (1996). Zit. in: Hans-Jürgen Wagener/Heiko Fritz, Transformation

Ehemals geregelte Lebens- und Arbeitsverhältnisse wurden zudem durch ein Sortiment postfordistischer Überlebensstrategien ersetzt: Kioskkapitalismus, deregulierte Jobs in sogenannten »Schwitzbuden«, Wanderarbeit, Migration und – wo möglich – Flucht in eine subsistente bzw. teilsubsistente Lebensweise.

Die Mixtur aus einer sämtliche Sparguthaben enteignenden Hyperinflation, Arbeitsplatzverlust im Gefolge der Schließung Tausender Betriebe, dem Zusammenbruch sozialer Sicherungssysteme und einer extremen Lohndifferenz von 12:1 für die meisten RGW-Länder im Vergleich zu Deutschland, Österreich und der Schweiz stellte sich als ideales Treibmittel für Massenmigration heraus. Die soziale Besserstellung war auch das Hauptmotiv für emigrationswillige OsteuropäerInnen, wie ein von »World Media« in Auftrag gegebene Meinungsumfrage Ende März 1991 ergab. Von den insgesamt 17 % ausreisewilligen Tschechen und Slowaken wollten 57 % wegen »des besseren Lebensstandards« umziehen; bei Ungarn war dies für 51 % der Hauptgrund und bei Polen für 49 %. Größere Meinungsfreiheit nannten nur 1 % (in Ungarn und Polen) bzw. 3 % (in der Tschechoslowakei) als Motiv. Bei den erwünschten Zielländern führte bei Tschechen, Slowaken und Ungarn Deutschland mit 34 % bis 40 % vor Österreich mit 28 % bis 37 % bzw. Kanada. Polinnen und Polen präferierten die USA (mit 47 %) vor Kanada (37 %) und Deutschland (25 %).[205]

Migrationsschub Ost nach 1989/91

Die wichtigsten Zielländer der in den 1990er-Jahren Richtung Westen migrierenden OsteuropäerInnen waren Deutschland und Österreich. Deren Pull-Funktion war der geografischen Nähe, den historisch engen Beziehungen und vor allem der oben beschriebenen extremen Lohndifferenz geschuldet. »Za chlebem« – zum Brot – gingen beispielsweise Polen und

---

– Integration – Vertiefung. Zur politischen Ökonomie der Osterweiterung. In: dies. (Hg.), Im Osten was Neues. Aspekte der EU-Osterweiterung. Bonn 1998, S. 32

205 Umfrage von je 1000 Personen zwischen dem 22. März und dem 8. April 1991 im Auftrag von World Media, zit. in: *Der Standard*, Sonderdruck »Die neue Völkerwanderung«, August 1991, S. 18

Polinnen schon seit der beginnenden Industrialisierung nach Westen. Deutschland bot sich auch nach der politischen Wende als erste Station dafür an, nachdem der Eiserne Vorhang 40 Jahre lang das bundesdeutsche Rekrutieren der Arbeitsmigranten zwar nicht gänzlich unterbunden, aber stark erschwert hatte.

Hinzu kommt das Staatsbürgerschaftsrecht der BRD, das dem Ius sanguinis folgt und besagt, die deutsche Staatsbürgerschaft stehe auch allen zu, die östlich der Oder-Neiße-Linie als Volksdeutsche geboren worden sind und entsprechend deutsche Vorfahren nachweisen können. Dadurch beschleunigte sich Anfang der 1990er-Jahre die sogenannte Aussiedlermigration als nationales Spezifikum. Vor der Systemwende im Osten gelang diese Art der Deutschwerdung nur jenen, die sich als sowjetische, polnische oder rumänische Staatsbürger (mit deutschen Wurzeln) bis in die BRD durchschlagen konnten oder von Bonn im Zuge bilateraler Verträge aus den kommunistischen Staaten rausgekauft wurden. So war es z. B. zu Zeiten Nicolae Ceaușescus in den 1980er-Jahren üblich, jährlich 10.000 Volksdeutsche zum Stückpreis von – je nach Ausbildung – 8000 bis 15.000 DM in die zuvor nie gekannte deutsche »Heimat« zu transferieren.[206] Nach der Wende änderte sich das Bild dramatisch. Nun nutzten Hunderttausende das deutsche Blutsgesetz, um ihren persönlichen Weg in den goldenen Westen anzutreten, der bis zu einer Gesetzesänderung im Jahr 1995 nicht nur die deutsche Staatsbürgerschaft, sondern auch den deutschen Rentenanspruch für Aussiedler bereithielt. Als Beweis für ihr Deutschtum reichten meist kirchliche Eintragungen.

In siebenbürgischen Hochburgen deutscher Besiedlung wie z. B. in Hermannstadt/Sibiu brachte der Run auf das deutsche Konsulat mitunter eine Verschiebung der historischen Wirklichkeit mit sich. Denn viele der dort ansässigen Siebenbürger Deutschen waren in Vorzeiten unter dem Habsburger Karl VI. und seiner Tochter Maria Theresia zwangsweise angesiedelt worden. Als protestantische sogenannte Landler waren

206 Gespräch mit dem Vorsitzenden des Klausenburger Deutschen Forums Paul-Jürgen Porr am 4. April 1996. Siehe: Viorel Roman/Hannes Hofbauer, Transsilvanien – Siebenbürgen. Begegnung der Völker am Kreuzweg der Reiche. Wien 1996, S. 198f.

sie der harten Knute der Rekatholisierung ausgesetzt, es sei denn, sie nutzten die innerhabsburgische »Transmigration«, wie die Verschickung nach Siebenbürgen oder in den Banat im Beamtendeutsch hieß, um die Kolonisierungswünsche des Kaiserhauses mit menschlicher Nahrung zu füttern. Protestantenausweisungen fanden seit den 1730er-Jahren aus Kärnten, Salzburg und dem Salzkammergut statt, Tausende fuhren unter militärischer Begleitung auf kleinen Zillen die Donau hinunter.[207]

Wenn die Nachfahren dieser altösterreichischen Protestanten nun 250 Jahre später die Chance des Regimewechsels in Rumänien nützen und ein Visum für Österreich beantragen wollten, dann hieß das erst einmal tagelanges Warten im Bukarester Botschaftsviertel, wo man für umgerechnet 100 US-Dollar Profi-Schlangenstehern einen der ersten 20 Plätze in der Reihe ablösen konnte.[208] An die Verleihung einer österreichischen Staatsbürgerschaft war zudem nicht zu denken, weil Österreichs Bestimmungen hierzu zwar auch auf dem Ius sanguinis beruhen, aber nur bis zur vorhergehenden Elterngeneration. Also deichselten es die Klügsten unter den Nachfahren der Siebenbürger Altösterreicher so, dass sie protestantische Pfarren fanden, die ihre Vorfahren als Deutsche bestätigten, um schnell und unbürokratisch zum bundesdeutschen Aussiedler zu mutieren. Die Wandlung vom Nachfahren eines Österreichers zum waschechten Bundesdeutschen war damit vollbracht.

Die Menschen aus den Ländern der ehemaligen Habsburgermonarchie, die im Osten bis zur heute teils rumänischen und teils ukrainischen Bukowina und im Südosten bis nach Bosnien und Dalmatien reichte, erinnerten sich Anfang der 1990er-Jahre an die gemeinsame historische Klammer und zogen Richtung Österreich. Wie stark allerdings der sozioökonomische Faktor den historischen überstrahlte, zeigte sich daran, dass die Migranten nicht aus dem nahen Böhmen, Mähren oder der Slowakei kamen, von wo aus es nur wenige Fahrstunden bis Wien wären, sondern aus Rumänien. Die Tschechoslowakei – bzw. ab 1993 Tschechien und die Slowakei – wies keine entsprechenden Push-Effekte auf, die Menschen

207 Martin Bottesch, Landler-Büchlein. Hermannstadt/Sibiu 2011, S. 7f.
208 Ebd., S. 157

zur Auswanderung trieben. Mit anderen Worten: Der Unterschied im Lebensniveau zu Westeuropa war nicht groß genug, damit sich migrieren im großen Stil lohnte und – für Tschechien – bis heute lohnt. Dies gründet im Falle Böhmens und Mährens auch wirtschaftshistorisch in der Tatsache, dass beide Kronländer Herzstücke der habsburgischen Industrialisierung und entsprechend entwickelt gewesen waren; und der Fall der Slowakei zeigt, wie diese wirtschaftliche Zentrumsfunktion unter kommunistischen Vorzeichen auf das ehemals agrarisch strukturierte Oberungarn ausgeweitet werden konnte. Die Umwälzung der frühen 1990er-Jahre hat in Tschechien und der Slowakei zwar zu einem vollständigen Eigentümerwechsel der industriellen Kernstücke inklusive der Schließung der Rüstungsschmieden in der Mittelslowakei geführt, aber ansonsten keine Deindustrialisierung bewirkt. Die Ausrichtung der Automobil-Cluster auf fremde Absatzmärkte stellt zwar ein fundamentales Strukturproblem dar, löst aber in exportfreudigen Zeiten keine Migrationseffekte aus.

Interessanterweise sind statistische Daten über das gesamte Ausmaß der post-transformatorischen Migration meist mangelhaft und schwer zugänglich. Allenthalben sind Teilzahlen von Aussiedlern, Migranten aus einzelnen osteuropäischen Ländern oder sogenannte Wanderungssaldos in Erfahrung zu bringen. Letztere bilanzieren Ein- und Auswanderung und suggerieren eine wesentlich niedrigere Mobilisierung als sie tatsächlich gegeben war, weil viele der Ostmigranten ihr Glück im Westen nicht fanden und sich bald wieder auf den Weg nach Hause machten. Manfred Matzka, langjähriger Sektionschef im österreichischen Innenministerium und dort mit der Migrationsfrage beschäftigt, ist einer der wenigen, der eine Gesamtzahl von Ostmigranten nach Westeuropa angibt. Vier Millionen sollen es in den nur drei Jahren von 1989 bis 1992 gewesen sein.[209] Dieser Trend setzte sich in gleicher Höhe von ca. 1,5 Millionen Menschen jährlich für die kommenden Jahre fort. Im Jahr 2016 veröffentlichte der IWF eine kleine Studie, die erstmals den enormen menschlichen Aderlass Osteuropas schonungslos dokumentierte. Ihr zufolge migrierten zwischen

---

209 Manfred Matzka, Zur Notwendigkeit einer europäischen Migrationspolitik. In: Manfred Matzka/Doris Wolfslehner (Hg.), Europäische Migrationspolitik. Band 1, Wien 1999, S. 26

1990 und 2012 fast 20 Millionen OsteuropäerInnen in Richtung Westen. Die Auswanderungskurve steigt in diesen Jahren exponentiell an und zeigt nach dem EU-Beitritt von acht neuen Ländern im Jahr 2004 nochmals steil nach oben. Allein zwischen 2004 und 2012 verließen zehn Millionen Menschen aus dem europäischen Osten ihre Heimat.[210]

Mit Datenbanken aus dem deutschen Statistischen Bundesamt hat der wissenschaftliche Mitarbeiter beim sogenannten Sachverständigenbeirat, Martin Wolburg, für die unmittelbare Nachwendezeit die Nettozuwanderungszahl von 2,24 Millionen Osteuropäern errechnet, die zwischen 1989 und 1994 nach Deutschland gekommen sind. Demnach wanderten in diesen fünf Jahren 4,2 Millionen Menschen aus Osteuropa ein, während im gleichen Zeitraum 2 Millionen wieder rückwanderten. Polen stehen in dieser Zahlenreihe an der Spitze, gefolgt von (Ex-)Jugoslawen und Ex-SowjetbürgerInnen.[211] Die deutsche Bundeszentrale für politische Bildung veröffentlichte in einer Studie aus dem Jahr 2004, dass zwischen 1989 und 2002 2,72 OsteuropäerInnen allein nach Deutschland migrierten und rechnete noch ca. 1 Millionen Aussiedler dazu.[212] Die Aussiedlerwelle erreichte mit 400.000 Personen im Jahr 1990 ihren Höhepunkt.[213] Unbestritten ist, dass die Wanderströme zu Beginn der 1990er-Jahre in Richtung westeuropäischer Zentren, insbesondere nach Deutschland und Österreich, kräftiger waren als der Gastarbeiter-Boom Anfang der 1970er-Jahre.[214]

Osteuropas Migrantinnen und Migranten kamen aus den unterschiedlichsten Berufsgruppen; technische Fachkräfte und WissenschaftlerInnen

210 Nadeem Ilahi/Anna Ilyina/Daria Zakharova, Emigrations slows Eastern Europe's Catch Up with the West, siehe: https://blogs.imf.org/2016/07/20/emigration-slows-eastern-europes-catch-up-with-the-west/ (18.8.2016)

211 Martin Wolburg, Braindrain oder Brain Exchange? Zur Wirkung der gegenwärtigen und zukünftigen Migration aus Osteuropa. In: Wolter 1999, S. 66

212 Barbara Dietz, Weg und Bilanz der Transformation in osteuropäischen Staaten. Ost-West-Migration nach Deutschland im Kontext der EU-Erweiterung. Siehe: http://www.bpb.de/apuz/28543/ost-west-migration-nach-deutschland-im-kontext-der-eu-erweiterung?p=all (12.8.2017)

213 https://de.wikipedia.org/wiki/Aussiedler_und_Sp%C3%A4taussiedler#Stichtagsregelung.2C_Wohnsitzkriterium_und_Einreise_im_Wege_des_Aufnahmeverfahrens (12.8.2017)

214 Wolfgang Seifert, Deutsche Verhältnisse. Eine Sozialkunde. Geschichte der Zuwanderung nach Deutschland nach 1950. Siehe: http://www.bpb.de/politik/grundfragen/deutsche-verhaeltnisse-eine-sozialkunde/138012/geschichte-der-zuwanderung-nach-deutschland-nach-1950?p=all (12.8.2017)

waren mit bei den ersten, die als gut ausgebildete Elite – bei meist vorhandenen Fremdsprachkenntnissen – ihr persönliches Glück im Westen suchten. Dieser Braindrain, also die Abwanderung gut Ausgebildeter aus den Peripherien, war bereits aus den 1970er-Jahren bekannt, als vielfach die Klügsten aus Afrika, Asien und Lateinamerika in die Zentralräume der nördlichen Hemisphäre wanderten. Damals verringerte dieses Phänomen zwar die ohnedies dünne technische und ökonomische Personaldecke der Entwicklungsländer und war insofern extrem schädlich für den »globalen Süden«, mengenmäßig konnte man die Abwanderung afrikanischer, asiatischer oder lateinamerikanischer Fachkräfte allerdings mit dem, was nun in Osteuropa stattfand, nicht vergleichen. Hier, in den zusammengebrochenen Planwirtschaften, lag nicht nur das Ausbildungsniveau über dem südlicher Länder, es umfasste zudem einen Gutteil der Bevölkerung.

Die Zunahme der gut ausgebildeten MigrantInnen kann auch in Zahlen gegossen werden. Das Institut für Arbeitsmarkt- und Berufsforschung (IAB) hat über die Jahrzehnte entsprechende Daten erhoben, aus denen hervorgeht, dass sich der Anteil der nach Deutschland, Österreich und in die Schweiz einwandernden »gebildeten« Menschen bis zum Jahr 2010 kontinuierlich erhöht hat. Hatten von den 1980 in Deutschland aufhältigen männlichen 2,6 Millionen Migranten noch 13 % einen höheren Bildungsabschluss, waren es 2010 schon 22 %. Die Vergleichszahlen für die Einwandererinnen lauten 8 % (1980) und 21 % (2010).[215] Besonders krass wirkte sich der Bürgerkrieg in Bosnien-Herzegowina während der 1990er-Jahre aus. Vor den ersten Vertreibungen konnten nur 5 % der in Deutschland lebenden BosnierInnen einen höheren Schulabschluss vorweisen, im Jahr 2010 waren es 38 %.

In Österreich wirkte sich der fortschreitende Braindrain aus der Peripherie ähnlich aus. 1980 waren 8 % der MigrantInnen (Männer wie Frauen) besser qualifiziert, 30 Jahre später waren es 21 % (Männer) bzw. 19 % (Frauen). Für die Schweiz liegen die Zahlen bei Männern leicht darüber (von 18 % auf 25 %), während sie bei Frauen der deutschen Statistik gleichen (von 12 % auf 19 %). Die große, vornehmlich muslimische Migrationswelle Mitte der

215 https://www.iab.de/en/daten/iab-brain-drain-data.aspx#Contents (11.7.2018)

2010er-Jahre ist in der Zahlenreihe des IAB noch nicht erfasst, man darf aber annehmen, dass sie zumindest kurzfristig eher niedrig Qualifizierte nach Kerneuropa gespült hat.

Dem gerade im Osten wild wuchernden neuen neoliberalen Leitbild folgend, nach dem »jeder seines Glückes Schmied« sei, stieß sich kaum ein Russe, Pole, Bulgare oder Rumäne daran, die volkswirtschaftlich teuer erkaufte Ausbildung in der Heimat als persönliches Asset auf westlichen Arbeitsmärkten anzubieten. Dort griffen dann Konzerne gerne zu und sparten Kosten. Die Ausbildung des heimischen Nachwuchses vernachlässigte man darob in den Konzernzentralen, war sie doch ein betriebswirtschaftlicher Kostenfaktor, den man nun durch die Einstellung gut ausgebildeter Techniker aus dem Osten einsparen konnte. Die daraus entstehenden Probleme wurden erst zwei Jahrzehnte später manifest.

Neben dem technischen und wissenschaftlichen Braindrain, der die Herkunftsländer extrem belastete, wanderte aber auch – vor allem junges – medizinisches Personal zu Zigtausenden in Richtung Westen, was eine kaum zu unterschätzende Schädigung der gesundheitlichen Versorgung in den osteuropäischen Staaten zur Folge hatte. Von der speziellen Form der Altenpflege durch polnische und slowakische Krankenschwestern in den reichen Zentrumsländern wird noch weiter unten die Rede sein. Aber auch einfache ArbeiterInnen fanden den Weg auf deutsche Baustellen und spanische Plantagen.

Anfang der 1990er-Jahre erfolgte die Arbeitswanderung in den meisten Fällen auf illegale Weise. OsteuropäerInnen reisten als TouristInnen in den Westen, gaben vor, Verwandte zu besuchen, erhielten Kurzzeitvisa als Saisonarbeiter oder Geschäftsreisende und tauchten nach dem Ablauf der Visumsfristen unter. Manche versuchten sich am (Schein)Ehe-Markt zu legalisieren, andere wählten den Weg über einen Asylantrag und gaben sich als politische Verfolgte aus. Der Kreativität schienen keine Grenzen gesetzt, wie auch der Autor persönlich im Kontakt mit einer russischen Arztfamilie aus Moskau erleben durfte. Während eines Gegenbesuchs der gesamten Familie (Mann, Frau, zwei studierende Kinder) in Wien eröffnete uns der Moskauer Arzt, der herausgefunden hatte, dass meine Partnerin und ich nicht verheiratet waren, seinen persönlichen Migrationsplan. Er hätte aus Moskau alle Dokumente mitgebracht, die es uns vier Erwachsenen erlauben würden, sich quer zu verheiraten. Mir war seine Frau zugedacht, meine Partnerin sollte ihn ehelichen. Damit, so hatten seine Recherchen ergeben, würden sie alle über kurz oder lang die österreichische Staatsbürgerschaft erwerben können. Uns sollte kein Schaden daraus entstehen, betonte er mehrmals und rückte bei der Nachspeise mit seinem Angebot heraus. Er hätte zwei Originalplakate von Wladimir Majakowski im Gepäck, die er vor Jahren von einem prominenten »Privatpatienten«, die es in Sowjetzeiten offiziell nicht gab, als Honorar für eine komplizierte Zahnoperation erhalten hatte. Mein Kunstsinn hält sich in Grenzen und meine Partnerin erklärte überraschend, dass wir katholisch erzogen wären und für eine Scheinehe nicht zur Verfügung stünden. Die gewünschte Form der Immigration hat für die russische Familie nicht geklappt, unsere Bekanntschaft endete an diesem Abend abrupt.

Die weit über liberale und konservative Kreise hinausreichende Euphorie über den Zusammenbruch der kommunistischen Staatenwelt ließ die Grenze zwischen legalem und illegalem Aufenthalt Anfang der 1990er-Jahre verschwimmen. Große Unternehmen profitierten von illegaler Beschäftigung, die Medien verharrten im Modus der Faszination über die nun nicht mehr vorhandenen Grenzzäune und die politischen Parteien folgten bis auf wenige Ausnahmen den liberalen Postulaten. Deregulierung war einer der Begriffe, der die Debatten um zukünftiges gesellschaftliches Zusammenleben beherrschte. »Legalität« klang altmodisch und verkümmerte neben einer gehypten Aufbruchstimmung. Das begann bereits am 19. August 1989, als hunderte DDRler ohne gültige Papiere – also illegal – von Ungarn nach Österreich einreisten; und setzte sich in den zwei, drei Jahren danach fort. Der informelle Wirtschaftssektor explodierte geradezu.

Die nach der deutschen Wiedervereinigung aus dem Boden sprießenden Berliner Großbaustellen waren ohne illegal Beschäftige undenkbar, in Italien schätzte man, dass 20 % bis 30 % des Bruttosozialprodukts schwarz erwirtschaftet wurde (woran die Ostmigration freilich nur einen dynamisierenden und keinen initialisierenden Anteil hatte).[216] Und in der *Financial Times* war zu lesen: »Migrantenarbeit ist Teil einer geheimen Arbeitskraft, die die Räder rund drehen lässt. Die Bauwirtschaft inklusive des Kanaltunnelbaus basiert auf ihr, die Modeindustrie würde ohne sie kollabieren und die häuslichen Dienstleistungen könnten überhaupt nicht gemacht werden.«[217] Nicht alle Arbeiten wurden von »illegal« Aufhältigen verrichtet und nicht alle kamen aus Osteuropa; aber den Anstieg illegaler Beschäftigung im Gefolge des Zusammenbruchs von RGW und Sowjetunion konnte jeder, der genauer hinsah, bemerken. Den Unternehmen war es recht, sie sparten Sozialabgaben und gaben den dadurch entstandenen Lohndruck auf legal Beschäftigte weiter.

An den Grenzen herrschte Hochbetrieb. In Österreich, das sich bis zu seinem EU-Beitritt im Jahr 1995 als Vorposten der Europäischen Gemeinschaft verstand, wurden im Rahmen des sogenannten Assistenzeinsatzes bereits am 4. September 1990 Bundesheereinheiten gegen die illegale Einreise an die ungarische Grenze verlegt. In den vier Monaten zuvor waren 3500 Rumänen beim unerlaubten Grenzübertritt ertappt worden.[218] Um diesen Trend zu stoppen, versahen in den Folgejahren Zehntausende Grundwehrdiener bis zum Ende dieses Einsatzes am 15. Dezember 2011 Dienst entlang des kurz zuvor abgebauten Eisernen Vorhangs.

Neue Regelwerke nach dem Chaos: Von Schengen bis Dublin

Die EG-europäische Politik ließ die östlichen Migrationswellen vorerst ungehindert im Zentralraum anbranden. Das lag an mehreren Faktoren. Zum einen kamen die jungen ArbeiterInnen aus dem Osten vielen Branchen gelegen. Bauwirtschaft, Gastronomie, Reinigung und Landwirtschaft

---

216 Karl-Heinz Meier-Braun, Integration oder Rückkehr? Zur Ausländerpolitik des Bundes und der Länder, insbesondere Baden-Württemberg, Mainz 1998, S. 22; in: Klaus J. Bade, Europa in Bewegung. Migration vom späten 18. Jahrhundert bis zur Gegenwart. München 2000, S. 402

217 *Financial Times* vom 20. Februar 1990, zit. in: Henk Overbeeck, Towards a New International Migration Regime. In: Robert Miles/Dietrich Thränhardt (Hg.), Migration and European Integration. London 1995, S. 29

218 *Profil* vom 26. November 1990, S. 14

hungerten geradezu nach billigen und willigen Kräften; besser Ausgebildete fanden Beschäftigung im Gesundheitswesen, im Energiesektor und in anderen technischen Berufen – auch dort belebte die Konkurrenz am Arbeitsmarkt den kapitalistischen Wirtschaftsgang. Die Brüsseler Behörden waren damit zufrieden. Zum anderen betraf der Zuzug neuer ArbeitsmigrantInnen die Länder der Alt-EG in recht unterschiedlicher Weise. Deutschland und Österreich bzw. viele Unternehmen aus diesen beiden Ländern profitierten mehr vom plötzlichen Wandertrieb der Osteuropäer. Frankreich mit seinem ohnehin starken kontinuierlichen Zuzug aus dem Maghreb betraf die Osterweiterung anfangs kaum und auch Großbritannien lag vorerst außerhalb der östlichen Wanderströme.

Zudem stand der Europäischen Gemeinschaft – wie die supranationale Organisation bis 1993 hieß – kein Instrumentarium für eine einheitliche Migrationspolitik zur Verfügung. Die Römischen Verträge von 1957 kümmerten sich zwar um gemeinschaftsinterne Bewegung, beließen mögliche Regelungen zur Aufnahme oder Zurückweisung von Drittstaatsangehörigen jedoch in nationaler Kompetenz.[219] Ganz so unvorbereitet auf die Migrationsfrage, wie es nach der Lektüre der Römischen Verträge den Anschein macht, war Brüssel allerdings nicht.

Denn spätestens mit dem Schengener Durchführungsübereinkommen vom Juni 1990 – in der Literatur als Schengen II bekannt – legten die Benelux-Staaten, Frankreich und Deutschland die Grundlage für einen gemeinsamen Raum ohne Grenzregime, während der Vertrag erst fünf Jahre später, am 26. März 1995, in Kraft trat. Die bereits bei der Gründung der Europäischen Wirtschaftsgemeinschaft[220] (vulgo: Römische Verträge) im März 1957 angestrebte »Freizügigkeit der Arbeitnehmer« – neben jener von Kapital, Waren und Dienstleistungen – erhielt nun ein praktisches Korsett. Bürgern aus Schengen-Staaten wurde das Recht eingeräumt, sich

---

219   Vgl. Kirsten Hoesch, Anlocken oder Abschotten? Europäische Arbeitsmigrationspolitik zwischen Wirtschaftsinteressen und Kontrollprimat. In: Hartmut Tölle/Patrick Schreiner (Hg.), Migration und Arbeit in Europa. Köln 2014, S. 37

220   § 48 des Vertrags zur Gründung der Europäischen Wirtschaftsgemeinschaft vom 25. März 1957, siehe: Verträge zur Gründung der Europäischen Gemeinschaften, Brüssel/Luxemburg 1987, S. 167

im gesamten Raum frei bewegen und einer Tätigkeit als Unternehmer oder Lohnabhängiger nachgehen zu können. Interessanterweise war damit von Anfang an nicht ein allgemeines, transnationales Bürgerrecht verbunden.[221]

Die Bewegungsfreizügigkeit im Inneren des Schengenraumes wurde durch die Kontrolle der Außengrenze geschützt. Dem zunehmenden Wanderungsdruck durch sogenannte Drittstaatsangehörige begegnete man mit polizeilich-militärischer Aufrüstung an der Außengrenze.

Von Mitte 1998, als in Österreich das Schengen-Regime mit dem Wegfall der Grenzkontrollen zu greifen begann, bis Ende 2007, als Tschechien, die Slowakei und Ungarn aufgenommen wurden, erlebten die BewohnerInnen dies- und jenseits der Grenzen zehn Jahre lang, wie störend und beängstigend die Kontrolle der »Festung Europa« sein konnte. Nacht für Nacht kreisten Hubschrauber mit Wärmebildkameras über bewohnten Gebieten, warfen im Tiefflug oft auch scharfe Lichtkegel in Hausportale, wobei einem der Luftzug der Rotorenblätter zusätzlich Angst einjagte. Manch einer erinnerte sich mit einer gewissen Wehmut an die ruhigen Zeiten des Eisernen Vorhanges, in denen die Nächte dunkel und leise geblieben waren. 20 Jahre später ist die Schengen-Außengrenze nach Osten gerückt, zu den Hubschraubern sind Einsatzkommandos der Frontex-Truppe hinzugekommen und die Entwicklung von Drohnen brachte es mit sich, dass in den Nächten an den Rändern des Schengenraumes ein unangenehmes Surren hinzukommt.

Mit dem Beginn der großen Wanderungsbewegung von OsteuropäerInnen nach dem Zusammenbruch von RGW, Sowjetunion und Jugoslawien stellte sich immer mehr die Frage, wie mit Angehörigen von Nicht-EG-Staaten, die in den Brüsseler Raum einwanderten und sich als Arbeitskräfte niederlassen wollten, zu verfahren sei. Gemeinsame Einreisebedingungen, Visapolitik und Grenzregime folgten.

Anders als der die EG/EU konstituierende ungehinderte Verkehr von Kapital, Waren und Dienstleistungen, ist die Personenfreizügigkeit nicht als Gemeinschaftsrecht der Europäischen Union kodifiziert, sondern als

221 Verónica Tomei, Europäische Migrationspolitik zwischen Kooperationszwang und Souveränitätsanspruch. Bamberg 1997, S. 15

völkerrechtlicher Vertrag außerhalb des Europarechts: Schengen genießt eine Sonderstellung.[222] Die Einrichtung dieser suprastaatlichen Kontrolle des Personenverkehrs fand außerhalb der EG/EU-Verträge als zwischenstaatliches Vertragswerk ihren Niederschlag. Es gab keinerlei parlamentarischen Segen dazu. Auch die nationalstaatlichen Volksvertreter hatten dazu nichts zu melden und wurden über die Ergebnisse der Schengen-Ministertreffen (mit Ausnahme der Niederlande) nicht informiert. Die französischen Verhandler sollen ihre niederländischen Kollegen sogar ausdrücklich gebeten haben, »eine systematische Unterrichtung ihres Parlaments zu unterlassen, damit nicht ein Präzedenzfall für das eigene (französische, d. A.) Parlament geschaffen wird«. »Tatsache ist«, schreibt die Migrationsforscherin Verónica Tomei in ihrer interessanten Studie weiter, »daß zwischen 1985 und 1989 in den Schengen-Vertragsstaaten (mit Ausnahme der Niederlande) keine parlamentarische Anfrage zu Schengen erfolgt ist, was mit der fehlenden Kenntnis der Schengen-Verhandlungen seitens der Parlamentarier zusammenhängt.«[223] Die Vorbereitung des wichtigsten Vertrages zum westeuropäischen Grenzregime, zu Migration und freiem Personenverkehr, die ab Juni 1985 zwischen den damaligen Kernländern der EG lief, fand hinter verschlossenen Türen statt, ohne Information der Volksvertreter. Auch die Medien nahmen sich des Themas Schengen erst an, als der Vertragstext bereits fertig war.

Die herrschaftliche Vorsicht war der Brisanz des Vertrages geschuldet. Denn es ging um nichts weniger als um die politisch-chirurgische Teilung des zukünftigen EU-Menschen in Arbeitskraft und Bürger. Als Arbeitskraft sollte er unionsweit und grenzenlos zur Verfügung stehen, während er als Bürger auf der nationalen Ebene verblieb und damit politisch über den wirtschaftlichen – auch arbeitsmarktpolitischen – Großraum nichts mitzureden hatte.

An den Schengen-Außengrenzen spielten sich in der zweiten Hälfte der 1990er-Jahre wilde Szenen ab. Wien hatte bereits im September 1990 einen Assistenzeinsatz des Bundesheeres entlang des ehemaligen Eisernen Vorhanges zu Ungarn und der Slowakei beschlossen, an dem ab 1995

222 Tomei 1997, S. 20f.
223 Ebd., S. 45f.

jährlich über 10.000 sogenannte illegale Grenzgänger aufgegriffen wurden.[224] Wie angespannt die Lage damals war, mag ein Zitat des österreichischen Bundeskanzlers Viktor Klima (SPÖ) illustrieren, der, auf den Einsatz der Armee an der Grenze und eine mögliche Migrationswelle aus der Ukraine angesprochen, meinte, wenn diese Menschen nach Westen aufbrächen, könnte Österreich den Ansturm nicht bewältigen. »So viele Hunderttausende Grenzsoldaten, eiserne Vorhänge, Stacheldraht und Tretminen werden wir nicht aufbringen können, um Flüchtlinge aus der Ukraine und anderen osteuropäischen Ländern aufzuhalten.«[225] Stacheldraht und Tretminen kamen dem damals obersten sozialdemokratischen Politiker ganz leicht über die Lippen, wenn er auf größere Migrationswellen angesprochen wurde. Das Schengen-Regime bot dafür die Hardware. Tatsächlich erstickten, erfroren und ertranken auch damals schon, von der Öffentlichkeit weitgehend unbemerkt und der Politik verschwiegen, Tausende im Mittelmeer und an der östlichen Schengen-Front.[226]

Dem offensiven Schengener Geheimpakt stellte Brüssel ein defensives Abkommen zur innergemeinschaftlichen Regelung von Asylverfahren bei. Dieses schien notwendig, weil einerseits die von westlichen Militärallianzen befeuerten Kriege und Krisen immer mehr Menschen zur Flucht trieben und andererseits MigrantInnen aus dem »globalen Süden« ihre Einreise nach Westeuropa immer häufiger mittels Asylantrag versuchten. Das erste Dubliner Übereinkommen trat im Jahr 1997 in Kraft, nachdem es sieben Jahre lang verhandelt worden war. Es legte die nationale Zuständigkeit für die Prüfung von Asylanträgen fest. Jener teilnehmende Staat, auf dessen Territorium ein Antragsteller nachweislich zuerst seinen Fuß gesetzt hatte, musste das Asylverfahren durchführen. Oder anders ausgedrückt: Mit der Durchsetzung der Dublin-Regeln gelang es den Zielländern der Migranten – allen voran Deutschland –, die Last der Verfahren auf die Randstaaten der Europäischen Union abzuwälzen. Dies waren vor allem Griechenland und Italien, deren offene Seegrenzen ein Eintrittstor für Flüchtlinge aus dem

224 Zahlen des Bundesministeriums für Inneres, zit. in: *Der Standard* vom 8. Oktober 1988
225 Viktor Klima in einem Interview mit *Das Beste aus Reader's Digest*, zit. in: *Salzburger Nachrichten* vom 8. Juli 1998
226 *Le Monde diplomatique* vom März 2004, S. 17

Nahen Osten und Afrika sind, und – nach dem EU-Beitritt der ersten osteuropäischen Länder im Jahr 2004 – auch Ungarn als erste EU-Grenze auf der später so genannten Balkanroute. Dublin ist so gesehen Ausdruck einer imperialistischen Politik der EU-europäischen Zentrumsländer gegen die (auch wirtschaftlich schwache) Peripherie.

An diesem Mechanismus hat sich bis Redaktionsschluss dieses Buches nichts geändert. Auch heute gilt, dass jener EU-Staat, in den der Asylsuchende einreist, die Abwicklung des Verfahrens zu gewährleisten hat. Randstaaten der Europäischen Union wurden damit zu Frontstaaten für Angelegenheiten von Drittstaatangehörigen. Diese Rolle hat sich auch nach zwei Anpassungen der Dublin-Verordnungen – mittlerweile halten wir bei »Dublin III« aus dem Jahr 2013 – nicht verändert. Einzig für Griechenland wurde nach einem Urteil des Europäischen Gerichtshofs für Menschenrechte aus dem Jahr 2011 eine Ausnahme geschaffen. Die herrschenden »systemischen Mängel im Asylwesen« lassen es nach dem Richterspruch nicht zu, »Dublin-Flüchtlinge« dorthin zurückzuschicken, auch wenn sie wie in sehr vielen Fällen EU-Boden erstmals in Griechenland betreten haben.[227] Heute erkennen neben sämtlichen EU-Mitgliedstaaten auch die Schweiz, Norwegen und Island die Dublin-Verordnung an.

Die Folge dieses Regelwerkes ist, »dass EU-Staaten an den Außengrenzen Flüchtlinge brutal abwehren«, schreibt die Menschenrechtsorganisation »Pro Asyl«.[228] Beim großen Ansturm muslimischer Flüchtlinge im Sommer 2015 berief sich die ungarische Regierung auf die Dublin-Verordnungen und argumentierte damit rechtlich einwandfrei ihre restriktive Aufnahmepolitik für Flüchtlinge.

Der deutsche Asylkompromiss von 1993

Nationalstaatliche Regelungen gingen dem völkerrechtlich verbindlichen Dublin-Regime voran. In Deutschland begannen Politik und Medien

---

227 https://www.proasyl.de/news/eugh-bestaetigt-keine-abschiebung-nach-griechenland/ (4.9.2017)
228 https://www.wir-treten-ein.de/hintergrund; zit. in: Conrad Schuhler, Die große Flucht. Ursachen, Hintergründe, Konsequenzen. Köln 2016, S. 64

Anfang der 1990er-Jahre heftig zu diskutieren, ob und vor allem wie das in der Genfer Flüchtlingskonvention 1951 festgelegte, jahrzehntelang gültige Recht auf Asyl für politisch, religiös oder rassisch Verfolgte den Verhältnissen eines neuen Zeitalters der Massenwanderung angepasst werden müsse. Die Erfahrungen aus der Nazi-Zeit mit der Aufnahme von Flüchtlingen aus Deutschland durch eine ganze Reihe von Ländern machte das Asylrecht zu einem Grundgesetz (Artikel 16a).[229] Gebraucht wurde es in den 1960er- und 1970er-Jahren für Einzelfälle aus dem kommunistischen Osten oder aus diktatorischen Regimen der »Dritten Welt«, wenn diese nicht gerade freundschaftlich mit Bonn kooperierten. Die Antragszahl von 1972 bestätigt dies. Gerade einmal 5289 Flüchtlinge beriefen sich damals auf das Asylrecht; 20 Jahre später, 1992, waren es 438.191, mehr als 80 Mal so viele.[230] Offensichtlich konnte man mit den Instrumentarien des Kalten Krieges nach dem Zusammenbruch von Ostblock und Jugoslawien nicht mehr operieren.

Laut UN-Flüchtlingshochkommissariat (UNHCR) befanden sich Mitte 1992 1,8 Millionen »Displaced Persons« innerhalb der (ex-)jugoslawischen Teilrepubliken Kroatien, Serbien und insbesondere Bosnien-Herzegowina auf der Flucht.[231] Kurzfristig fanden 700.000 von ihnen in Kroatien und 400.000 in Serbien Unterschlupf. Hunderttausende machten sich auf den Weg nach Norden, wo in Österreich und Deutschland seit den 1960er-Jahren oft Verwandte oder Freunde als GastarbeiterInnen lebten und damit ein kultureller, wenn nicht sogar familiärer Anker vorhanden war.

Diese humanitäre Katastrophe veranlasste das UNHCR im Juli 1992, einen Flüchtlingsgipfel in Genf[232] abzuhalten. Wer dessen Ergebnisse heute studiert, erkennt das aktuelle Muster des Umgangs mit afrikanischen und Nahost-Flüchtlingen wieder. Quotenregelungen zur Aufteilung innerhalb Europas und der Bau von Zeltstädten vornehmlich in Kroatien, so lauteten die Pläne. Umgesetzt wurde so gut wie nichts, was die damalige UNHCR-Chefin Sadako Ogata dennoch nicht daran hinderte, von einem

229 https://www.gesetze-im-internet.de/gg/art_16a.html (4.9.2017)
230 https://de.wikipedia.org/wiki/Asylkompromiss (23.4.2018)
231 Im Jahr 1995 waren es nach UNHCR-Angaben bereits 3,7 Millionen.
232 https://www.neues-deutschland.de/artikel/368859.der-ojjenbarungseid-der-europaeer.html

»guten Tag« zu sprechen. Tatsächlich war es weder ein guter Tag für die Hilfe suchenden Südslawen, noch einer für die Menschen in den reicheren europäischen Ländern.

Die internationale Untätigkeit im Angesicht der von einigen westeuropäischen Ländern, allen voran Österreich und Deutschland, angefeuerten jugoslawischen Bürgerkriege war frappierend. Also mussten nationale Stellen mit den durch Kriegshandlungen und ethnische Säuberungen Vertriebenen zu Recht kommen, was insbesondere für Österreich und Deutschland eine Herausforderung darstellte. Der sogenannte deutsche »Asylkompromiss« war unmittelbare Folge der Zerstörung Jugoslawiens wie auch der starken Zuwanderung anderer Osteuropäer.

Am 26. Mai 1993 beschloss der deutsche Bundestag mit den Stimmen der Regierungsparteien CDU/CSU und FDP sowie jenen der oppositionellen SPD das sogenannte Asylverfahrensgesetz, vulgo: Asylkompromiss. Da dafür eine Verfassungsmehrheit von zwei Dritteln der Abgeordneten notwendig war, brauchte es die SozialdemokratInnen. Die Bundestagsmehrheit entsprach in etwa der Stimmung im Volk, wie eine Umfrage des Instituts »Emnid« vom Oktober 1992 ergab. Ihr zufolge fanden es 73 % der Bundesbürger besonders wichtig, »das Problem der Ausländer in den Griff zu bekommen«, weitere 23 % hielten die Lösung der Migrationsfrage für »wichtig«.[233]

Der Kern dieses Asylkompromisses von 1993 nahm die Dublin-Regelung vorweg, nach der sich, wer aus einem als sicher definierten Drittstaat in die Bundesrepublik Deutschland einreist, nicht auf das Grundrecht des Asyls berufen kann. »Der ›Asylkompromiß‹ war in Wirklichkeit, weit über Asylfragen hinausreichend, ein umfassender restriktiver ›Migrationskompromiß‹, der auch die Begrenzung der Aussiedlerzuwanderung einbezog«, schreibt der Historiker Klaus Bade.[234] Tatsächlich stellt das Jahr 1993 eine historische Zäsur in der politischen Behandlung von Flüchtlingen dar. Deutschland gelang es, sich diesbezüglich erfolgreich abzuschotten. Da ringsum ausschließlich Staaten lagen, die als sicher im Sinne des neuen Asylgesetzes galten, konnten die Asylkarte nur mehr jene MigrantInnen

233 siehe: *Spiegel* Nr. 44/1992 vom 26. Oktober 1992
234 Bade 2000, S. 391

ziehen, die entweder an der Nord- oder Ostsee anlandeten oder direkt mit dem Flugzeug aus einem Land kamen, in dem sie verfolgt wurden oder dies zumindest angaben. Und selbst für diese Asylsuchenden sah die neue Regelung Erschwernisse in Form von Schnellverfahren beispielsweise an Flughäfen vor, die direkt in Transitbereichen abgehalten wurden und werden. Der – für viele zweifelhafte – Erfolg des Asylkompromisses liest sich eindrucksvoll in der Statistik. Vom Höhepunkt des Jahres 1992, in dem 438.191 Menschen einen Asylantrag stellten, ging es ruckartig bergab. Im Jahr 1998 waren es nur mehr 98.644 und 2006 sank die Zahl auf 50.563. Dies nahm auch eine Studie des Kriminologischen Forschungsinstituts Niedersachsen wohlwollend zur Kenntnis, die sich mit der steigenden Kriminalität von Ausländern in Deutschland beschäftigte. Drei Jahre nach Inkrafttreten des Asylkompromisses ist davon die Rede, »daß sich die Sozialstruktur der in Deutschland lebenden Ausländer in den letzten Jahren stabilisiert hat«. Und weiter: »Es überrascht deshalb nicht, daß die polizeilich registrierte Kriminalitätsbelastung der Ausländer sinkt, seitdem der ›Import von Armut‹ durch die neue Asylgesetzgebung drastisch verringert wurde.«[235] Die Last dieses Armutsimports schulterten von nun die Staaten außerhalb der Grenzen Deutschlands. Auch in Österreich wurden ähnliche restriktive Gesetze erlassen.[236]

Für den nach wie vor gewünschten permanenten Zuzug von Arbeitskräften erließen die Zentrumsländer eine Reihe von Ausnahmeregelungen, darunter eigene Bestimmungen für Saisoniers, deren Aufenthaltsdauer meist drei Monate nicht übersteigen durfte. Dies führte zu einer weiteren Mobilisierung von immer mehr Menschen aus osteuropäischen Billiglohnländern, die für kurze Zeit in der Land- und Forstwirtschaft oder der Gastronomie tätig waren, ohne Chance, sich integrieren zu können und ständig von immer neuen Nachfolgern abgelöst wurden. Eine Antwort auf diese spezielle Form des Kurzzeitarbeitsmarktes fand sich in illegaler Beschäftigung und illegalem Aufenthalt.

235   Christian Pfeiffer, Jugendkriminalität und Jugendgewalt in europäischen Ländern. Hannover o. J., siehe: http://kfn.de/wp-content/uploads/Forschungsberichte/FB_69.pdf#43
236   Vgl. Norbert Kutscher, Das österreichische Einwanderungsmodell. In: Matzka/Wolfslehner (Hg.) 1999, S. 92f.

Am 1. Januar 2005 führte Berlin ein unternehmerfreundliches Bleibe-recht für hochqualifizierte ausländische technische Angestellte ein. Für die unteren Arbeiterklassen blieb der Anwerbestopp von 1973 in Kraft. »Endlich ist der gordische Knoten durchschlagen«, äußerte sich der damalige Chef des Bundes der deutschen Industrie, Michael Rogowski, zufrieden und fügte hinzu, dass sich die Unternehmen einen noch flexibleren Umgang mit zuwandernden Arbeitssuchenden wünschten.[237]

ArbeitnehmerInnenfreizügigkeit

Die Aufnahme von acht osteuropäischen Staaten (sowie Malta und Zypern) in die Europäische Union zum Stichtag 1. Mai 2004, gefolgt von den zwei orthodoxen Nachzüglern Rumänien und Bulgarien Anfang 2007 sowie Kroatien im Juni 2013 stellte eine gewichtige, auch migrationspo-litische Zäsur dar. Nun wirkte das Regelwerk der vier kapitalistischen Freiheiten – ungehinderter Verkehr von Kapital, Waren, Dienstleistungen und Arbeitskräften – auch tief in den europäischen Osten hinein. Die vierte Freiheit wurde allerdings in Deutschland und Österreich nur mit aufschiebender Wirkung gewährt. Auf Druck der Gewerkschaften erwirkten Berlin und Wien eine Fristverlängerung von maximal insgesamt sieben Jahren, sodass der polnische Bauarbeiter oder die slowakische Krankenschwester erst ab 2011 ungehindert ihre Arbeitskraft in Deutsch-land oder Österreich verkaufen konnten.[238] Daraufhin wichen vor allem die Polinnen und Polen im EU-Beitrittsjahr 2004 nach Großbritannien aus, weil London den Arbeitsmarkt für neue EU-Bürger sofort öffnete. Von Unternehmervertretern und Politik wurde dieser Schritt anfangs als großer Erfolg gefeiert, bis im Juni 2016 das Referendum über den Ausstieg Großbritanniens aus der Europäischen Union – gerade wegen der durch die Masseneinwanderung von PolInnen eingetretenen sozia-len Verwerfungen – den liberalen Höhenfliegern einen Katzenjammer

237 Rogowski gegenüber dem *Handelsblatt* am 18./19./20. Juni 2004
238 Die Altenpflege war bereits zuvor in Deutschland und Österreich teilweise von einer abhängigen Beschäftigung zu einer freiberuflichen Tätigkeit umdefiniert worden. Allein in Österreich arbeiteten im Jahr 2015 über 50.000 solcher Freiberuflerinnen, die allermeisten kamen aus der Slowakei.

bescherte. Das Ja zum Brexit wurzelte im ungeschützten britischen Arbeitsmarkt des Jahres 2004.

Die Gewerkschaften in Deutschland und Österreich feierten den siebenjährigen Aufschub in puncto ArbeitnehmerInnenfreizügigkeit als Erfolg. Die ursprüngliche Forderung des Österreichischen Gewerkschaftsbundes (ÖGB), nur jene Staaten als Mitglieder der Europäischen Union aufzunehmen, in denen sich der Durchschnittslohn an den österreichischen anpasst bzw. mindestens zwei Drittel davon beträgt,[239] scheiterte allerdings an der globalistischen Wirklichkeit; und an einer liberalen Medienkampagne, die den Gewerkschaftern ob dieses Schutzbegehrens Ausländerfeindlichkeit vorwarf. Tatsächlich sind umgekehrt jene Kräfte, die extrem unterschiedliche Lohnniveaus und Arbeitsmärkte schutzlos aufeinanderprallen lassen, ausländerfeindlich, weil ausbeuterisch, während der Ruf nach Regulierung durch den ÖGB den Osteuropäern eine planlose, familienfeindliche und die dortigen Volkswirtschaften schwer schädigende Mobilisierung ersparen sollte. Die ÖGB-Forderung war also ausländerfreundlich.

Damit wir wissen, von welcher sozialen Differenz hier die Rede ist, werfen wir einen Blick auf die Lohntabellen des »Instituts der deutschen Wirtschaft«. Dies nahm die EU-Erweiterung im Jahr 2004 zum Anlass, um für deutsche Unternehmer, die ja auf den ungebremsten Zuzug polnischer oder anderer osteuropäischer Arbeitskräfte noch warten mussten, die Löhne in den Herkunftsländern der erwarteten Zuwanderer mit jenen Deutschlands zu vergleichen. Die Statistik war auch als Leitfaden für Auslandsinvestitionen willkommen. In Deutschland-West betrugen demnach die Kosten für eine durchschnittliche Arbeitsstunde in der Metall- und Elektroindustrie (inklusive sogenannter Lohnnebenkosten, also brutto) Mitte 2004 27,60 Euro. In Polen schlug dieselbe Arbeitsstunde mit 3,30 Euro zu Buche, war also um mehr als acht Mal billiger.[240] Zu einem ähnlichen Ergebnis kam der »Pay in Europe«-Bericht aus dem Jahr 2006. Aus dessen

---

239 ÖGB-Vizepräsident Johann Driemer im April 2001, siehe: http://derstandard.at/549135/OeGB-Kritik-an-EU-Vorschlag--zur-ArbeitnehmerInnen--freizuegigkeit (24.4.2014)

240 Institut der deutschen Industrie. Zit. in: IGM-Bayern (Hg.), Fakten und Argumente zu Aussagen vom Verband der bayrischen Metall- und Elektroindustrie anlässlich der 2. Verhandlungsrunde. O. O. 2004, S. 4

Zahlenkolonnen geht hervor, dass ein bulgarischer Durchschnittslohn 20 Mal unter dem deutschen zu liegen kam, ein rumänischer zehn Mal und ein polnischer fünf Mal.[241]

Dermaßen unterschiedliche Lohnhöhen auf engstem Raum, innerhalb der Europäischen Union, erzeugten notgedrungen einen Migrationsdruck ungeahnten Ausmaßes, der allerdings während der Verhandlungen um die Aufnahme der osteuropäischen Länder von den führenden Medien und Politikern im Westen systematisch kleingeredet wurde. Klartext sprachen damals nur wenige. Die Migrationsforscher Achim Wolter und Thomas Straubhaar folgen in ihrer liberalen Argumentation dem weiter oben zitierten Weltbank-Bericht über die Notwendigkeit der Mobilisierung von Menschen zur Herstellung eines Arbeitsmarktes. Sie warnen im Jahr 1999, mitten in den Verhandlungen über die angestrebte EU-Osterweiterung, vor arbeitsmarktpolitischen Schutzmaßnahmen: »Der Verzicht auf die Freizügigkeit für Angehörige von Drittländern steht in Widerspruch zu den ökonomischen Grundzielen des EG-Binnenmarktes. Nur wenn auch Arbeitskräften aus Drittstaaten das arbeitsmarktliche Freizügigkeitsrecht zusteht, wird der EU-Arbeitsmarkt, was er anstrebt zu sein: ein gemeinsamer Arbeitsmarkt ohne Hemmnisse für die Mobilität der Produktionsfaktoren.«[242] Was Wolter und Straubhaar nicht dazuschreiben: Der Produktionsfaktor Arbeit verursacht unter den gegebenen Bedingungen, anders als das Kapital, Massenmigration.

Die Bewegungsfreiheit für ArbeiterInnen war seit den Römischen Verträgen 1957 ein Kernelement der Brüsseler Gemeinschaft.[243] Solange Arbeitsbedingungen und Lohnhöhen nicht dermaßen auseinanderklafften, wie sie dies im Zuge der Osterweiterung taten und nach wie vor tun, stellte diese Freiheit kein migrationspolitisches Problem dar. Der Beitritt Österreichs, Schwedens und Finnlands zur Europäischen Union im Jahr 1995 löste keine Wanderströme aus, zu ähnlich waren die Lebens-, Wohnungs- und Arbeitsbedingungen. Die große Expansion Richtung Osten

241 Vgl. http://www.finafacts.com/Private/isl/PayinEurope.htm (10.1.2007)
242 Wolter 1999, S. 12
243 siehe: Tomei 1997, S. 13f.

änderte dies schlagartig. Mit dieser Änderung kam auch ein neuer Begriff in die Debatte, dem wir uns abschließend noch kurz widmen wollen: ArbeitnehmerInnenfreizügigkeit. Man sollte sich dieses Wort mehrmals auf der Zunge zergehen lassen, bevor man es in seine Bestandteile zerlegt.

Ideologisch belastbarer geht es wohl nicht mehr. Ein Wortungetüm aus dem neoliberalen Sprachlabor, das – dem Zeitgeist entsprechend – an der Oberfläche politische Korrektheit simuliert. Schon der Terminus Arbeitnehmer stellt die Wirklichkeit auf den Kopf. Denn es ist der Arbeiter, dessen Arbeitszeit und Arbeitsprodukt sich der Unternehmer – gegen entsprechendes Entgelt, den Lohn – aneignet. Die im herrschenden Diskurs Arbeitgeber genannte Seite nimmt tatsächlich die Arbeit. Diese sprachliche Transformation fand bereits in den 1980er-Jahren statt; bis dahin verstanden sich Arbeiter noch als Arbeiter und nicht als Arbeitnehmer; heute hat sich auch die Gewerkschaft längst darauf verständigt, dass sie Menschen vertritt, die Arbeit nehmen, statt sie zu geben.

Auch der zweite Teil des Wortungetüms von der ArbeitnehmerInnenfreizügigkeit hat es in sich. Denn in der Freizügigkeit steckt die Freiheit, und diese soll damit wohl auch suggeriert werden, um den »ArbeitnehmerInnen« vorzugaukeln, sie befänden sich auf einem freien Markt. Tatsächlich sind sie, die eben kein Kapital haben, gezwungen, ihre Arbeitskraft zu verkaufen. Derlei Binsenweisheiten aus den ersten Lesestunden marxistischer Literatur sollen mit sprachlichen Ungeheuern wie der »ArbeitnehmerInnenfreizügigkeit« vergessen gemacht werden. Dem vorzubeugen, diente dieser kurze Absatz.

DIE GROSSE WANDERUNG
DER MUSLIME

Am letzten Augusttag des Jahres 2015 besuchte die deutsche Bundeskanzlerin Angela Merkel mit großer Verspätung die jährliche Sommerpressekonferenz. Sie entschuldigte sich vor der einladenden Journalistenschar dafür, dass dieses Ereignis nicht wie üblich mitten im Sommer stattfinden konnte, und begründete dies mit dem griechischen Referendum vom 17. Juli, an dem sich die GriechInnen mit klarer Mehrheit gegen die Strangulierung ihres Landes durch die aus IWF, Europäischer Zentralbank und EU-Kommission bestehende Troika ausgesprochen hatten. Die – nebenbei bemerkt durch keinerlei demokratisches Gremium beauftragte – Troika erhöhte daraufhin den Druck auf die griechische Linksregierung, die nur wenige Tage später den Volksentscheid missachtete und selbst zum ausführenden Organ der harten Austeritätsmaßnahmen avancierte. Diese für Deutschland und die Europäische Union entscheidenden Tage, an denen es darum ging, dem Kapitalinteresse, allen voran dem der Banken und der Rüstungsindustrie des deutschen Exportweltmeisters, gegen den griechischen Volkswillen zum Durchbruch zu verhelfen, wollte die Kanzlerin abwarten, bevor sie sich in den Saal der Bundespressekonferenz in Berlin begab.

Dort ging es dann neben anderen Krisen wie der Auseinandersetzung der EU mit Russland über die Ukraine vor allem um die zunehmende Anzahl von Flüchtlingen aus muslimischen Ländern. Diese kamen im Sommer 2015 insbesondere aus Flüchtlingslagern rund um das kriegsverheerte Syrien. Bereits mehr als ein halbes Jahr zuvor, Anfang Dezember 2014, stellte die UNO eine speziell aufgelegte Hungerhilfe für über 1,5 Millionen syrische Flüchtlinge ein, die sich in jordanischen, irakischen und türkischen Lagern gesammelt hatten. Dem Welternährungsprogramm der UNO war das Geld ausgegangen, weil die meisten UN-Mitglieder sich nicht oder nur mangelhaft daran beteiligten. Die Unterfinanzierung durch die internationale Staatengemeinschaft betraf (und betrifft) aber auch das

UN-Flüchtlingshochkommissariat (UNHCR). Länder wie Deutschland mit einem Anteil an den nationalen Budgetausgaben von 0,08 % (für 2014) oder Frankreich mit gar nur 0,001 % tragen fast nichts zur Versorgung von Flüchtlingen bei.[244]

Die konkrete Finanzlücke für das Welternährungsprogramm, das eine ausreichende Versorgung gestrandeter syrischer Familien in der Region gesichert hätte, betrug Ende 2014 64 Millionen US-Dollar, ein Betrag, der in Kenntnis der Folgekosten der Massenflucht heute lächerlich wirkt.[245] Warnungen von UN-Mitarbeitern, dass hunderttausende Menschen aus jordanischen, irakischen und türkischen Lagern demnächst in Richtung Nordwesten aufbrechen würden, weil sie dort schlicht nicht mehr überleben konnten, gab es seit Monaten. Sie wurden von den Verantwortlichen in der Europäischen Union überhört oder in den Wind geschlagen. Dergestalt stellte sich die angespannte Situation dar, als Angela Merkel am 31. August ihre Willkommenssätze sprach. Ausdrücklich berief sie sich dabei auf eine Flüchtlingstragödie im burgenländischen Parndorf, bei der vier Tage zuvor 71 Leichen in einem Klein-LKW gefunden worden waren. Sie waren in der Hitze erstickt und von den Chauffeuren samt Fahrzeug auf dem Pannenstreifen zurückgelassen worden.

Es war ein vorgeschobenes humanitäres Motiv, das die Bundeskanzlerin veranlasste, den Flüchtlingen Deutschland als Asylland anzubieten, die entsprechenden Stellen wie das Bundesamt für Migration und Flüchtlinge (BAMF) hatten bereits zehn Tage zuvor einen Beschluss gefasst, wie Deutschland syrische Flüchtlinge unter Umgehung des Dublin-Verfahrens aufnehmen könnte.[246]

Das ökonomische Kalkül, weswegen die CDU-nahen Industriekreise die Wanderungsbewegung willkommen hießen, kam in ihrer Rede gar

244 nach: http://www.unhcr.org, zit. in: Stefan Luft, Die Flüchtlingskrise. Ursachen, Konflikte, Folgen. München 2016, S. 31

245 Der Standard vom 1. Dezember 2014, http://derstandard.at/2000008848109/UNO-stellt-Hungerhilfe-fuer-17-Millionen-syrischen-Fluechtlinge-ein (15.9.2017)

246 http://www.asylumineurope.org/sites/default/files/resources/bamf_instructions_on_syrian_dublin_cases_august_2015.pdf (16.9.2017). Das im Kapitel »Die Folgen der Osterweiterung« erläuterte Dubliner Regelwerk legt seit 1997 fest, dass jenes EU-Land, in das der Flüchtling zuerst seinen Fuß gesetzt hat, für das Asylverfahren zuständig ist.

nicht vor. Doch auch ihre unmittelbare Begründung war zweischneidig – und die Auswirkungen bedachte sie kaum. Merkel berief sich auf das in der Genfer Flüchtlingskonvention verankerte Recht politisch Verfolgter auf Asyl, das für Vertriebene aus Kriegen freilich nicht gilt. Deshalb wies sie auch auf einen möglichen Schutz für Kriegsflüchtlinge hin, der im deutschen Aufenthaltsgesetz (§ 24) eine Duldung aus humanitären Gründen definiert. Wörtlich sagte Merkel an diesem 31. August 2015: »Es gilt das Grundrecht politisch Verfolgter auf Asyl. Wir können stolz sein auf die Humanität unseres Grundgesetzes. (...) Schutz gewähren wir auch all denen, die aus Kriegen zu uns fliehen. Auch ihnen steht dieser Schutz zu.« Und weiter: »Ich sage ganz einfach: Deutschland ist ein starkes Land. Das Motiv, mit dem wir an diese Dinge herangehen, muss sein: Wir haben so vieles geschafft – wir schaffen das!«[247] Das war die Aufforderung, auf die die Elenden und Verzweifelten gewartet hatten, die SyrerInnen aus den Lagern, die vom Krieg gezeichneten Afghanen, die Opfer der Globalisierung aus Afrika. Sie alle wollten nach Deutschland, nun hatten sie es schwarz auf weiß auf ihren Mobiltelefonen: die Chefin Deutschlands nimmt uns. Diese hatte sich über ihren Satz »Wir schaffen das« mit niemandem abgesprochen, mutmaßlich nicht mit dem deutschen Koalitionspartner SPD, nicht mit Brüssel und schon gar nicht mit jenen Ländern der Europäischen Union, die zwischen den jordanischen und türkischen Lagern und dem gelobten Deutschland lagen. Frontstaaten wie Ungarn sahen sich plötzlich mit einer für sie schier unlösbaren Aufgabe konfrontiert, auf die wir später noch zu sprechen kommen. Sie sahen im deutschen Willkommensgruß, wie es die *Frankfurter Allgemeine Zeitung* in ihrer Ausgabe vom 1. November 2015 treffend formulierte, »einen törichten Lockruf«[248], dessen Folgen sie auszubaden hatten. Die Aufhebung des Schengen-Regimes und der Dublin-Ordnung – nichts anderes beinhaltete die in der Merkel-Rede versteckte Anweisung – beschloss die Kanzlerin im Alleingang.

247 https://www.bundesregierung.de/Content/DE/Mitschrift/Pressekonferenzen/2015/08/
2015-08-31-pk-merkel.html (15.9.2015)
248 http://www.faz.net/aktuell/politik/fluechtlingskrise/angela-merkels-fluechtlingspolitik-schafft-
den-westen-ab-13884814-p2.html (15.9.2017)

Wie wir heute wissen, gingen dem vor Journalisten geäußerten Will-kommensgruß der Kanzlerin interne Debatten voraus, bereits auf der Balkanroute Richtung Nordwesten wandernde Syrer unter Umgehung der gültigen Dublin-Vereinbarungen in Deutschland aufzunehmen. Für den 21. August 2015 ist ein interner Vermerk des Bundesamtes für Migration und Flüchtlinge (BAMF) dokumentiert, der Dublin außer Kraft setzt. Die Regierungsdirektorin dieses Amtes, Angelika Wenzl, schickte das Memo mit der in umständlichem Beamtendeutsch verfassten Überschrift »Verfahrensregelung zur Aussetzung des Dublin-Verfahrens für syrische Staatsangehörige«[249] an das Kanzleramt. In anderen Worten: Spätestens seit dem 21. August war für Berlin klar, die EU-europäischen Regeln zur Behandlung Asylsuchender außer Kraft setzen zu wollen. In Budapest wusste damals noch niemand davon.

Die treibende Kraft: der Krieg

Die Geschichte der muslimischen Massenwanderung beginnt allerdings schon 24 Jahre zuvor mit dem US-Krieg gegen den Irak, der vorgeblich zur Rettung der kleinen Golfmonarchie Kuwait geführt wurde, tatsächlich aber einen Feuerbrand in der Region auslöste. Insgesamt 570.000 Soldaten brachte allein das Pentagon im Jahr 1991 auf, um gemeinsam mit Großbri-tannien, Frankreich, Spanien, Belgien, Italien und Saudi-Arabien in die Schlacht zu ziehen. Deutschland, das mitten im Erweiterungsprozess zur Eingliederung der fünf neuen Bundesländer steckte, zog es vor, sich nur an den Kosten zu beteiligen und schickte keine eigenen Soldaten. Dem »Desert Storm« von 1991 folgten 1996 »Desert Strike« und 1998 »Desert Fox«. Parallel dazu griff die israelische Armee im April 1996 den Libanon an, tötete 200 Menschen und vertrieb 400.000. Ein gewisser Mohammed Atta, damals 27 Jahre alt, griff darüber vor Wut in die Tasten seines Computers und setzte ein Testament auf, in dem er versprach, sein Leben für einen

---

249 http://www.asylumineurope.org/sites/default/files/resources/bamf_instructions_on_syrian_dublin_
     cases_august_2015.pdf (16.9.2017), siehe auch: http://www.zeit.de/1992/36/nicht-erwuenscht-
     nur-geduldet (16.9.2017)

Gegenschlag zu opfern.[250] Fünf Jahre später, am 11. September 2001, sollte sich sein letzter Wille erfüllen.

Nur vier Wochen nach den Anschlägen auf das World Trade Center und das Pentagon entfachten die USA, wiederum gemeinsam mit Großbritannien, dem diesmal auch Deutschland folgte, einen neuen Kriegsherd in der muslimischen Welt. Die bis heute andauernde Invasion in Afghanistan wurde mit dem Aufenthalt von Osama bin Laden in der zerklüfteten Bergwelt am Hindukusch begründet. Seit Anfang 2002 fliegen Woche für Woche Kampfbomber und Drohnen der Westallianz über Dörfer und Städte in Afghanistan und Pakistan, dessen nördliche Regionen als Rückzugsgebiete der Taliban gelten. Für den November 2002 dokumentierte das in London ansässige »Bureau of Investigative Journalism« einen ersten Drohneneinsatz der USA im Jemen, dem in den Jahren bis 2013 mindestens 154 weitere folgten.[251] Ende März 2015 startete dann der engste arabische Verbündete der USA, Saudi-Arabien, seine Angriffe auf den Jemen und machte das ohnedies schon arme Land zum Katastrophengebiet.

Am 20. März 2003 erfolgte der Einsatzbefehl aus dem Pentagon für die entscheidende Schlacht gegen den Irak. 13 Jahre lang, seit einer UN-Resolution von 1990, litt das Zweistromland unter härtesten Wirtschaftssanktionen, die laut einem WHO-Bericht aus dem Jahr 1996 dazu führten, dass »die große Mehrheit der Bevölkerung an extremer Mangelernährung leidet.«[252] Der Sprecher des UN-Welternährungsprogramms, Dieter Hannusch, geht davon aus, dass über eine Million IrakerInnen und Iraker zwischen 1990 und 1996 an den Folgen des Embargos gestorben sind.[253] Zudem hatten die westlichen Angreifer sogenannte Flugverbotszonen erlassen, ein euphemistischer Begriff für die Herstellung militärischer Oberhoheit über

---

250 Siehe: Lawrence Wright, Der Tod wird euch finden. Al-Qaida und der Weg zum 11. September. München 2007, S. 382

251 www.worldlibrary.org/articles/List-of-military-strikes-against-presumed-terrorist-targets (30.5.2016)

252 vgl. WHO-Bericht vom März 1996: http://apps.who.int/disasters/repo/5249.html (7.9.2017). Siehe auch: Patrick Cockburn, Chaos und Glaubenskrieg. Reportagen vom Kampf um den Nahen Osten. Wien 2017, S. 31

253 Hans Christoph von Sponeck, Irak - Vier Frage, vier Antworten: http://www.irak-kongress-2002. de/docu/sponeck.pdf (7.9.2017). Siehe auch: Joachim Guillard, Irak: 12 Jahre Embargo, 12 Jahre Krieg gegen die Bevölkerung: http://archiv.friedenskooperative.de/ff/ff03/1-74.htm (6.9.2017)

fremdes Territorium. Den Auslöser für den Generalangriff auf den Irak nannte dann US-Außenminister General Colin Powell in einer Sitzung des UN-Sicherheitsrates am 5. Februar 2003, in der er Beweise für ein chemisches und biologisches Waffenarsenal vorbrachte, das unter dem irakischen Präsidenten Saddam Hussein angelegt worden sei. Dass diese »Beweise« falsch waren und nur der Rechtfertigung des Krieges dienten, erfuhr die Welt erst nach dem Schlachten.

Todbringende Kampfeinsätze von NATO-Staaten fanden zudem in Somalia und Mali statt, bevor große Teile der transatlantischen Allianz, diesmal angetrieben von Frankreich, am 19. März 2013 Libyen überfielen, den dortigen starken Mann, Muammar Gaddafi, von radikalen Muslimen lynchen ließen und Land und Leute ins Chaos stürzten. In den seit 2012 tobenden syrischen Bürgerkrieg mischte sich die Westallianz offiziell Mitte September 2014 ein. Allerdings griffen US-Helikopter bereits erstmals am den 26. Oktober 2008 – also lange vor dem Ausbruch erster Unruhen – Syrien an, um, so die offizielle Lesart, den auf einer der zahlreichen Todeslisten geführten Terrorverdächtigen Abu Ghadiyah zu ermorden.[254]

Das Jahr 2017 brachte dann die völlige Zerstörung all jener Städte, die mehr oder weniger lange in der Hand des sogenannten Islamischen Staats gewesen waren. Mossul, ar-Raqqa und Haleb/Aleppo wurden unter Hinweis auf die islamistische Herrschaft von amerikanischen, französischen, britischen und russischen Angriffen dem Erdboden gleichgemacht. Hunderttausende Zivilisten verloren ihr Hab und Gut, wurden obdachlos und mussten fliehen.

Irak, Afghanistan, Pakistan, Jemen, Somalia, Mali, Libyen, Syrien. Große Teile der muslimischen Welt liegen seit 1991 unter transatlantischem Feuer. US-geführte Militärallianzen zogen eine dicke Blutspur durch Westasien und das nördliche Afrika. Die Feinde der westlichen Demokratien trugen und tragen unterschiedlichste Namen: Saddam Hussein, Al-Qaida, Taliban, diverse islamische Milizen, Muammar Gaddafi, Baschar al-Assad. Sehr unterschiedlich, ja geradezu konträr sind

---

254 www.worldlibrary.org/articles/List-of-military-strikes-against-presumed-terrorist-targets (30.5.2016)

auch die Zuordnungen, die als Rechtfertigung für den Krieg medial verbreitet werden. Bekämpft wurden und werden einerseits laizistisch orientierte Autokratien wie jene von Saddam Hussein, Muammar Gaddafi oder Baschar al-Assad, die ihrerseits mit brutaler Härte gegen radikale Islamisten vorgingen, und andererseits radikale Islamisten wie Al-Qaida oder die Taliban, deren Feinde laizistische Diktatoren sind. Der scheinbare Widerspruch löst sich auf, wenn man ein größeres Ganzes vor Augen hat. Der westlichen Staatengemeinschaft unter militärischer Führung der USA geht es seit dem Zusammenbruch der Sowjetunion darum, keinen anderen Integrationsraum neben sich aufkommen zu lassen, der die eigene Hegemonie gefährden könnte. (Pan)arabische Integrationsversuche, gleich ob auf wirtschaftlicher oder politischer Gemeinsamkeit fußend, werden genauso ins Fadenkreuz von NATO-Kampfjets genommen wie islamische. Die Zerstörung ganzer Kulturkreise nimmt man dafür in Kauf, und freilich auch einen weiteren unausweichlichen »Nebeneffekt«: gigantische Fluchtbewegungen.

Die deutsche Sektion der »Internationalen Ärzte für die Verhütung des Atomkrieges« (IPPNW) erinnerte anlässlich des Jahrestages der Anschläge auf das World Trade Center 2016 an den Zusammenhang von US-geführten Kriegen im Nahen Osten und Flüchtlingsströmen nach Europa: »Der Krieg gegen den Terror hat eine ganze Region ins Chaos gestürzt und einen verheerenden Anstieg von Fluchtbewegungen ausgelöst. Millionen syrischer, irakischer und afghanischer Flüchtlinge sind unmittelbar und mittelbar Leidtragende der Militärinterventionen mit deutscher Beteiligung.«[255] Ähnlich äußert sich auch der langjährige CDU-Abgeordnete im deutschen Bundestag und Staatssekretär im Verteidigungsministerium Willi Wimmer. Über »die wahren Ursachen der überbordenden Migration« schreibt er: »Zwischen Afghanistan und Mali wird unter der Fuchtel der NATO die Welt in Schutt und Asche gelegt. Menschen werden zu Millionen aus ihrer Zivilisation herausgebombt. Eine Zukunft ist in diesen Ländern nicht mehr möglich und das eigene Leben auch nicht. (...) Krieg und Unruhen

---

255   Stellungnahme des IPPNW vom 11. September 2016, zit. in: Georg Auernheimer, Wie Flüchtlinge gemacht werden. Über Fluchtursachen und Fluchtversuche. Köln 2018, S. 24

zwischen Bangladesch und Nigeria trieben die Menschen zur Flucht, aber auch wirtschaftliche Überlegungen.«[256]

Nun kann man in weitverbreiteter eurozentrischer Manier einwenden, dass weder die arabischen noch die islamischen Integrationsversuche auf demokratischer Grundlage stattfinden, im Gegenteil: sie reichen von autokratisch oder diktatorisch bis religiös-reaktionär. Dieser Einwand ist korrekt. Er rechtfertigt allerdings mitnichten den militärischen Eingriff, zumal seit Generationen klar ist, dass ein solcher keine Besserung der Verhältnisse mit sich bringt.

Die unvollständige Chronologie transatlantischer Kriege gegen mindestens ein halbes Dutzend mehrheitlich muslimisch bewohnter Staaten soll in Erinnerung rufen, wo die Massenwanderungen ihren Ausgangspunkt nahmen. Es waren meist durch die bestehende ungerechte Weltwirtschaftsordnung ausgelöste innere Unruhen in den besagten Ländern, die von außen dynamisiert wurden, wodurch die Katastrophe kontinentale Ausmaße annahm. In Kriegsopfern ausgedrückt hat dies die kanadische Sektion der »Internationalen Ärzte zur Verhütung des Atomkrieges« zusammengefasst. Ihre Schätzungen beruhen auf Opferzählungen der zivilgesellschaftlichen Initiative »Iraq Body Count« und der medizinischen Fachzeitschrift *The Lancet.* Demzufolge starben im Zeitraum zwischen 2003 und 2014 in den drei Ländern Irak, Afghanistan und Pakistan 1,3 Millionen Menschen an Kriegsfolgen.[257] Die Toten der anderen, oben aufgeführten Kriege machen nochmals geschätzte 500.000 aus. Wenn wir jetzt noch die Millionen von Vertriebenen ins Auge fassen, dann bekommen wir eine leise Ahnung vom Elend und vom Zorn, den die muslimische Welt zwischen Afghanistan, Nahem Osten und Nordafrika erfasst. Elend und Zorn, die nicht nur abstrakt, sondern millionenfach persönlich empfunden werden; von jenen, die ihre Familienmitglieder und Freunde bei Bomber- und Drohnenangriffen verloren haben ebenso wie

---

256 Willi Wimmer, Deutschland im Umbruch. Vom Diskurs zum Konkurs – eine Republik wird abgewickelt. Höhr-Grenzhausen 2018, S. 68

257 IPPNW, Body Count – Casualty Figures after 10 Years on the War on Terror. Siehe: http://www.ippnw.de/commonFiles/pdfs/Frieden/BodyCount_internationale_Auflage_deutsch_2015.pdf (6.6.2016)

von jenen, die aus ihrer Heimat fliehen mussten und neben den lokalen Despoten auch die äußeren Kräfte dafür verantwortlich machen. Krieg und Vertreibung sind die Keime der zu besprechenden Massenmigration.

Zäsur September 2015

Merkels öffentlich am 31. August 2015 bekundete Überzeugung, dass die Flüchtlingskrise zu schaffen sei, bekam bereits Tage später Ungarn zu spüren. Der Budapester Keleti-Bahnhof füllte sich mit gleichzeitig verzweifelten und hoffnungsfrohen Syrern. Verzweifelt, weil sie von der langen Flucht ausgelaugt und als meist junge Männer von ihren Angehörigen getrennt waren, hoffnungsfroh, weil sie die Meldung aus Berlin – nicht zu Unrecht – als Aufforderung verstanden, sich dorthin auf den Weg zu machen. Die Tore des gelobten Landes standen plötzlich offen. Nun galt es, möglichst schnell Ungarn hinter sich zu lassen und in Richtung deutscher Grenze aufzubrechen. Dass dazwischen noch das kleine Österreich lag, mögen einige auf der Landkarte erspäht haben, eine große Rolle spielte dies nicht.

Keleti pályaudvar, der Ostbahnhof, war bereits am 1. September 2015 vollständig blockiert. Mehrere Tausend Flüchtlinge campierten zusätzlich auf dem Platz davor und in den Straßen rundum. »We want to go to Germany. Please help us«, stand auf einem selbstbemalten Pappkarton, ein anderer Kriegsflüchtling ließ die Fotografen wissen: »Please open the station«. Der Zugverkehr wurde eingestellt und die Budapester Polizei zog einen Riegel zwischen den im Inneren des Bahnhofs Wartenden und den Tausenden, die Einlass ins Gebäude begehrten. Die Lage war angespannt.

Wer sich Bilder dieses Budapester Aufruhrs der ersten Septembertage 2015 in Erinnerung ruft oder nachträglich ansieht,[258] wird darauf ausschließlich Männer sehen, die allermeisten davon im Alter zwischen 18 und 30 Jahren. Vereinzelte Frauen oder Kinder wirken darin fast so, als ob sie nicht dazugehörten. Dieses Faktum führt unweigerlich zur heiklen Frage, wer denn diese Menschen der ersten großen Flüchtlingswelle waren, die

---

258 siehe z. B. die Fotostrecke auf: http://diepresse.com/home/ausland/welt/4811864/Fluechtlinge-in-Budapest_Der-blockierte-Bahnhof-Keleti#slide-4811864-10 (15.5.2018)

es da aus jordanischen oder türkischen Lagern bis in die Donaumetropole geschafft hatten. Ihren sozialen Status oder ihre genaue geografische Herkunft können wir freilich nicht feststellen, auch nicht, wie gut oder schlecht sie ausgebildet waren und wie sie sich ihre Flucht finanziert haben. So viel ist allerdings augenscheinlich, wenn man sich die Fotos von damals betrachtet. Es sind allesamt Gegner der syrischen Regierung. Denn wären sie dieser treu, würden sie – ihrem Alter entsprechend – in der Armee dienen müssen. Wir haben es also zu einem sehr hohen Prozentsatz mit syrischen Deserteuren zu tun. Das ist insofern pikant und schon fast ironisch, weil ja parallel dazu im Westen das Feindbild des radikalisierten Islam, den man bekämpfen müsse, aufgebaut und eifrig gepflegt wurde. Baschar al-Assad und seine Regierung bildeten die vorderste Front gegen das 2016 in seiner Hochblüte stehende Kalifat, die Inkarnation des radikalen Islam. Die 300.000 EinwohnerInnen zählende Stadt ar-Raqqa, am mittleren Euphrat gelegen, wurde seit Mitte 2013 vom Islamischen Staat (IS) kontrolliert. Die Zigtausenden, ja Hunderttausenden jungen syrischen Männer, die nun in Europa auftauchten, wären allesamt in der Heimat wehrpflichtig gewesen. So verständlich es in jedem Fall ist, dass sich der Einzelne dieser Wehrpflicht entzieht, will er doch nicht sein junges Leben aufs Spiel setzen, so bedenklich (oder verwirrend) ist es doch auf der anderen Seite, dass europäische Länder, die sich den Kampf gegen den IS und das Kalifat auf die Fahnen geschrieben haben, ausgerechnet Deserteure willkommen heißen, die an der Front gegen die proklamierten Feinde fehlen.

Wir wollen nicht blauäugig sein und wissen sehr wohl, dass der westliche Kampf gegen radikalisierte Moslems immer dann hintangestellt wurde, wenn man diese im höheren geopolitischen Auftrag brauchte: Das begann bereits im Jahr 1979, als die USA Mudschaheddin (und mit ihnen verbündete Saudis) als Fußtruppe der NATO gegen den sowjetischen Einfluss in Afghanistan aufrüsteten; es setzte sich im jugoslawischen Bürgerkrieg der 1990er-Jahre fort, als allen voran Deutschland die radikalen Muslime rund um Alija Izetbegović in Bosnien massiv unterstützte (es hätte auch moderate Kräfte wie beispielsweise Adil Zulfikarpašić gegeben). Im Ringen um die Zukunft Syriens war es wieder so weit: die NATO und

Saudi-Arabien wollten einen Regimewechsel in Damaskus, argumentierten diesen mit der zweifellos vorhandenen Brutalität eines autokratischen Machthabers (was in anderen Fällen freilich nicht zur Intervention führt) und brauchten dafür Kräfte vor Ort. Andere als radikale Muslime gab es nur in Spurenelementen, weswegen – wieder einmal – auf die islamistische Karte gesetzt wurde. Die massenhafte Aufnahme von syrischen Deserteuren in Deutschland zur Schwächung des Assad-Regimes ist die logische Konsequenz dieser Politik.

Während des jugoslawischen Bürgerkriegs ging man in den westlichen Hauptstädten noch anders mit Deserteuren um und unterstützte auch von deutscher und österreichischer Seite Kroatien, als Zagreb im Sommer 1992 flüchtende bosnische Muslime an der Grenze fein säuberlich in wehrfähige Männer auf der einen Seite und Frauen, Kinder und alte Männer auf der anderen Seite sortierte.[259] Die Wehrfähigen schickten die kroatischen Behörden zurück in den Krieg, sie sollten gegen die Serben kämpfen. So instrumentell kann der Umgang mit Kriegselend und Flüchtlingen sein.

Anfang September 2015 standen jedenfalls zehntausende Syrer vor dem Aufbruch nach Deutschland. In dieser Situation folgte Berlin dem von Merkel vorgezeichneten Weg. Letzter Auslöser für die offiziell verkündete Öffnung der österreichischen und deutschen Grenzen, die Wien und Berlin in Übereinstimmung durchführten, war der Aufbruch von geschätzten 2000 jungen Syrern, die von Keleti über die Autobahn nach Deutschland marschieren wollten. Ihnen schlossen sich bald nochmals circa 2000 weitere Araber an. Bis zur österreichischen Grenze waren es 175 Kilometer. Die deutsche Politik agierte in diesen Stunden doppelzüngig. Gegenüber Budapest mahnte Regierungssprecher Steffen Seibert, das in Deutschland selbst bereits zu den Akten gelegte Dublin-Regime zu beachten, indem er erklärte: »Der Umstand, dass Deutschland syrische Flüchtlinge derzeit nicht nach Ungarn zurückschickt (...), ändert nichts an der rechtlich verbindlichen Pflicht Ungarns, ankommende Flüchtlinge ordnungsgemäß zu registrieren, zu versorgen und die Asylverfahren unter

259 http://www.zeit.de/1992/36/nicht-erwuenscht-nur-geduldet (16.9.2017)

145

Beachtung der europäischen Standards in Ungarn selbst durchzuführen.«[260] Die Dublin-Standards sollten also nur für Ungarn gelten. In Richtung Österreich stimmte sich Berlin ab, wenngleich diese Abstimmung eher in Form eines Auftrages von Berlin an Wien daherkam. Am 4. September gegen 20 Uhr ließ Merkel ihren österreichischen Amtskollegen Werner Faymann per Telefon wissen, dass die Grenzen zu öffnen seien. Um 0 Uhr 45 des nächsten Tages verkündete Faymann: »Die aus Ungarn kommenden Flüchtlinge können nach Österreich und Deutschland einreisen.«[261] Die Entscheidung, so der Kanzler weiter, sei aufgrund der aktuellen Notlage getroffen worden. Merkel überließ es dann ihrem politischen Intimus, dem Bundesminister für besondere Aufgaben Peter Altmaier, die anderen EU-europäischen Partner von der Entscheidung zu unterrichten. Er tat dies allerdings, indem er die Wahrheit, nämlich die in Berlin beschlossene Aussetzung der Dublin-Regeln, verschwieg. Wörtlich kabelte Altmaier in die Staatskanzleien: »Aufgrund der heutigen Notlage an der ungarischen Grenze stimmen Österreich und Deutschland in diesem Fall einer Weiterreise der Flüchtlinge in ihre Länder zu, unter Beibehaltung der Dublin-Kriterien bis zum Beschluss eines besseren Systems.«[262]

Hinter der vordergründigen Menschlichkeit kam bald der deutsche Imperialismus zum Vorschein. Denn mit der Außerkraftsetzung des EU-europäischen Grenzregimes gelang es Berlin, den Staaten entlang der ganzen Flüchtlingsroute seine Politik aufzuzwingen. Mit den Fluchtkorridoren, schreibt die Wirtschaftshistorikerin Andrea Komlosy, griffen deutsche Verordnungen bis in die Herkunftsgebiete der Flüchtlinge durch. Damit wurde der »Einflussbereich deutscher Politik über das deutsche Staatsgebiet hinaus erweitert und alle Staaten entlang der Fluchtroute mit ihrer Entscheidung vor vollendete Tatsachen gestellt. Es eröffnete sich ein Fluchtraum, der außerhalb der Territorialität der betroffenen Staaten, aber unter der Patronanz des politischen Zentrums der Europäischen Union stand.«[263]

260 zit. in: http://www.epochtimes.de/politik/deutschland/merkels-schicksalsnacht-protokoll-der-grenzoeffnung-vom-4-5-september-2015-a1929027.html (16.9.2017)
261 Ebd.
262 Ebd.
263 Andrea Komlosy, Grenzen. Räumliche und soziale Trennlinien im Zeitenlauf. Wien 2018, S. 81

Die Bilder an der ungarisch-österreichischen Grenze erinnerten dann in den ersten Septembertagen ein wenig an die Öffnung der Systemgrenze am 11. September 1989. Zwar tuckerten diesmal keine Trabis und Wartburgs nach Österreich, auch sahen die Menschen, die da kamen, anders aus und schleppten sich zu Fuß durch symbolische Sperren. Aber sie wurden wie damals die Menschen aus der DDR willkommen geheißen; vom Roten Kreuz mit stärkendem Essen und von FlüchtlingshelferInnen, die eigens an die Grenze kamen und auch entlang der Route nach Deutschland, insbesondere an den Bahnhöfen, Hilfe anboten. Am Wiener Westbahnhof schlugen engagierte AktivistInnen Tapeziertische auf, versorgten die Ankommenden mit Wasserflaschen, frischer Kleidung und Informationen zur Weiterreise. Insbesondere Arabisch sprechende HelferInnen waren gefragt. Viele fanden sich ein. Eine von ihnen, Nermin Ismail, brachte ihre Erlebnisse in den Wochen und Monaten dieser multikulturellen Aufbruchsstimmung lesenswert zu Papier. Ihr Buch *Etappen einer Flucht*[264] ist nicht nur ein aufwühlend geschriebenes Tagebuch, sondern auch ein Dokument einer Generation, die sich der Flüchtlinge in ganz anderer Weise bediente, nämlich durchaus positiv zur eigenen (politischen) Selbstfindung.

Die Österreichischen Bundesbahnen (ÖBB) stellten Sonderzüge zusammen, um Tausende von Syrern möglichst schnell nach Bayern weiter zu transportieren. Dort wiederholte sich das Willkommensszenario. Auf einem der Transparente am Münchner Hauptbahnhof stand zu lesen: »Willkommen im Himmel – die Ungläubigen begrüßen die Gesandten Allahs«. Der Stolz auf Deutschland paarte sich in diesem Spruch mit ungewohnter Ironie.

Die Reaktionen

Budapest betrachtete die Entwicklung mit großer Sorge. Unmittelbar war man durch Merkels Willkommensgruß ein paar Tausend ungeliebte Asylbewerber losgeworden, doch Zehntausende, ja Hunderttausende weitere befanden sich auf dem Weg nach Norden. Die geografische Lage

264 Nermin Ismail, Etappen einer Flucht. Tagebuch einer Dolmetscherin. Wien 2016

machte das Land zum EU-europäischen Frontstaat – weil es politisch so entschieden wurde. Denn die Struktur der Europäischen Union bringt es mit sich, dass die osteuropäische Peripherie als Vorposten des Schengenraumes fungiert. Die Dublin-Ordnung zwingt Polen, die Slowakei und Ungarn die Rolle von Wächterstaaten an der Außengrenze auf. Das ungarische Dilemma lässt sich auch in Zahlen ausdrücken, die freilich in der herrschenden Orbán-feindlichen Stimmung von den Medien tunlichst verschwiegen wurden. Im ersten Halbjahr 2015 stellten 70.000 Flüchtlinge einen Asylantrag in Ungarn. Das entspricht 6,7 Anträgen auf 1000 EinwohnerInnen, die pro Kopf gerechnet weitaus höchste Zahl. Die Vergleichszahl für Österreich betrug 3,3 Anträge auf 1000 EinwohnerInnen, für Deutschland 2,1.[265] Auch unmittelbar bevor Berlin sein »Go north« verkündete, im zweiten Quartal 2015, trug Budapest die höchste Last an Asylbewerbern in EU-Europa, wie aus einer Statistik von Eurostat hervorgeht. Ihr zufolge führt auch in diesem Zeitraum Ungarn mit 3,31 Anträgen auf 1000 EinwohnerInnen vor Österreich (2,02) und Schweden (1,46), Deutschland folgt mit 0,99.[266] Das Schlusslicht bildet übrigens interessanterweise die Slowakei, an der mit 0,005 Anträgen auf 1000 EinwohnerInnen die Flüchtlingswelle vollkommen vorbeizieht.

Wie dramatisch die Situation für Ungarn im Flüchtlingsjahr 2015 war, zeigt die Ganzjahresstatistik. Nach dieser begehrten 177.000 Flüchtlinge bei entsprechenden ungarischen Stellen Asyl, für Deutschland lag die Zahl bei 477.000. Umgerechnet auf die Bevölkerung war Ungarn mit 18 Antragstellern auf 1000 Einwohner konfrontiert, gefolgt von Schweden mit 16,7, Österreich mit 10,2, Norwegen mit 6 und Deutschland mit 5,9 Asylbewerbern pro 1000 Einwohner.[267] Budapest fungierte 2015 eindeutig als ungefragter europäischer Vorposten der großen muslimischen Wanderung,

265 *Salzburger Nachrichten* vom 18. August 2015. Siehe auch: https://de.wikipedia.org/wiki/Ungarischer_Grenzzaun (22.9.2017)

266 http://ec.europa.eu/eurostat/documents/2995521/6996930/3-18092015-BP-DE.pdf/d08b4652-2b94-4da0-9fff-bb2924a09754 (22.9.2017)

267 Bundesamt für Migration und Flüchtlinge, Migrationsbericht 2015, Berlin 2016, S. 147; siehe: http://www.bamf.de/SharedDocs/Anlagen/DE/Publikationen/Migrationsberichte/migrationsbericht-2015.pdf;jsessionid=B8EA8A80562CE1231C0647D26BE92D5C.2_cid359?__blob=publicationFile (7.11.2017); siehe auch: Statistik von Eurostat, zit. in: *Die Zeit* vom 21. März 2016

zudem unbeliebt sowohl bei seinen EU-europäischen Partnern als auch bei den Flüchtlingen selbst. Zur Klarstellung der weltweiten Dimension dieser hier beschriebenen Flüchtlingswelle sei ein weltweiter Vergleich in Erinnerung gerufen. Auch der bestätigt, dass die Peripherie – in diesem Fall die außereuropäischen Randstaaten – die Hauptlast der Migration trägt. Libanon führte diesen traurigen Wettlauf im Jahr 2015 mit 209 Flüchtlingen auf 1000 EinwohnerInnen an, gefolgt von Jordanien mit 90.[268]

Zurück an die EU-europäische Peripherie. Ungarns Ministerpräsident Viktor Orbán reagierte auf die strukturelle Doppelmühle aus deutschem Willkommen und Dublin-Verordnung, in der er sich gefangen sah, mit der Ankündigung zum Bau eines Zaunes entlang der serbisch-ungarischen Grenze. Flüchtlingsabwehr lautete seine Devise. Mit 1026 Kilometern Schengen-Außengrenze trägt das Land eine gehörige Verantwortung, die 151 Kilometer zu Serbien machte es nun dicht. Vorbilder für diese Art der – versuchten – Abschottung gegenüber Flüchtlingen gab es schon in der Europäischen Union. Die Zäune entlang der spanischen Enklaven Ceuta und Melilla in Afrika leisten als Mahnmale extremer sozialer Differenz bereits seit Anfang der 1990er-Jahre gleichermaßen abschreckende wie grausame Dienste. Und der von bulgarischer Seite hochgezogene Maschendraht zur Türkei sowie die Sperrzonen an der türkisch-griechischen Grenze waren letztlich dafür verantwortlich, dass die Balkanroute über die griechischen Inseln angesteuert und zur Hauptstrecke der Flüchtlingstrecks wurde.

Vom Beschluss für den ungarischen Zaunbau am 17. Juni 2015 bis zu seiner Fertigstellung am 14. September vergingen drei Monate. Die Flüchtlinge wichen daraufhin über Kroatien und Slowenien aus; Ungarn büßte dafür mit einem schlechten Image, das erst zwei Jahre später verblasste, nachdem auch österreichische Politiker fast aller Couleurs der damaligen Reaktion Budapests mehr oder weniger verhalten Anerkennung zollten.

Fast zwei Jahre später, am 26. April 2017, verteidigte Ungarns Ministerpräsident Viktor Orbán seine Flüchtlingspolitik vor dem Plenum des Europäischen Parlaments, indem er nochmals die damals schwierige Lage

268 UNHCR-Bericht, zit. in: https://en.wikipedia.org/wiki/List_of_countries_by_refugee_population (29.5.2018)

des Landes in Erinnerung rief und den Kritikern seiner Politik die Leviten las. »Dem Herrn Abgeordneten Verhofstadt«, einem belgischen Liberalen und früheren Premierminister, »möchte ich sagen, dass ich nicht zum ersten Mal den Eindruck gewinne, dass Sie den Ungarn vorschreiben möchten, was sie zu tun haben. Bitte überlassen Sie dies den wahlberechtigten Bürgern in Ungarn.« Zur konkreten Migrationsfrage rieb er sich dann an Gianni Pitella, einem italienischen EU-Parlamentarier aus den Reihen der Sozialdemokraten, indem er ihn folgendermaßen belehrte: »Die Migranten wollen nicht nach Ungarn kommen, sie wollen über Ungarn nach Österreich, Deutschland und Schweden. In Wirklichkeit verteidigen wir Österreich, Schweden und Deutschland. Wir halten nur das Schengener Abkommen ein, und ich finde es merkwürdig, dass Sie als Abgeordneter des Europäischen Parlaments Ungarn angreifen, weil es sich an das Schengener Abkommen hält, und dies nicht einmal in seinem eigenen Interesse tut, sondern im Interesse von Deutschen, Schweden und Österreichern.«[269] Die Selbstverständlichkeit, mit der Orbán hier von Flüchtlingen als abzuwehrender Gefahr spricht, mag abstoßend oder irritierend wirken, mit dem Hinweis auf die Doppelbödigkeit der EU-weit in den entsprechenden politischen und medialen Eliten betriebenen Kritik an Ungarn lag er jedoch richtig.

Budapest hatte tatsächlich die Schmutzarbeit für Berlin, Wien, Stockholm und Brüssel übernommen. Dies war der rechtskonservativen Regierung aus zweierlei Gründen besonders leicht gefallen. Zum einen konnte sie damit ein vorhandenes rassistisches Ressentiment bedienen und sich als Hüterin des Ungartums und eines christlichen Europas darstellen; und zum anderen korrelierte ihre gegenüber muslimischen Flüchtlingen abweisende Politik mit deren Einstellung zu Ungarn als Schengener Vorposten. Denn so sehr sich Ungarn sträubte und sträubt, Flüchtlinge aufzunehmen, so sehr will auch niemand von den Syrern, Afghanen oder Afrikanern in Ungarn bleiben. Ein Blick auf die Lohndifferenz zwischen Ungarn und Deutschland genügt, um – neben der unterschiedlichen

269 Rede von Viktor Orbán vor dem Europäischen Parlament. Zit. in: http://www.miniszterelnok. hu/rede-von-viktor-orban-in-der-plenarsitzung-des-europaischen-parlaments/ (20.8.2017)

Höhe der Grund- bzw. Mindestsicherung – zu verstehen, warum Ungarn bei Syrern oder Afghanen nicht beliebt ist. Wenn sich ein Asylbewerber im Herbst 2015 die entsprechende Statistik von Eurostat ansah, so stand dort zu lesen, dass der durchschnittliche Bruttomonatsverdienst eines deutschen Vollzeitbeschäftigten 3380 Euro betrug, während er in Ungarn für dieselbe Arbeit nur 800 Euro bekam, mithin der durchschnittliche Lohn in Deutschland vier Mal so hoch wie jener in Ungarn war.[270] Auch ohne Zugriff auf die Eurostat-Daten war (und ist) diese Differenz jedem bewusst, der einigermaßen aufmerksam durchs Leben geht. Die Flüchtlinge wussten darüber Bescheid, was auch erklärt, warum es viele noch weiter nördlich als nach Deutschland verschlug, denn die Vergleichszahlen für Bruttolöhne in Schweden oder Dänemark lauten 3755 Euro bzw. 4664 Euro.[271]

Im übrigen Europa schwankten die Reaktionen auf den Anfang September 2015 verstärkt einsetzenden Ansturm von Flüchtlingen zwischen Skepsis und Ablehnung. Zwar gab es auch jene bereits oben beschriebene Euphorie unter einem Teil vornehmlich junger AktivistInnen, mehrheitsfähig war diese allerdings zu keinem Moment. Die liberale britische Denkfabrik Chatham House gab in der zweiten Hälfte des Jahres 2016 eine Studie in Auftrag, in deren Mittelpunkt eine europaweite Umfrage mit 10.000 TeilnehmerInnen in zehn Ländern stand. Um herauszufinden, wie sich die Stimmung gegenüber muslimischer Immigration verhielt, mussten sich die Befragten zu folgendem Satz äußern: »Alle weitere Immigration aus mehrheitlich muslimischen Ländern soll gestoppt werden.« 54,6 % waren vollkommen dafür, 20,1 % dagegen, der Rest schwankte. Das bedeutet, nur jeder fünfte Befragte sprach sich für weiteren Zuzug von Migranten aus muslimischen Ländern aus, wenig verwunderlich waren es bei den Besserverdienenden etwas mehr und bei den unteren Klassen weniger. Letztere sahen im moslemischen Neuzuzug Konkurrenz am Arbeitsplatz und am Wohnungsmarkt. Zwischen den einzelnen Ländern bestehen allerdings gravierende Unterschiede in der Einschätzung. So sind über

---

270 https://de.statista.com/statistik/daten/studie/183571/umfrage/bruttomonatsverdienst-in-der-eu/ (24.5.2016)
271 ebd.

70% der PolInnen strikt gegen weitere muslimische Migranten und nur 9% dafür; in Ungarn, Österreich, Frankreich und Belgien stimmen mehr als 60% dem von Chatham House formulierten Ansinnen zu, Spanien ist mit 41% das einwanderungsfreundlichste Land.[272]

»Kommen Sie nicht nach Europa«, warnte EU-Ratspräsident Donald Tusk anlässlich eines Treffens mit dem griechischen Ministerpräsidenten Alexis Tsipras in Athen jene Kriegs- und Krisenflüchtlinge, die es bis dahin – Anfang März 2016 – noch nicht geschafft hatten.[273] Je länger die sogenannte Flüchtlingskrise anhielt, desto ablehnender wurden die Stimmen in den Zielländern. Das hat nicht nur mit den Ereignissen der Kölner Silvesternacht 2015/16 zu tun, bei der es zu massenhaften Übergriffen hauptsächlich maghrebinischer Asylbewerber auf Frauen gekommen war. Doch weniger die Tatsache selbst empörte die deutsche Volksseele, sondern die tagelang anhaltende Weigerung der meinungsbildenden Medien, die Ausschreitungen Migranten zuzuschreiben. Der mediale Mainstream erwies sich damals für jede und jeden sichtbar als manipulativ.

Vom deutschen Philosophen Peter Sloterdijk bis zum tschechischen Ökonomen Václav Klaus nutzten europäische Intellektuelle des konservativen und rechtsliberalen Spektrums die muslimische Massenwanderung, um vor den kulturellen Folgen für Deutschland und Europa zu warnen. »Die deutsche Regierung hat sich in einem Akt des Souveränitätsverzichts der Überrollung preisgegeben«[274], spielte Sloterdijk auf Merkels Alleingang vom 31. August 2015 an. Der *Spiegel* fasste am 27. Februar 2016 unter der Überschrift »Angela Merkels humanitäre Flüchtlingspolitik ist gescheitert« zusammen: »Merkel kann sich Gesinnungsethik erlauben, weil Viktor Orbán das Grobe erledigt.«[275]

Im März 2018 fanden sich dann rechte Intellektuelle in Deutschland zusammen, die teilweise schon Jahre zuvor antiislamische Statements

272 https://www.chathamhouse.org/expert/comment/what-do-europeans-think-about-muslim-immigration (22.9.2017)
273 *Süddeutsche Zeitung* vom 3. März 2016 (22.9.2017)
274 zit. in: Conrad Schuhler, Die große Flucht. Ursachen Hintergründe, Konsequenzen. Köln 2016, S. 10
275 http://www.spiegel.de/spiegel/print/d-143351290.html (22.9.2017)

lanciert hatten, um sich in einer »Gemeinsamen Erklärung« über Deutschlands Zukunft Sorgen zu machen. »Mit wachsendem Befremden beobachten wir, wie Deutschland durch die illegale Masseneinwanderung beschädigt wird«, unterschrieben Männer vom Schlage Henrik Broders, Thilo Sarrazins und Rüdiger Safranskis ein entsprechendes Manifest.[276]

Kulturalistische Kommentare überwogen, fallweise waren sie mit rassistischen Einsprengseln versehen. Im rechten Lager zog purer Rassismus ein.

Kaum jemand setzte sich jedoch mit den ökonomischen und geopolitischen Hintergründen der ganzen Misere auseinander; und noch weniger wurden die mit der Ankunft Hunderttausender Entwurzelter bevorstehenden sozioökonomischen Verwerfungen diskutiert, weder jene in den Herkunfts-, noch jene in den Zielländern der Migration. Dem deutschen Bundesfinanzminister Wolfgang Schäuble blieb es vorbehalten, zumindest an diese Dimension zu erinnern, als er die »Flüchtlingslawine« – wie er die Massenwanderung nannte – trocken mit dem Satz kommentierte, sie sei eben »unser Rendezvous mit der Globalisierung«.[277]

Wie viele? Welche? Wohin?

Über das wahre Ausmaß der 2015er-Massenwanderung gibt es keine verlässliche Statistik. Der Zusammenbruch der EU-europäischen Grenzregime ist dafür genauso verantwortlich wie das mangelhafte Zahlenmaterial aus den Fluchtregionen. Eine Koordination zwischen Pull- und Push-Ländern existiert ohnedies nicht. Für Syrien schätzt das UNHCR,[278] dass Mitte 2015 sich etwa die Hälfte der Gesamtbevölkerung auf der Flucht befand, also ihre angestammte unmittelbare Heimat verlassen musste. Das wären 12,2 Millionen Menschen. Fast 250.000 waren bis dahin dem Krieg zum Opfer gefallen. Von den 12,2 Millionen Entwurzelten verließen – wiederum geschätzt – 5,3 Millionen das Land; die meisten von ihnen fanden sich als Vertriebene in türkischen, jordanischen oder libanesischen Lagern wieder.

276 https://www.erklaerung2018.de (19.5.2018)
277 Wolfgang Schäuble in der *Frankfurter Allgemeinen Zeitung* vom 12. November 2015
278 UNHCR-Zahlen, zit. in: http://www.unhcr.org/dach/at/19120-neuer-hilfsplan-fur-mehr-als-funf-millionen-syrische-fluchtlinge.html (29.5.2018)

Zum Stichtag 28. Mai 2018 stecken davon 3,5 Millionen in der Türkei, eine knappe Million im Libanon und 650.000 in Jordanien fest.[279]

Über Wanderungen von Afghanen liegen noch weniger verlässliche Zahlen vor. Das Land leidet bereits seit mehreren Generationen an einer systematischen Auswanderung junger und agiler Menschen, vornehmlich von Männern. Mehrere Millionen haben sich seit über 30 Jahren in Richtung eines Lebens ohne Krieg aufgemacht. Pakistan und Iran sind jene Zielländer, in denen die meisten Afghanen Unterschlupf finden. Laut UNHCR befanden sich Mitte 2015 2,6 Millionen Afghanen auf der Flucht.[280]

Von afrikanischen Fluchtbewegungen kommt nur ein Bruchteil der Menschen bis an die südlichen Mittelmeerküsten, von wo aus es auch wiederum bei Weitem nicht alle bis in die Europäische Union schaffen. Tausende sind in den vergangenen 20 Jahren bei der Überfahrt nach Norden ertrunken. Zwischen 2000 und 2013, schätzen Experten des Projektes »The Migrant Files«, sind von den insgesamt 23.000 Menschen, die beim Versuch, Europa zu erreichen, ums Leben kamen, 3840 im Mittelmeer ertrunken.[281] Danach stieg die Zahl stark an. Allein in den Jahren 2014 bis 2016 waren es 12.211 gemeldete Tote, die Dunkelziffer liegt sicherlich höher. 2017 kamen dann nochmals fast 3000 dazu.[282]

So vage die quantitative Vorstellung vom Elend der Herkunftsländer ist, so vergleichsweise ordentlich wird – trotz des zeitweiligen Zusammenbruchs der Grenzkontrollen im Spätsommer und Frühherbst 2015 – Buch über die einströmenden MigrantInnen in den Zielländern geführt. In absoluten Zahlen trug die Türkei bei der großen Wanderungsbewegung des Jahres 2015 mit 1,8 Millionen Flüchtlingen im Land vor dem Libanon (1,2 Millionen), Deutschland (1,1 Millionen) und Jordanien (630.000) die Hauptlast.[283]

279   http://data2.unhcr.org/en/situations/syria (29.5.2018)
280   http://www.unhcr.org/afghanistan.html (29.5.2018)
281   zit in: https://www.proasyl.de/news/neue-schaetzung-mindestens-23-000-tote-fluechtlinge-seit-dem-jahr-2000/ (30.10.2017)
282   https://missingmigrants.iom.int/ (30.10.2017); https://faktenfinder.tagesschau.de/ausland/italien-mittelmeer-fluechtlinge-101.html (24.4.2018)
283   UNHCR-Daten, zit. in: https://www.theguardian.com/global-development/2015/jul/09/syria-refugees-4-million-people-flee-crisis-deepens (29.5.2018)

Exakt 1.091.894 Flüchtlinge wurden 2015 in Deutschland registriert, circa die Hälfte von ihnen beantragte Asyl.[284] Mit 428.000 (oder 39,2 %) stellten die Syrer die größte Gruppe, gefolgt von den Afghanen (155.000 oder 14,1 %) und Menschen aus dem Irak (120.000 oder 11,1 %). Im Jahr darauf kamen laut offizieller Statistik 321.361 Flüchtlinge an;[285] die Anträge gingen aufgrund restriktiver Maßnahmen an den Außengrenzen der Europäischen Union zurück, wobei hier insbesondere ein Deal mit der Türkei, aber auch die sogenannte Schließung der Balkanroute zu nennen ist. Nach fast sechsmonatigen Verhandlungen schloss Brüssel mit Ankara am 18. März 2016 ein Abkommen, nach dem die Europäische Union 3 Milliarden Euro an die Türkei bezahlt und diese im Gegenzug die Ägäisküste stärker kontrolliert, um Flüchtlinge an der Überfahrt nach Griechenland zu hindern. Als unmittelbarer Effekt ging die Zahl der Flüchtlinge, die es nach Griechenland schafften, drastisch zurück: von offiziell 853.000 im Jahr 2015 auf 174.000 im Jahr darauf.[286] Zudem verpflichtete sich Ankara zur Rücknahme jener Personen, die es dennoch über das östliche Mittelmeer schaffen, wobei für jeden Rücküberstellten ein in der Türkei registrierter Flüchtling auf legalem Wege ins Schengenland einreisen darf. Diese sogenannte »1:1-Neuansiedelungsregelung« führte in der Folge zum Streit über die Verteilung der Asylsuchenden zwischen den einzelnen Staaten der Europäischen Union.

Die Schließung der Balkanroute wiederum war mehreren Deals u. a. mit der Republik Makedonien geschuldet, die der österreichische Außenminister Sebastian Kurz initiiert hatte. Tatsächlich sank die Zahl der Flüchtlinge, die über das östliche Mittelmeer nach Europa strömten, infolge dieser Politik dramatisch. Waren es 2015 noch über eine Million, schafften diesen Fluchtweg im Jahr darauf nur mehr 200.000 Menschen.[287]

284 Bundesamt für Migration und Flüchtlinge (BAMF), Migrationsbericht 2015, Berlin 2016, S. 89; siehe: http://www.bamf.de/SharedDocs/Anlagen/DE/Publikationen/Migrationsberichte/migrationsbericht-2015.pdf;jsessionid=B8EA8A80562CE1231C0647D26BE92D5C.2_cid359?__blob=publicationFile (7.11.2017)

285 https://de.statista.com/statistik/daten/studie/663735/umfrage/jaehrlich-neu-registrierte-fluechtlinge-in-deutschland/ (24.4.2018)

286 Munich Security Report 2017, München 2017, S. 46

287 Statistik der European Stability Initiative, siehe: http://www.esiweb.org/pdf/ESI%20-%20The%20

Die Zahl der Flüchtlinge über die um ein Vielfaches gefährlichere zentrale Mittelmeerroute stieg daraufhin 2016 wieder an.

Stellte am Höhepunkt der Flüchtlingswelle 2015 Ungarn noch jenes Land in der EU dar, das pro Kopf gerechnet die meisten Asylbewerber aufwies, änderte sich dies unter anderem aufgrund des Zaunbaus. Über das Jahr 2016 gerechnet nahm Deutschland 8,7 Asylanträge auf 1000 EinwohnerInnen entgegen, gefolgt von Griechenland (4,6) und Österreich (4,5). Ungarn schien nun mit 2,8 Anträgen auf 1000 EinwohnerInnen nur mehr auf dem 7. Platz auf.[288]

Die große Wanderung der Muslime aus Syrien, Afghanistan und dem Irak trug logischerweise dazu bei, dass sich vor allem in den Kernländern der Europäischen Union der Ausländeranteil sprunghaft erhöhte. Mehrere Millionen MigrantInnen können nicht unbemerkt bleiben, weder in der Statistik noch im Straßenbild. Für das Jahr 2018 geben die Zahlen von Eurostat interessante Einblicke in die einzelnen EU-europäischen Gesellschaften. Denn das Land mit dem höchsten Ausländeranteil ist – nach den Sonderfällen Luxemburg, Zypern und Lettland – Österreich. 15,8 % seiner Bevölkerung haben keinen österreichischen Pass. Am Kleinstaat Luxemburg mit einem ausgewiesenen Ausländeranteil von 47,6 % geht die hier behandelte Migration vorbei. Auch der hohe Anteil von Nichtstaatsbürgern im Falle Zyperns (16,4 %) und Lettlands (14,3 %) hat mit unserem Interesse an Wanderungsfragen wenig zu tun. In Zypern setzen sich die vielen Ausländer aus pensionierten Briten, die oft auch ihr Arbeitsleben als Soldaten der Krone auf der Insel verbracht haben, Festlandgriechen und betuchten Russen zusammen. Und Lettland verwehrt mit seiner rassistischen Politik Russen, die ihr Leben lang im Baltikum gelebt haben, aber die lettische Sprache nicht beherrschen, die Staatsbürgerschaft.[289]

Hinter Österreich mit einem Ausländeranteil von 15,8 % folgen Deutschland (11,1 %) und Schweden (8,4 %).[290] 25 Jahre zuvor weist die Statistik für

refugee%20crisis%20through%20statistics%20-%2030%20Jan%202017.pdf (8.11.2017)
288 *Die Presse* vom 17. März 2017 nach Zahlen von Eurostat.
289 siehe Hannes Hofbauer, EU-Osterweiterung. Historische Triebkräfte – ökonomische Basis – soziale Folgen. Wien 2007, S. 212f.
290 https://de.statista.com/statistik/daten/studie/293102/umfrage/auslaenderanteil-in-oesterreich/

Österreich einen Ausländeranteil von 5,9 % und für Deutschland einen von 5,6 % aus.[291] Der niedrige Anteil von Ausländern in osteuropäischen Staaten wie Ungarn (1,5 %) und Polen (0,5 %) reflektiert deren von Westeuropa gänzlich unterschiedliche Wirtschafts- und Sozialgeschichte, die seit den 1960er-Jahren weitgehend ohne Gastarbeiterimporte auskam. Zudem wehren sich national orientierte Regierungen auch nach der Wende von 1989/91 gegen massenhaften Zuzug von Fremden.

Was Altersstruktur und Geschlecht der muslimischen Flüchtlinge im Jahr 2015 betrifft, so bestätigt die Statistik den oben beschriebenen Augenschein vom Budapester Keleti-Bahnhof. Von den insgesamt 1,3 Millionen erwachsenen Menschen, die im Jahr 2015 einen Asylantrag in der Europäischen Union gestellt haben, waren – je nach Altersgruppe – 70 % bis 75 % Männer, bei den 18- bis 35-jährigen beläuft sich diese Zahl auf 75 %. Nur 0,6 % aller Antragsteller waren laut der offiziellen Statistik älter als 65 Jahre.[292] Das Jahr 2016 weist sowohl quantitativ (mit wiederum 1,3 Millionen Asylbewerbern) als auch in der Alters- und Geschlechtsstruktur im Großen und Ganzen dieselben Zahlen aus. Die bedeutet konkret, dass sich nur ein ganz bestimmter Teil der syrischen, irakischen oder afghanischen Gesellschaft auf den Weg nach Europa gemacht hat. Es waren gerade nicht die Schwächsten, die Alten, die Frauen, sondern die physisch Stärksten. Insofern ist auch das Bild von Flüchtlingstrecks, in denen Familien aus bestimmten Orten, die besonders vom Krieg betroffen sind, der Not gehorchend ihre Heimat verlassen müssen, für die Darstellung bei der Ankunft in EU-Europa schlichtweg falsch. Freilich gab es massenhafte Vertreibungen, Menschen allen Alters und beiderlei Geschlechts mussten ganze Landstriche oder Stadtteile z. B. in Syrien oder dem Irak verlassen, weil der Krieg alles verheert hatte; aber der oft medial vermittelte Eindruck, dass sich diese Vertriebenen in Familienverbänden nach Europa aufmachten, stimmt nicht.

(31. 7. 2018)

291 http://www.demokratiezentrum.org/fileadmin/media/data/tabellen_einwanderungsland.pdf;
     http://www.bpb.de/nachschlagen/zahlen-und-fakten/soziale-situation-in-deutschland/61622/
     auslaendische-bevoelkerung (2.7.2018)

292 http://ec.europa.eu/eurostat/statistics-explained/index.php/Asylum_statistics/de (5.10.2017)

Wenn laut EU-Statistik 82 % aller Asylbewerber im Jahr 2016 jünger als 35 Jahre[293] sind und 73 % männlich, dann muss von einer spezifischen Auswahl gesprochen werden, die nichts mit dem Gesamtbild der jeweiligen Gesellschaft zu tun hat. Der Krieg, oder präziser: die Aussicht auf den Wehrdienst im Krieg, mag die im Norden anstrandenden Männer zur Flucht getrieben haben, ihre Ankunft hier ist dann nur mehr der ökonomischen Rationalität geschuldet. Viele mögen auch von ihren Familien entsandt sein, um in EU-Europa einen Anker zu werfen und das Terrain für einen späteren Nachzug von Angehörigen vorzubereiten.

Anders ist es nicht zu erklären, wenn (fast) nur junge, kräftige Männer Asylanträge stellen. Außer man nimmt an, dass alle ihre Väter, Mütter und Frauen umgekommen seien, wofür es allerdings keinerlei Ansatzpunkte gibt. Im Angesicht der blanken Zahlen, die medial nicht gerade verbreitet und politisch tunlichst verschwiegen wurden, muss die Geschichte der großen muslimischen Wanderung der Jahre 2015/2016 neu geschrieben werden. Es war keine allgemeine, aus Familien, Jungen und Alten, Frauen und Männern bestehende Flüchtlingswelle, sondern ein Zug junger muslimischer Männer, die in der Fremde ihr Glück versuchen. Fraglich, ob – ähnlich wie nach dem bundesdeutschen Anwerbestopp im Jahr 1973 – in den kommenden Jahren ein Familiennachzug aus muslimischen Ländern einsetzen wird; auf quantitativ höherem Niveau könnte er größere soziale Unruhe im beliebtesten Zielland der Migration auslösen – gar nicht zu reden von den vielfältigen Problemen in den Herkunftsländern, die entstehen, wenn junge Menschen massenweise wegziehen.

Ein eigenes Kapitel stellen auch die abgelehnten Asylbewerber dar. Ihre prekäre Situation, die in Illegalität oder befristetem Aufenthaltsrecht besteht, macht sie zu einer idealen Verschubmasse am Arbeitsmarkt; weil ihnen langfristige Lebensplanung aufgrund ihres Status verwehrt bleibt, können bzw. müssen sie billiger und williger und notfalls auch ohne rechtliche Absicherung dem in vielerlei Hinsicht geteilten Arbeitsmarkt zur

---

293 http://ec.europa.eu/eurostat/statistics-explained/index.php/File:Distribution_by_age_of_ (non-EU)_first_time_asylum_applicants_in_the_EU_and_EFTA_Member_States,_2016_ (%25)_YB17-de.png (5.10.2017)

Verfügung stehen. Selbst wenn sie nach Jahren des Bangens und Wartens eine dauerhafte Niederlassungserlaubnis im Zielland erhalten, bleiben sie mutmaßlich für ihr gesamtes Leben Menschen zweiter Klasse. Bürgerrechte sind außerhalb der persönlichen Reichweite. In Deutschland sind zum Stichtag 31. Dezember 2016 556.000 solcher abgelehnter AsylbewerberInnen gezählt worden;[294] diese Zahl beinhaltet noch keine syrischen, afghanischen oder irakischen Flüchtlinge, die im Zuge der großen Wanderbewegung 2015/2016 ins Land gekommen waren, dauern doch Asylverfahren in aller Regel länger als nur ein paar Monate, vor allem, wenn sie in erster Instanz abgelehnt werden. Im Jahr 2015 wurden in Deutschland 441.000 Erstanträge auf Asyl gestellt, 2016 waren es 722.000.[295] Österreich verzeichnete 2015 88.340 Asylanträge und 2016 42.285; im Jahr 2017 sank die Zahl auf 24.735.[296]

Hunderttausende von alleinstehenden muslimischen Männern, hunderttausende abgelehnte Asylbewerber sowie eine unbekannte Zahl illegal Aufhältiger schaffen sowohl in ihren jeweiligen Herkunftsländern als auch in den westeuropäischen Ziellländern, allen voran in Deutschland, Österreich und Schweden, allergrößte demografische, soziale, kulturelle und politische Probleme. Die Auswirkungen in ihrer Heimat sind evident. Durch Kriege und Krisen zerstörte Staatlichkeiten, von gegenseitigem Hass auf den jeweiligen Feind durchdrungene Gesellschaften würden für einen Wiederaufbau jede hilfreiche Hand brauchen. Die Herstellung funktionierender ökonomischer Kreisläufe, ja die technischen Voraussetzungen dafür, angefangen vom Aufbau der Energieversorgung bis zum Schulwesen, wird ohne eine junge, agile Generation nicht gelingen können. Doch gerade diese hat sich, die Männer voraus, in fremde Gefilde begeben und fehlt bitterlich zu Hause; sie bildet einen Brückenkopf, der Folgewanderungen auslösen wird.

Die Zielländer der Massenmigration von 2015/2016 wiederum, die seit Generationen den Zuzug billiger Arbeitskräfte gewöhnt sind und von

294 *Welt am Sonntag* vom 12. März 2017
295 Zahlen der Bundeszentrale für politische Bildung, siehe: https://www.bpb.de/politik/innenpolitik/flucht/218788/zahlen-zu-asyl-in-deutschland#Antraege (7.11.2017)
296 https://de.statista.com/statistik/daten/studie/293189/umfrage/asylantraege-in-oesterreich/ (24.4.2018)

diesem leben, sehen sich in quantitativer und qualitativer – also kultureller – Hinsicht überfordert. Wobei festzuhalten ist, dass diesbezüglich
eine Kluft zwischen den politischen Eliten und der medialen Darstellung
einerseits und der Bevölkerungsmehrheit andererseits besteht. Diese Kluft
ist den unterschiedlichen Interessen geschuldet, auf die im Kapitel über
die gesellschaftlichen Auswirkungen der Migration noch ausführlich
eingegangen werden wird.

Am vorderhand sichtbarsten sind die durch die große Wanderung
der Muslime ausgelösten Umwälzungen in demografischer und sozialer
Hinsicht. 18,6 % der Bevölkerung Deutschlands weist im Jahr 2016 laut
offizieller Statistik einen Migrationshintergrund auf, das sind um 8,5 %
mehr als im Jahr zuvor.[297] In dieser Zahl sind freilich jene Millionen von
Menschen enthalten, die seit den 1960er-Jahren in die BRD gekommen
sind und Deutschland längst als ihren Lebensmittelpunkt auserkoren
haben. Die eben eingetroffenen jungen Muslime machen knapp eineinhalb
Millionen der insgesamt 18,6 Millionen aus, die keine deutschen Vorfahren
haben. Die Frage stellt sich: Wie viele Fremde, wie viele nicht bis schlecht
mit Gebräuchen und der Örtlichkeit Vertraute kann eine Gesellschaft
kulturell verkraften? Diese Frage ist in weiten Teilen der Gesellschaft tabu.
Vor allem in liberalen Kreisen, den linken mehr wie den rechten, darf sie
nicht gestellt werden. Denn die Antwort könnte den seit Jahrzehnten
approbierten, immer wieder mit kurzen Unterbrechungen vollführten
Zuzug fremder Arbeitskräfte infrage stellen. Es könnte jemand auf die
Idee kommen, auf die gängige Bemerkung der Liberalen, wonach eben
diese und jene schmutzige und/oder schwere Arbeit von Deutschen nicht
gemacht werden würde und »wir« deshalb auswärtige Kräfte bräuchten,
das Verhältnis von Kapital und Arbeit ins Spiel zu bringen. Mit anderen
Worten: würde der Bauarbeiter oder die 24-Stunden-Pflegerin den Lohn
eines mittleren Bankmanagers erhalten, bräuchte es mit einem Schlag wohl
keinen Import billiger Arbeitskräfte mehr. Wobei doch jeder vernünftig

---

297 Etwa die Hälfte von ihnen sind AusländerInnen, die andere Hälfte deutsche StaatsbürgerInnen.
https://www.destatis.de/DE/PresseService/Presse/Pressemitteilungen/2017/08/PD17_261_12511.
html (13.11.2017)

denkende Mensch weiß, dass die Arbeit eines Maurers oder einer Pflegerin gesellschaftlich wesentlich mehr wert ist als die eines Bankmanagers.

Zurück zur tabuisierten Frage. In den Schulen gärt es. Dort, wo die Jüngsten ihre ersten und entscheidenden Schritte raus aus der Familie und rein ins gesellschaftliche Leben tun, wird zunehmend verwahrt statt gelernt. Das ist zuallererst der Ausgaben- und Lohnpolitik in staatlichen Erziehungseinrichtungen geschuldet, weil es eben viel zu wenige und noch dazu schlecht entlohnte LehrerInnen für viel zu komplizierte Klassenstrukturen gibt. Aber es stellt sich auch die Frage, wie ein Unterricht in Klassen, in denen oft weit mehr als die Hälfte der Kinder kaum Deutsch kann, funktionieren soll. Ganze Bezirke in deutschen und österreichischen Großstädten kämpfen mit Schulanfängerklassen, in denen 85 % und mehr Kinder mit nicht-deutscher Muttersprache sitzen. Dazu kommt, dass es die LehrerInnen nicht mit einer, sondern mit bis zu fünf oder mehr Sprachen zu tun haben, die in ihren Klassen gesprochen werden. Die rasch voranschreitende Ghettobildung ist keine naturgegebene Notwendigkeit, sie wird politisch gemacht. Die Kürzung von Bildungsbudgets ergänzt dabei das Voranschreiten ideologisch rechter Parteien.

Am »Welttag der Muttersprache« – was es nicht alles gibt – begann ein Redakteur von *Radio Wien* seine Reportage mit der stolz vorgebrachten Einleitung, dass die »Sprachendiversität« in Wien im Vergleich zu zehn Jahren zuvor um 8 % zugenommen hätte.[298] Was er an dieser Statistik so toll fand, dass er ganz euphorisch darüber berichtete, erschloss sich dem Zuhörer nicht. Er folgte offensichtlich ganz allgemein dem Hype der Diversität als Mittel gegen jede vom Liberalismus misstrauisch beäugte Kollektivität oder, wie sie von solchen Kreisen genannt wird, Gleichmacherei.

Die Situation an den Schulen lässt jedenfalls aufhorchen. Nimmt man alle Schulstufen bis hinauf in höherbildende Anstalten wie das Gymnasium zusammen, dann kommunizieren im Jahr 2016 in Österreich 24 % der Schülerinnen und Schüler in einer anderen als der deutschen Umgangssprache.[299] Wien stellt dabei mit 50 % den höchsten Grad an

298 *Radio Wien*, am 21. Februar 2017 um 17 Uhr 30
299 *Wiener Zeitung* vom 21. Februar 2017

»Diversität«. In Deutschland ist die Situation ähnlich. Dort hatten im Jahr 2015, also bevor die ersten Kinder aus der großen Flüchtlingswelle eingeschult wurden, 33 % der Kinder aus den allgemeinbildenden Schulen einen Migrationshintergrund, wie das Statistische Zentralamt Anfang 2017 vermeldete; die sprachlichen Fähigkeiten dazu wurden nicht abgefragt.[300]

Wessen Flüchtlinge?[301]

Im Juni 2017 leitete die EU-Kommission gegen Ungarn, Polen und Tschechien Vertragsverletzungsverfahren ein. Die drei osteuropäischen Staaten weigerten sich beharrlich, einem Umverteilungsschlüssel für Asylsuchende nachzukommen, der im September 2015 – am bisherigen Höhepunkt der Flüchtlingskrise – in Brüssel beschlossen worden war. Damals sollten 120.000 in Griechenland und Italien gestrandete Menschen innerhalb der Europäischen Union verteilt werden, diese Zahl wurde kurz darauf auf 160.000 aufgestockt: Ungarn, Tschechien, die Slowakei und Rumänien votierten dagegen, Finnland enthielt sich. Mittlerweile steht fest: Der EU-Plan ist gescheitert; und nicht nur an den Oststaaten, denn auch Länder wie Österreich und Deutschland sind weit von der Quote entfernt, die ihnen die Kommission zugeteilt hat. Nicht einmal 30.000 Umsiedlungen (der geplanten 160.000) konnten in den folgenden zwei Jahren realisiert werden.

Im Visier Brüssels stehen allerdings ausschließlich die genannten drei osteuropäischen Länder; und zwar nicht deshalb, weil sie die Quote nicht erfüllen (das tun fast alle anderen EU-Staaten auch nicht), sondern weil sie sich prinzipiell gegen die Art und Weise stellen, mit der Berlin und in seinem Schlepptau Brüssel Migrationspolitik betreiben. Die Kritik an der EU war es also, die zu den Vertragsverletzungsverfahren führte. Denn Ungarn und die Slowakei hatten es gewagt, gegen den Verteilungsschlüssel vor den Europäischen Gerichtshof zu ziehen. Dieser schmetterte ihren

300 https://www.destatis.de/DE/PresseService/Presse/Pressemitteilungen/zdw/2017/PD17_006_p002. html (30.10.2017)

301 Dieses Kapitel ist die überarbeitete Version eines Beitrages, der Anfang Oktober 2017 auf der Plattform www.rubikon.news erschienen ist.

Einspruch am 6. September 2017 ab. Nun mussten Budapest und Bratislava Flüchtlinge und damit Asylbewerber aufnehmen, die sie nicht wollen und die auch nicht dorthin wollen.

Worum geht es? Formal befinden wir uns auf einem Nebenschauplatz, denn die 160.000 Hilfesuchenden, von denen die Rede ist, stellen nur einen Bruchteil des angebrandeten Elends dar, das in den Jahren 2015 und 2016 aus Syrien, Afghanistan oder afrikanischen Staaten die Grenzen zur Europäischen Union überqueren konnte. Für Ungarn sieht die EU-Quote 1294, für die Slowakei 904 und für Polen 5080 Flüchtlinge vor. Das würde weder das Ungartum noch den polnischen oder den slowakischen Nationalcharakter gefährden. Die Ablehnung wurzelt tiefer als in zweifellos vorhandenen rassistischen Ressentiments. Budapest, Warschau und Bratislava fühlen sich schlicht nicht zuständig für die Verzweifelten aus den Kriegen und Krisen. Sie sehen sich nicht in der Verantwortung.

An dieser Stelle müsste man einwenden, dass es sich die osteuropäischen Staatskanzleien doch etwas zu leicht machen, wenn sie sich für unzuständig erklären. Immerhin gehören alle diese Länder der NATO an und bis auf die Slowakei unter Vladimír Mečiar ist auch keine Ost-Regierung seit der Systemwende bekannt, die sich gegen einen Beitritt zur westlichen Militärallianz ausgesprochen hätte. Die NATO wiederum ist zu einem großen Teil für die Verheerungen und Zwangsmobilisierungen in asiatischen Ländern zuständig, auch ungarische, slowakische und tschechische Soldaten dienen in ihren Einheiten. So einfach geht es also nicht, sich aus der Verantwortung für Kriege zu stehlen, in die man selbst – zugegeben kleine – Kontingente schickt. Ungarns Justizminister László Trócsányi streitet das nicht ab, will aber die Relationen klarmachen, wenn er sein mitteleuropäisches Land von westeuropäischer Denkungsart abgrenzt. In der Wiener *Presse* vom 21. September 2017 hört sich diese Distanzierung folgendermaßen an: »Wir hatten keine Kolonien, wir begannen keine Kriege, unsere Soldaten sind nur in Friedenssicherung tätig und wir möchten an einem Demokratieexport ohne Beachtung der Realitäten nicht teilnehmen.«[302]

302 *Die Presse* vom 21. September 2017

Eine klare Aussage wie diese führt uns wieder zum Thema der Verantwortung für die Flüchtlingsfrage zurück. Jenseits der aufrechten Kritik an Ausländerfeindlichkeit, die freilich auch in Westeuropa existiert, muss die Frage erlaubt sein, um wessen Flüchtlinge es sich handelt, die EU-weit hier verhandelt werden sollten. Wir orten drei wesentliche Push-Regionen, aus denen die überwiegende Mehrzahl der nach Europa strömenden Flüchtlinge kommt: Syrien, Afghanistan und das nördliche bzw. auch das subsaharische Afrika.

Für die syrische Katastrophe, die zur Vertreibung von mehr als zwölf Millionen SyrerInnen geführt hat, von denen 4,2 Millionen ins Ausland flohen, tragen unterschiedliche Kräfte die Verantwortung. Da ist zuallererst das Regime des Baschar al-Assad, dessen Vater Hafez in Reaktion auf einen Aufstand der Muslimbrüder bereits im Jahr 1982 ein Massaker in der Stadt Hama angerichtet hatte. Mehr als 20.000 Menschen fielen damals Luftangriffen und heftigem Granatenbeschuss zum Opfer. Dieses Trauma ist im kollektiven Gedächtnis der Gläubigen bis heute verankert. Als dann Baschar al-Assad im März 2011 Sondereinsatztruppen gegen Protestierende in Daraa freie Hand ließ, kamen Dutzende Menschen ums Leben. Die Wut darüber eskalierte landesweit, schwere Ausschreitungen mündeten in einen Bürgerkrieg. Neben der syrischen Regierung tragen radikale muslimische Gruppen gehörige Verantwortung für die Militarisierung des Konflikts. Unter verschiedensten Namen zogen sie gegen die von ihnen als ungläubig beschimpften Alawiten, zu denen auch die Familie Assad gehört, in den Krieg und begannen bald sich auch gegenseitig niederzumetzeln. Den entscheidenden externen Funken, der den Religions- und Bürgerkrieg zum Weltenbrand dynamisierte, steuerten dann Interventionen von außen bei. Da sind vor allem die beiden Atommächte Frankreich und die USA zu nennen, auch die Türkei, Saudi-Arabien, Katar und Israel fliegen Einsätze in Syrien. Der Iran wiederum stellt ebenso wie die libanesische Hizbollah Elitetruppen, die dem Regime zu Hilfe kommen. Und Deutschland beschloss Ende Dezember 2015 einen Bundeswehreinsatz. Dann griff ab September 2016 auch noch Russland in das Kriegsgeschehen ein. Innerhalb von sechs Jahren ist aus einem wohlhabenden Land des Nahen Ostens ein Trümmerfeld geworden.

Die zweite Region, aus der sich Millionen in die Zentren aufmachen, um Krieg und Elend hinter sich zu lassen, ist Afghanistan/Pakistan. Viele bleiben im Iran oder in anderen westasiatischen Ländern hängen. Diese Flüchtlinge gehen in der Hauptsache auf das Konto der USA und ihrer Kriegsallianz, die sich als Antwort auf die Terroranschläge in New York und Washington vom September 2001 gebildet hatte. Warum ausgerechnet Afghanistan ins Visier der stärksten Militärmacht der Welt gekommen ist, wurde mit einem Versteck des mutmaßlichen Drahtziehers von Nine-Eleven erklärt. Die Wahrheit dahinter harrt noch einer quellenbasierten Veröffentlichung. Seit Anfang 2002 fliegen Kampfbomber, Cruise Missiles und Drohnen der Westallianz tödliche Einsätze; ungezählte Opfer und Vertriebene sind die Folge.

Die dritte Hauptquelle der nach Norden ziehenden Flüchtlingsströme ist die sich aus Afrika auf den Weg Richtung Norden aufmachende Armut. Sie hat klimatische, wirtschaftliche und militärische Ursachen. Die sich verschärfende Wüstenbildung weiter Teile der Subsahara wird zusätzlich von um sich greifenden landwirtschaftlichen Anbauflächen vorangetrieben, auf denen Großkonzerne sogenannte Cash-Crops für den Weltmarkt anbauen. Laut der internationalen Arbeitsorganisation (ILO) leben 30 % der Unter-25-Jährigen im subsaharischen Afrika von weniger als 1,90 US-Dollar am Tag, weiteren 38 % stehen weniger als 3,10 US-Dollar täglich zur Verfügung.[303]

Auch das Leerfischen küstennaher Gewässer durch EU-europäische und japanische Trawler-Flotten beraubt Millionen afrikanischer Familien ihrer Subsistenzgrundlage. Dazu kommt der von Frankreich provozierte und von den USA, Katar und Ägypten mitgetragene Krieg gegen Libyen, der dort zum völligen Zusammenbruch der Staatlichkeit geführt und – ganz nebenbei – die 1700 Kilometer lange libysche Küste zum idealen Ausgangspunkt für afrikanische Migranten gemacht hat.

Als wesentlicher Pull-Faktor meldete sich dann wie oben beschrieben am 31. August 2015 die deutsche Kanzlerin Angelika Merkel zu Wort und setzte mit ihrem »Wir schaffen das« de facto das Schengen-System

---

303 Statistik der ILO für 2017, zit. in: *Die Presse* vom 21. November 2017

und die Dublin-Verordnung außer Kraft. Ungarn fand sich in einer besonders prekären Situation wieder, weil ihm von den Dublin-Regeln, nach denen ein Asylantrag in jenem Land behandelt werden muss, in dem der Flüchtling erstmals EU-europäischen Boden betritt, die Rolle als Frontstaat zugewiesen wurde. Nun sollen also Ungarn und die Slowakei (ebenso wie Polen, Tschechien und alle anderen osteuropäischen EU-Länder) laut Spruch des Europäischen Gerichtshofs vom Juni 2017 quotiert Flüchtlinge aufnehmen; im Namen der Solidarität, wie Berlin nicht müde wird hinzuzufügen. Welcher Solidarität? Mit Griechenland und Italien, wo täglich Hilfesuchende stranden, die Merkels Diktum im Ohr und das Zielland Deutschland vor sich haben? Wohl eher mit Deutschland, das schon lange und wiederum ohne Absprache mit anderen dazu übergegangen ist, Asylanträge massenhaft abzulehnen und Flüchtlinge zurückzuschieben. Dafür ist Solidarität allerdings der falsche Begriff. Es müsste wohl eher Ostabschiebung heißen. Viktor Orbán meinte dazu bereits Anfang September 2015, dass die Lösung der Flüchtlingskrise kein ungarisches Problem, sondern ein deutsches sei. Er hätte hinzufügen müssen: auch eines der gesamten westlichen Allianz.

Was die große muslimische Wanderung der Jahre 2015 und 2016 noch bewirkt, ist de facto das Ende der Dublin-Regeln. Dieser bislang drei Mal erneuerte und reformierte Vertrag, den neben sämtlichen EU-Ländern noch Norwegen, die Schweiz und Island unterschrieben haben und der im Juni 2013 die Form »Dublin III« angenommen hat, war explizit nie als Mechanismus zur gerechten Verteilung von Flüchtlingen gedacht. Im Gegenteil: Er zwang den Staaten an der Peripherie der Europäischen Union die administrative Behandlung der nach EU-Europa fliehenden Menschen auf. Darauf nun mithilfe des Europäischen Gerichtshofs noch die »gerechte« Verteilung von Asylantragstellern aufzubocken, ist schon ein frecher imperialer Akt. Im Dublin-Duktus ist in solchen Fällen von Übernahmeersuchen die Rede, die vornehmlich Berlin, Wien, Bern und Paris an Athen, Rom oder Budapest stellen. Schon im Jahr 2014 stellte Deutschland sieben Mal so viele Übernahmegesuche – sprich: Rückschiebeanträge – als es von anderen Mitgliedstaaten erhielt, konkret: 35.115 an

Italien, Bulgarien, Ungarn und andere Frontstaaten.[304] Österreich bekam dies geografiebedingt als allererstes zu spüren. Allein im ersten Halbjahr 2016 wurden auf diesem Weg 11.600 abgelehnte Asylantragsteller nach Österreich deportiert,[305] ihre geplante Durchreichung nach Ungarn stieß phasenweise auf Probleme. Mit der Bildung einer neuen rechten Regierung in Wien Ende 2017 wurde die Gangart gegenüber geflüchteten Muslimen härter. Bundeskanzler Sebastian Kurz ließ verlauten, in seiner Legislaturperiode 50.000 Menschen abschieben zu wollen.[306]

Bereits 2016 begann auch Berlin, die Schlagzahl der Abschiebungen merklich zu erhöhen. Waren es 2014 noch 10.800 und 2015 20.800 abgelehnte Asylantragsteller, die außer Landes gebracht wurden, stieg die Zahl 2016 auf 25.300 und 2017 auf 24.000.[307] Mehr als doppelt so viele, nämlich 65.000, konnten trotz abgelehntem Bescheid nicht abgeschoben werden, weil sie keine Dokumente besaßen oder vorgaben, keine zu besitzen.[308]

Das Dublin-Verfahren scheiterte am Höhepunkt der Flüchtlingswelle. Das war schon Anfang September 2015 an der ungarisch-österreichischen und später an der slowenisch-österreichischen Grenze zu beobachten, als zigtausende Menschen, die meisten aus Syrien, ohne jede Kontrolle von österreichischen Stellen mit eigens bereitgestellten Sonderzügen und Buskolonnen nach Bayern verbracht wurden. Das Motto damals lautete: »Balkan auf für die Menschlichkeit«; sogar NGO-Vertreter wunderten sich, wie drei Journalisten später berichten, »warum am Grenzübergang Nickelsdorf nicht kontrolliert wird. (…) Will denn der Staat nicht wissen, wen er ins Land lässt?«, fragten sie.[309] Er wollte nicht. Was das österreichische Innenministerium im Verein mit den Bundesbahnen (ÖBB) wollte, war die rasche Durchfahrt der Gestrandeten nach Deutschland. Dort zählte man

304 Luft 2016, S. 73
305 Zahlen vom Bundesministerium für Inneres, zit. in: *Kurier* vom 2. Oktober 2016
306 http://orf.at/stories/2321941/
307 https://www.bpb.de/gesellschaft/migration/flucht/218788/zahlen-zu-asyl-in-deutschland# Abschiebungen (28.5.2018)
308 https://www.zeit.de/politik/deutschland/2018-03/duldung-abschiebungen-papiere-zusammenarbeit-botschaften (28.5.2018)
309 Vorabdruck aus: *Die Presse* vom 8. Oktober 2017: Christian Ultsch/Thomas Prior/Rainer Nowak, Flucht. Wie der Staat die Kontrolle verlor. Wien 2017

dann nach eifrigen Untersuchungen für das Jahr 2015 »217.237 unerlaubt eingereiste Ausländer an bundesdeutschen Grenzen«; in den 25 Jahren zuvor waren es niemals mehr als 50.000 pro Jahr gewesen.[310]

Auch beim weiteren Prozedere war die Europäische Union mit der Durchsetzung der Dublin-Regeln überfordert. Schon 2014 konnte nur jede sechste gerichtlich angeordnete Rücküberstellung eines abgelehnten Asylbewerbers durchgeführt werden. In den Jahren 2015 bis 2017 scheiterten Abschiebungen an unterschiedlichen Faktoren. So weigerte sich beispielsweise Griechenland, Flüchtlinge zurückzunehmen; nach Ungarn wiederum wollte Berlin aus Protest gegen die Orbán'sche Politik niemanden zurückschicken. »Dublin außer Betrieb« titelte dazu *Die Welt* am 21. Juni 2017.[311] Eine parlamentarische Anfrage der Partei Die Linke brachte das ganze Dilemma des Scheiterns der Dublin-Verordnungen ans Licht. Von den 16.631 im ersten Quartal 2017 offenen Rücküberstellungen in Ersteinreiseländer konnten nur 1344 durchgeführt werden. Mit anderen Worten: Das von Angela Merkel mit ihrem Willkommensgruß vom Sommer 2015 ausgehebelte Dubliner Regelwerk funktioniert auch im Nachgang überhaupt nicht.

Die Mehrheit der von Rückschiebungen Betroffenen taucht in dem Moment unter, in dem sie von der »Überstellung« nach Italien, Ungarn oder Bulgarien informiert wird. »Der Grundsatz, dass die Staatengemeinschaft und nicht der einzelne Flüchtling entscheidet, in welchem Dublin-Staat das Asylverfahren durchgeführt wird, ist somit obsolet geworden«, stellt der Bremer Politikwissenschaftler Stefan Luft fest.[312] Dazu kommen extreme Verfahrensmängel vor allem in jenen osteuropäischen Staaten, deren zuständige Stellen mit Asylanträgen keine jahrzehntelange Erfahrung haben; sie scheitern oft schon an dem unübersichtlichen Regelwerk aus Richtlinien und Verordnungen. Die offenen Grenzen vom Sommer 2015 stellten auch diesbezüglich eine Zäsur nicht nur im technischen Ablauf von Asylverfahren, sondern in der Migrationspolitik als Ganzes dar.

---

310 Einzig in den Jahren 1992 und 2014 lag diese Zahl mit 54.298 und 57.092 darüber. Siehe: Bundesamt für Migration und Flüchtlinge, Migrationsbericht 2015, Berlin 2016, S. 153
311 https://www.welt.de/politik/deutschland/article165742568/Athen-blockiert-Rueckfuehrung-von-Migranten-aus-Deutschland.html (25.4.2018)
312 Luft 2016, S. 77

Die Kosten

Leid und Elend sind monetär genauso schwer quantifizierbar wie erfolglose oder erfolgreiche gesellschaftliche Integration von MigrantInnen. Dies vorausgeschickt, sollte man vor Versuchen, volkswirtschaftliche Auswirkungen der großen muslimischen Wanderung der Jahre 2015/16 zu beziffern, dennoch nicht den Kopf in den Sand stecken.

Unbestritten und dennoch oft vergessen ist die Tatsache, dass die Herkunftsländer der Flüchtlinge die größte Last tragen. Verlässliche Zahlen über die durch Krieg und Krise verursachten Schäden bzw. die Wiederaufbaukosten gibt es – man möchte meinen: naturgemäß – nicht. Die Zerstörungen in Syrien sind jedenfalls enorm. Ein Weltbankbericht vom 10. Juli 2017 schätzt, dass bis dahin etwa 400.000 Bürgerkriegstote zu beklagen waren und etwa die Hälfte der Bevölkerung aus ihren angestammten Häusern fliehen musste. Es handelte sich um »die größte Flüchtlingskrise seit dem Zweiten Weltkrieg«.[313] Neben dem menschlichen Leid sind die Zerstörungen an der baulichen Substanz des Landes fast unabsehbar. Satellitenaufnahmen legen nahe, dass etwa ein Drittel aller Häuser und die Hälfte aller medizinischen und Bildungseinrichtungen dem Erdboden gleichgemacht wurden. In volkswirtschaftlicher Messgröße ausgedrückt, entstand durch die Kriegshandlungen ein Verlust von 226 Milliarden US-Dollar, was vier Mal dem Bruttoinlandsprodukt von 2010 entspricht, dem letzten Friedensjahr.[314] Im Irak sieht die Situation nicht besser aus, im Gegenteil: hier könnten kriegerische Konstellationen vor allem im nördlichen, kurdischen Siedlungsgebiet zu einem weiteren Auslöser für neue Flüchtlingswellen werden. An einen seriösen Aufbau in Afghanistan denkt ohnedies kaum jemand, weswegen hier die Kostenfrage unbeantwortet bleiben muss.

Neuere sozialwissenschaftliche Ansätze weisen auf die Haben-Seite der Abwanderung für periphere Regionen hin, wenn sie die rasant zunehmenden

---

313 http://www.worldbank.org/en/news/press-release/2017/07/18/the-visible-impacts-of-the-syrian-war-may-only-be-the-tip-of-the-iceberg (7.11.2017)
314 Ebd.

Geldströme der MigrantInnen in ihre Heimatländer thematisieren. Diese Hoffnung für unmittelbar vom Krieg zerstörte Länder hat freilich einen zynischen Beigeschmack. Wer Rücküberweisungen als Entwicklungsperspektiven für die Peripherie betrachtet, legitimiert die ungleichen Verhältnisse auf der Welt. Geschätzte 500 bis 800 Milliarden US-Dollar fließen jährlich als sogenannte Remittances (Rücküberweisungen) in die Herkunftsländer der Migration.[315] Dabei ist, laut Weltbank-Bericht, der Geldstrom von indischen, pakistanischen und bangladeschischen Arbeitern auf der arabischen Halbinsel in ihre Herkunftsländer mit 70 Milliarden US-Dollar für 2016 der breiteste.[316] Des Weiteren flossen 66 Milliarden US-Dollar Migrantengelder aus den USA, 25 Milliarden aus der Schweiz, 20 Milliarden aus Deutschland und 4 Milliarden aus Österreich.[317] Die von Rücküberweisungen abhängigsten Staaten sind Nepal, wo 31,2 % des Bruttoinlandsproduktes von Migranten an ihre Familien daheim überwiesen werden, und Kirgisien mit 30,4 %. In Europa führt diese zweifelhafte Hitliste Moldawien mit 21,7 % vor dem Kosovo mit 14,8 % an.[318] Die aktuellen Hotspots des Migrationsgeschehens, Syrien, Irak und Afghanistan, liefern entweder keine Daten an die Weltbank (Syrien) oder befinden sich in einem administrativen Zustand, der einen seriösen Vergleich nicht zulässt.

In den europäischen Zentrumsländern hingegen werden die budgetären Rechenmaschinen eifrig mit Migrationsdaten gefüttert. Hier hantieren der deutsche Bundesfinanzminister und seine EU-europäischen Kollegen mit konkreten Zahlen. Der Volkswirt Conrad Schuhler hat sich die Mühe gemacht, Budgetzahlen aus deutschen Ländern und Gemeinden sowie Kostenrechnungen für Flüchtlinge zu durchforsten. Sie ergeben ein einigermaßen belastbares Bild. Die direkt anfallenden Kosten, die ein Flüchtling in Deutschland verursacht, trennt er dabei von den um ein Vielfaches höheren Strukturkosten.

315 https://de.wikipedia.org/wiki/R %C3 %Cck %C3 %Cberweisung_(Migranten); vgl. auch: Oltmer 2016, S. 117

316 Im Jahr 2017 gingen die Remittances weltweit um 2,4 % zurück. http://www.worldbank.org/en/topic/migrationremittancesdiasporaissues/brief/migration-remittances-data (20.10.2017)

317 Ebd.

318 https://data.worldbank.org/indicator/BX.TRF.PWKR.DT.GD.ZS?end=2016&start=1970 (20.10.2017)

Eine Vereinbarung zwischen Berlin und den Ländern vom 24. September 2015 setzte eine Transferzahlung von 670 Euro pro Flüchtling und Monat fest, wobei die Ländervertreter einen höheren Bedarf von 1000 Euro anmahnten.[319] Bei 1,2 Millionen für einen geschätzten Zeitraum zu betreuenden Flüchtlingen errechnete der »Deutsche Städtetag« direkte Kosten von 16 Milliarden Euro.[320] Viel teurer kommen dann die Folgekosten in die Infrastruktur. Der zusätzliche Bedarf an Sozialwohnungen, auf die anerkannte Asylbewerber ein Recht haben, wird auf 250.000 geschätzt, wenn man davon ausgeht, dass die überwiegende Mehrheit der Flüchtlinge eine solche brauchen und auch beantragen. Das große Problem dabei: schon vor dem Jahr 2015 mangelte es an leistbarem Wohnraum. Standen im Jahr 1987 noch 3,9 Millionen Sozialwohnungen zur Verfügung, schrumpfte ihre Anzahl bis 2015 – trotz des mittlerweile vergrößerten Deutschlands – auf 1,4 Millionen.[321] Geht man von der günstigen Annahme aus, dass eine Sozialwohnung um 100.000 Euro gebaut werden kann, was sicherlich nur in Randlagen denkbar ist, dann stünden bei 250.000 für anerkannte Flüchtlinge benötigten Wohnungen 25 Milliarden Euro an Kosten an. Dazu kommt die medizinische Versorgung, die nach Angaben der Ärztekammer durchschnittlich 2300 Euro pro Flüchtling und Jahr kostet, mithin nochmals 2,7 Milliarden Euro. Sprachkurse, Schule und Ausbildung verschlingen weitere Milliarden; dabei sind die Kosten für die Rückführungen abgelehnter Asylbewerber oder beispielsweise die EU-Programme für den Außenposten Türkei noch nicht mit eingerechnet. Der Volkswirt Conrad Schuhler kommt nach vorsichtiger Berechnung auf 47 Milliarden Euro, die Deutschland jährlich zusätzlich aufbringen muss, seit die Wanderbewegung im Jahr 2015 alle Erwartungen bzw. Befürchtungen gesprengt hat.[322] Diese 47 Milliarden Euro entsprechen fast 15 % eines deutschen Bundesbudgets.

Mittel- bis langfristig wird auch die Arbeitslosigkeit steigen, wie eine Studie der OECD von Mitte Juni 2018 klar macht. In den wesentlichen

319 Schuhler 2016, S. 79
320 Ebd.
321 www.hausundgrund.de/presse_1131.html, zit. in: Schuhler 2016, S. 80
322 Eine solche Belastung könnte schätzungsweise fünf Jahre lang andauern. Schuhler, S. 81

Zielländern der großen muslimischen Wanderung – in Deutschland, Österreich und Schweden – rechnen die Arbeitsmarktexperten mit einer signifikanten Zunahme vor allem schlecht ausgebildeter Arbeitskräfte durch Flüchtlinge. Bis Ende 2020 könnte ihre Zahl in Österreich um 15,4 %, in Deutschland um 12,8 % und in Schweden um 9,3 % zunehmen.[323]

Die direkten Kosten, die einzelne EU-Staaten zu tragen haben, können als die in Zahlen gegossene Unzufriedenheit vieler BürgerInnen gelesen werden. Ein starker politischer Rechtsruck ist die Folge. Den nationalen Ausgaben zur Bewältigung der Migrationsfolgen müssen dann noch Kosten der Europäischen Union hinzugerechnet werden, die bei der Flüchtlingsabwehr – im politischen Korrektsprech als Grenzsicherung bezeichnet – anfallen. Die 2004 geschaffene »Europäische Agentur für die Grenz- und Küstenwache«, nach dem Akronym des französischen Begriffs für »frontières extérieures« Frontex genannt, bildet die gemeinsame Klammer. Die in Warschau ansässige Einrichtung verfügt im Jahr 2018 über ein Heer von 1500 binnen einer Woche einsatzbereiten Grenzschutzsoldaten (ihre Anzahl soll bis 2020 auf 10.000 aufgestockt werden), zwei Dutzend Flugzeuge, Hubschrauberstaffeln und etwa 100 Schiffe. Im Durchschnitt sind täglich allein 114 Deutsche an der EU-Außengrenze für Frontex unterwegs, sie stellen mit fast 22 % das größte Kontingent, gefolgt von Rumänen, Franzosen und Niederländern. Das Jahresbudget hat sich zwischen 2015 und 2017 von 143 Millionen Euro auf 302 Millionen verdoppelt,[324] nimmt sich aber im Vergleich mit der Belastung nationaler Budgets niedrig aus.

Frontex koordiniert die Zusammenarbeit der EU-Mitgliedstaaten an den Außengrenzen, nimmt regelmäßig Risikoanalysen vor, bildet Grenzschutzbeamte aus, unterstützt Rückführungsaktionen und ist selbst hauptsächlich im Mittelmeer aktiv. Während spezieller Operationen, die Namen wie »Poseidon«, »Hera«, »Amazon«, »Hermes 2011« oder »Xenios« tragen, kommt es immer wieder zu Zwischenfällen mit Toten und Verletzten. Berichte von Flüchtlingen, wonach Frontex-Einheiten ihre überfüllten

323 OECD (Hg.), International Migration Outlook 2018, zit. in: *Die Presse* vom 21. Juni 2018
324 http://frontex.europa.eu/assets/About_Frontex/Governance_documents/Budget/Budget_2017_N2.pdf (7.11.2017); http://www.faz.net/aktuell/politik/41-582-einsatztage-deutsche-leisten-meisten-dienst-an-eu-aussengrenzen-15527631.html (24.4.2018)

Boote zurück aufs offene Meer treiben, werden von Amnesty International, Pro Asyl und dem Evangelischen Entwicklungshilfedienst bestätigt.[325]

Für den EU-Haushaltsplan 2021 bis 2027 will Brüssel den Budgetposten für »Migration und Grenzmanagement« von 13 Milliarden Euro auf 35 Milliarden Euro aufstocken.[326]

Dramatische Vorgeschichten des in Europa anlandenden Elends sind in vielen Berichten und Erzählungen eindrucksvoll dokumentiert. Der italienische Journalist Fabrizio Gatti beschreibt in seinem gleichermaßen faszinierenden wie ernüchternden Buch »Bilal«,[327] wie mörderisch die Odyssee vom senegalesischen Dakar bis ins Aufnahmelager Lampedusa sein kann. »Als Illegaler auf dem Weg nach Europa«, so der Untertitel seiner Reportagen. Aufgrund seines dunklen Äußeren als Migrant gut getarnt, erzählt Gatti von jedem nur vorstellbaren menschlichen Leid, in dem dennoch immer ein Funke Hoffnung mitschwingt: ins gelobte Europa zu gelangen.

Zur Überwindung der extremen sozialen Differenz zwischen dem reichen Norden und dem armen Süden hat sich in den vergangenen Jahrzehnten ein Geschäftszweig herausgebildet, der die Wege der Migranten von den Push- zu den Pull-Ländern um teures Geld begleitet. Schlepper oder Schleuser sind mittlerweile komplexe Logistikunternehmen mit Kontinent-übergreifenden Netzwerken. Ihre Dienstleistungen umfassen neben dem direkten Transport beispielsweise über das Mittelmeer oder die Balkanroute die Anmietung von Wohnungen an neuralgischen Punkten entlang der Schlepperroute, die Auskundschaftung möglichst risikoarmer Wege und Zeiten für die Schleusung, mithin auch den Kontakt zu bestechlichen Exekutivorganen, die Versorgung mit Lebensmitteln und vieles mehr. Der Preis einer Schleusung orientiert sich an einer ganzen Reihe von Faktoren. Zuoberst schlägt die Gefährlichkeit der Route zu Buche, mit anderen Worten: je schärfer die Kontrollen seitens Frontex, nationaler Staatsgewalten oder paramilitärischer Gruppen entlang des Weges sind, desto teurer wird die Schleusung, desto tiefer muss

325   https://www.swr.de/report/presse/-/id=1197424/nid=1197424/did=5455466/1uao0n2/index.html
        (20.10.2017)
326   *Die Presse* vom 4. Mai 2018
327   Fabrizio Gatti, Bilal. Als Illegaler auf dem Weg nach Europa. München 2010

der Migrant als Kunde in die Tasche greifen. Neben der Kontrollintensität wirkt sich, wie in jedem anderen Geschäftszweig auch, die Nachfrage, das Verhandlungsgeschick und die Zahlungsfähigkeit des Kunden auf den Preis aus.[328] Ende 2017 muss ein subsaharischer Migrant mit mehreren Tausend Euro rechnen, um nach langen Irrwegen bis zur Nordküste Afrikas eines jener Boote besteigen zu können, die dann das Abenteuer Mittelmeerquerung auf sich nehmen. Das kann einer Familie ein oder zwei Jahreseinkommen kosten, die oft als Kredit auf das Wohnhaus aufgenommen werden, um ihren geistig gewandtesten und körperlich kräftigsten Sohn in Richtung Europa zu schicken. Dieser soll dann tunlichst mit seinem Vorhaben nicht scheitern; und wenn er es doch tut, dann ist es aus Gründen der Ehre und des finanziellen Einsatzes angeraten, dieses Scheitern zu verschweigen, also mit seiner Familie zu brechen.

Die Schleusung von der Türkei nach Griechenland war in den Jahren 2015/2016 um wesentlich weniger Geld zu haben. Nermin Ismail[329], die im Sommer 2015 als junge Journalistin entlang der Schlepperroute Türkei–Griechenland–Makedonien–Serbien–Ungarn–Österreich recherchierte, machte sich über das einträgliche Geschäft mit der Überfahrt kundig. Für 800 US-Dollar konnte man im Spätherbst 2015 einen Platz in einem Schlauchboot von der türkischen Küste auf eine griechische Insel erstehen, das statt den erlaubten 20 Flüchtlingen 40 bis 45 aufnahm. Ein Boot kostete dem Schlepper 2000 US-Dollar und brachte ihm bei maximaler Auslastung 35.000 US-Dollar; ein profitables Geschäft, auch wenn man davon noch die anfallenden Logistik- und Werbekosten in Abzug bringen muss. Hautnah erlebte die ägyptischstämmige Journalistin mit österreichischem Pass auch die Parallelität von Legalität und Illegalität auf der Reise von Asien nach EU-Europa. Während ihr am Basmane-Gar in Izmir ein Platz im überfüllten Schlauchboot für eine riskante nächtliche Überfahrt nach Griechenland um 800 US-Dollar angeboten wurde, nahm sie die im Hafen liegende halb leere Fähre für 20 Euro nach Mytilini auf Lesbos.[330]

---

328 vgl. Luft 2016, S. 42f.
329 Nermin Ismail, Etappen einer Flucht. Tagebuch einer Dolmetscherin. Wien 2016, S. 34
330 Ebd., S. 64

Dass sie dort erst nach einer Stunde und peniblen Überprüfungen ihrer EU-Dokumente von Bord gehen durfte, erinnerte sie dann nochmals daran, dass sie zwar einen österreichischen Reisepass bei sich, aber ein muslimisch gebundenes Kopftuch auf sich trug.

Der entscheidende Unterschied besteht neben dem Preis für die Überfahrt in ihrer Gefährlichkeit. Denn seit Anfang der 1990er-Jahre ertrinken mehr und mehr Menschen aus Afrika und Asien in den Fluten des Mittelmeeres. Jahr für Jahr zieht das kühle Massengrab Tausende in die Tiefe. Im Durchschnitt ertrinken täglich ein Dutzend Menschen in den Fluten des Mare Nostrum beim Versuch, nach Europa zu gelangen. Anfang der 2010er-Jahre vergossen die politischen Spitzen der Europäischen Union darüber Krokodilstränen, nachdem sie zuvor die Dramatik des Migrationsgeschehens systematisch kleingeredet hatten, um nicht über Ursachen und Auswirkungen nachdenken zu müssen. Nur fallweise und anlassbezogen, meist im Gefolge eines besonders opferreichen Unglücks, sprach der eine oder die andere von ihnen die Dimension des Problems an.

So zieht sich ein Bogen von einer frühen Wortmeldung des spanischen Regierungschefs Felipe González zum Willkommensgruß Angela Merkels. González nannte bereits im Jahr 1992 die über das Meer kommenden Migranten als »die größte Herausforderung, der Europa gegenübersteht«[331]; Merkel machte aus diesem Stehsatz ein Bekenntnis, ohne auf die Hintergründe zu achten und die Folgen zu gewärtigen. Die Kostenfrage ist nur eine davon.

Migration über die Asylschiene

Im Sommer 2018 kam es zu einem Paradigmenwechsel in der sogenannten Flüchtlingsfrage. Nur ein Jahr, nachdem Viktor Orbán im April 2017 für seine menschenverachtende Rhetorik im Europäischen Parlament hart kritisiert worden war, übernahmen die meisten EU-europäischen Staatenlenker sein Wording. Am EU-Ratsgipfel vom 28. und 29. Juni 2018

---

331 zit. in: Verónica Tomei, Europäische Migrationspolitik zwischen Kooperationszwang und Souveränitätsansprüchen. Bamberg 1997, S. 11, FN 5

herrschte Konsens darüber, Migration unter der Rubrik »Sicherheit« zu diskutieren. Man einigte sich darauf, Außenlager für »Illegale« errichten zu wollen – auch wenn mit den betroffenen Staaten insbesondere in Nordafrika, wo diese eingerichtet werden sollten, gar nicht verhandelt worden war.

In der Brüsseler Presseerklärung hieß es: »Der Europäische Rat forderte weitere Maßnahmen, um die illegale Migration einzudämmen und eine Wiederholung der unkontrollierten Migrationsbewegungen des Jahres 2015 zu verhindern.«[332] Der Willkommenshype endete im politischen Katzenjammer. Nun sah es so aus, als ob die Chancen, aus einem Überangebot an billigen Arbeitskräften die willigsten herauszuklauben, vor den Gefahren, die Kontrolle über die Gesellschaften der Zielländer zu verlieren, in den Hintergrund traten. Tiefgreifende Zerwürfnisse innerhalb liberal-konservativer Kreise, insbesondere zwischen der Berlin-deutschen CDU und der bayrischen CSU, lösten eine chaotische Debatte aus. Unausgegorene Vorschläge für den Umgang mit den als Gefahr identifizierten Flüchtlingswellen verbreiteten sich im Wochentakt über Staatskanzleien bis hinauf in die EU-Bürokratie. Die Errichtung von Lagern für die Kasernierung von Hilfesuchenden schien vielen als Königsidee. Wo diese aufgebaut werden sollten, darüber entbrannte eine heftige Debatte: außerhalb der deutschen Grenze oder unmittelbar innerhalb, an den Außengrenzen der EU entlang der Mittelmeerküste und Albanien oder südlich der Sahara. Wer das Gerangel darum genauer verfolgte, konnte sich des Eindrucks nicht erwehren, dass im Sommer 2018 Dilettanten am Werk waren; dies umso mehr, als dass die rechtliche Substanz für die Umsetzung der unterschiedlichen Vorschläge fehlte. So war beispielsweise unklar, ob von Lagern, die auf bayrischem Boden direkt an der österreichischen Grenze liegen, eine Rückweisung von Asylbewerbern, die bereits in einem anderen EU-Staat registriert wurden (die sogenannten »Sekundärmigranten«) rechtlich möglich ist; immerhin befanden sie sich zu diesem Zeitpunkt ja bereits auf deutschem Boden, müssten also ausgewiesen, nicht rückgewiesen werden. Dass eine solche

332 http://www.consilium.europa.eu/de/meetings/european-council/2018/06/28-29/ (11.7.2018)

Ausweisung im Falle der Ablehnung einer Rücknahme jenes EU-Staates, in dem der Flüchtling seinen Erstantrag gestellt hatte, ausgerechnet nach Österreich erfolgen sollte, war ebenfalls juristisch nicht gedeckt.

Noch ungeklärter stellte sich im Sommer 2018 die Situation an den Außengrenzen der Europäischen Union dar. Um afrikanische Flüchtlinge in Libyen, Tunesien, Ägypten oder in Mali, Niger oder dem Tschad zu kasernieren, bräuchte es zumindest formal Vereinbarungen mit dortigen Regierungen oder – vor allem im Falle Libyens – regionalen Machthabern. Die französisch-koloniale Vorgangsweise, einfach per Luftlandetruppen Territorien zu kontrollieren, wurde offiziell von Brüssel nicht in Erwägung gezogen. Bei Redaktionsschluss dieses Buches war die Debatte, wie sich der Paradigmenwechsel in der Flüchtlingspolitik konkret niederschlagen wird, im vollen Gange. Der EU-Ratsbeschluss vom 28. Juni 2018 gab die groben Linien erst mal für in Seenot geratene Flüchtlinge vor. »Um das Geschäftsmodell der Schleuser endgültig zu zerschlagen (…)«, hieß es da in gewohnter Verdrehung von Ursache und Wirkung, »darf es (für Flüchtlinge, d. A.) keinen Anreiz dafür geben, sich auf eine gefährliche Reise zu wagen. Dies erfordert einen neuen, auf gemeinsamen oder einander ergänzenden Maßnahmen der Mitgliedstaaten beruhenden Ansatz im Hinblick auf die Ausschiffung der durch Such- und Rettungseinsätze geretteten Menschen. In diesem Zusammenhang fordert der Europäische Rat den Rat und die Kommission auf, das Konzept regionaler Ausschiffungsplattformen in enger Zusammenarbeit mit den betreffenden Drittländern sowie dem UNHCR und der IOM zügig auszuloten.«[333]

Der im Brüsseler Diktum geübte Leser versteht darunter, dass die ersten Lager für Flüchtlinge »Ausschiffungsplattformen« heißen und die ersten Insassen im Mittelmeer aufgebrachte Schwarzafrikaner sein werden. Des Weiteren wird dann in den Schlussfolgerungen des EU-Rats den einzelnen Mitgliedstaaten anheimgestellt, »auf rein freiwilliger Basis« Zentren einzurichten, »in denen eine rasche und gesicherte Abfertigung es (…) ermöglichen würde, zwischen irregulären Migranten, die rückgeführt werden, und Personen, die internationalen Schutz benötigen (…) zu

---

333 http://www.consilium.europa.eu/media/35938/28-euco-final-conclusions-de.pdf (11.7.2018)

unterscheiden.«[334] Wo solche Lager errichtet werden sollen, vor oder hinter welcher Grenze, bleibt ungenannt.

An dieser Stelle beginnen sich allerdings die Nebel der chaotisch und oft undurchsichtig verlaufenden Debatte zu lichten. Die Selektion in »Irreguläre« und »Schutzbedürftige« böte ein Vorbild, in Lagern, die unter dem Terminus Aufnahmezentren fungieren, auch zwischen solchen Flüchtlingen, die wirtschaftlich brauchbar und anderen, die überflüssig sind, zu unterscheiden. Die neue Art der Migration liefe über subsaharische, nordafrikanische oder in Albanien angesiedelte Lager, die je nach wirtschaftlichem Bedarf der europäischen Zentralräume Asylbescheide ausstellen. Damit hätten EU-Staaten wie Deutschland oder Österreich die Möglichkeit, Arbeitskräfte über die Asylschiene ins Land zu holen. Der in der breiten Öffentlichkeit ohnedies bereits gängigen Vermischung von Asyl und Migration wäre auch offiziell zum Durchbruch verholfen. Die große Wanderung der Muslime kanalisiert sich in Hotspots an der EU-europäischen Peripherie.

334 Ebd.

GESELLSCHAFTLICHE AUSWIRKUNGEN DER MIGRATION:
Die soziale Differenz ökonomisch nutzbar machen

Wer sich über soziale Auswirkungen von Massenwanderungen ein Bild machen will, wird feststellen, dass es mit *einem* Bild bei Weitem nicht getan ist. Die Situation in den Herkunftsländern unterscheidet sich wesentlich von jener in den Zielländern der Migration, ist doch gerade diese Differenz ihre Triebfeder. Dementsprechend sind die Wirkungen auf das soziale Gefüge in den Push- und Pull-Regionen nicht vergleichbar, und auch nicht komplementär, wie das globalistische Modernisierungstheorien nahelegen. Soziale Verwerfungen in den Migrationsgesellschaften des Aufbruchs und des Ankommens unterscheiden sich markant. Damit werden wir uns in der Folge auseinandersetzen.

Doch auch diese beiden Bilder einer Emigrationsgesellschaft auf der einen und einer Immigrationsgesellschaft auf der anderen Seite genügen nicht, um die Gesamtheit der Problemstellung darzustellen. Denn die Push- und Pull-Faktoren ändern sich im Zeitenlauf, was ökonomischen und politischen Entwicklungen sowie militärischen Absicherungen derselben geschuldet ist. Mit anderen Worten: Wirtschaftliche Zentralräume, die üblicherweise MigrantInnen anziehen, können ihre führende Position und damit ihre Attraktionskraft als Pull-Region im Weltsystem verlieren bzw. umgekehrt können periphere Gebiete für Menschen aus anderen Regionen eine vielversprechende Zukunft bieten und damit eine Anziehungskraft entwickeln. Randständigkeit kann auf diese Weise zu einem Pull-Faktor werden. Die weißen europäischen Siedlergesellschaften in den beiden Amerikas, Australien, Neuseeland, dem südlichen Afrika und Palästina geben dafür historische Beispiele ab.

Wie sich die wirtschaftliche Sogwirkung auf Wanderungsbewegungen historisch zwischen zwei Regionen ändern kann, zeigt beispielsweise die

Ablöse der sogenannten »Hollandgängerei« durch die »Preußengängerei« im 19. Jahrhundert. Waren es davor die holländischen Nordseegebiete, die deutsche Migranten als saisonale Landarbeiter, aber auch als Deichbauer anzogen, drehte sich die Wanderungsrichtung im Laufe des 19. Jahrhunderts um. Nun strömten niederländische »Preußengänger« vor allem ins Ruhrgebiet. Aufstrebende Industriezentren wie Oberhausen oder Essen galten als Zielpunkte zigtausender Holländer, die allerdings nicht wie die deutschen Migranten zuvor vor allem saisonal arbeiteten, sondern in die Bergwerke und Fabriken strömten.[335] Als »Preußengänger« bezeichnete man zur selben Zeit auch Menschen ganz anderer Herkunft, nämlich mittellose Polen und Ukrainer, die zur Saisonarbeit in die ostelbische Landwirtschaft wanderten.

Entsprechend unterschiedlich präsentierten sich auch die sozialen Auswirkungen. Deichbau und landwirtschaftliche Arbeit waren abhängig von den Jahreszeiten, die Fabrik hingegen lief rund um das Jahr und rund um die Uhr. Die sozialen Auswirkungen dieses Unterschieds liegen auf der Hand. Wenn Migranten einen Lebensmittelpunkt im Herkunftsland behalten, wie es bei der Saisonarbeit gegeben ist, zwingt sie das Pendeln zwischen Arbeit und Familie zur ständigen Mobilität. Fabrik- oder Bergarbeiter hingegen können einer ähnlichen Mobilität nur durch politische Entscheidungen unterworfen werden, weil das Zielland beispielsweise eine permanente Ansiedlung verhindern will, wie es immer wieder passiert. Wo dies nicht der Fall ist, rücken soziale Probleme wie fester Wohnsitz, Ausbildung für die Kinder und die Frage der Integration in den Mittelpunkt der Debatte.

Mit dem massenhaften Import polnischer Arbeiter gegen Ende des 19. Jahrhunderts in das Ruhrgebiet, den sogenannten »Ruhrpolen«, die dazu beitrugen, dass zwischen 1871 und 1910 die Bevölkerungszahl von 550.000 auf 3 Millionen anstieg, entstand dann eine für die beginnende Industriegesellschaft typische gemischte Bevölkerungsstruktur.

---

335 Klaus J. Bade, Europa in Bewegung. Migration vom späten 18. Jahrhundert bis in die Gegenwart. München 2000, S. 86f.

Vom Armenexport zur Kolonisierung

Einer der ersten Migrationsforscher, der als solcher allerdings in der aktuellen Debatte nicht wahrgenommen wird, ist der 1766 geborene englische Sozialphilosoph und Nationalökonom Robert Malthus. Sein rassistischer Zugang liest sich heute abstoßend, gleichwohl weist er auf die Triebfedern von Massenwanderungen hin. Der Widerspruch zwischen der potenziell unbeschränkten »Vermehrbarkeit« des Menschen und dem durch Produktivitätshemmnisse beschränkten »Nahrungsspielraum«[336] treibt ihn um. In seiner 1798 erschienenen Streitschrift über das Bevölkerungsgesetz wandte er sich gegen die damals herrschende Meinung und führte das in den unteren Klassen verbreitete menschliche Elend im frühindustriellen England auf die wachsende Bevölkerungszahl zurück.[337] Daraus entstehe, so die malthusianische Theorie weiter, ein »differenzieller Bevölkerungsdruck«,[338] der in der unterschiedlichen »Bevölkerungsdichtigkeit« von Regionen »auf der einen Seite eine ausstoßende, auf der anderen Seite eine anziehende Wirkung erzeugt«.[339]

Heute haben sich die Parameter der sozioökomischen Ungleichzeitigkeiten verschoben, ungleiche Verhältnisse sind aber ausschlaggebend dafür geblieben, wenn Menschen ihre Herkunftsregion auf der Suche nach besseren Lebensgrundlagen verlassen (müssen). Starke Einkommensunterschiede prägen das Migrationsbild unserer Tage. Da ist dann in der Forschung von »Lohnsog« als »migrationsbestimmender Kraft« die Rede.[340] Und aus ausstoßenden und anziehenden Wirkungen sind neusprachlich Push- und Pull-Faktoren geworden.

Eine erste sozialpolitisch gelenkte Massenwanderung fällt in die Zeit des frühindustriellen Englands. Im späten 18. Jahrhundert ermächtigte das

336 Siehe: Alexander und Eugen Kulischer, Kriegs- und Wanderzüge. Weltgeschichte als Völkerbewegung. Berlin-Leipzig 1932, S. 6
337 Thomas Robert Malthus, Essay on the Principle of Population (Versuch über das Bevölkerungsgesetz). London 1798, ursprünglich anonym veröffentlicht.
338 Warren Thompson, Danger spots in world population. New York 1929, S. 13, zit. in: Kulischer 1932, S. 6
339 Kulischer 1930, S. 6
340 Bade 2000, S. 102

Parlament in London die reichen Landlords, durch grundherrschaftliche Einhegungen allgemein nutzbare und genutzte Agrarflächen zu privatisieren. Damit war ein lang anhaltender Kampf um allgemeine Nutzung oder privaten Besitz von Grund und Boden zugunsten von Letzterem entschieden. Erste enclosures hatte es bereits Anfang des 15. Jahrhunderts gegeben. Damals begannen adelige Landeigentümer einzelnen bäuerlichen Untertanen Grund und Boden, die sie zuvor als Lehen vergeben hatten, zu verpachten, was diese von der persönlichen, feudalen Abhängigkeit befreite und einer kapitalistischen Logik unterwarf. Um Pachtland zu schaffen, mussten allerdings bestehende Ansprüche und Rechte von Kleinbauern auf Landnutzung beiseite geräumt werden.[341] Diese frühen Einhegungen lösten blutige Bauernrevolten wie jene von John Dudley aus; sie stießen auch bei der Krone auf Widerstand.

Im deutschen Norden, insbesondere im Königreich Hannover, gab es Anfang des 19. Jahrhunderts ähnliche Entwicklungen, die Allmende im Zuge einer Neuverteilung von Grund und Boden den Feudalherren zuzusprechen. Schafherden der Reichen weideten nun auf dem Land, das vormals Arme genutzt oder gepachtet hatten. In der Folge verließen hunderttausende besitz- und pachtlose Familien jenes Land, das kein Auskommen mehr für sie bot, und migrierten in die eben neu entstehenden Industrieregionen, in denen sie einer extremen und bis dato nicht gekannten, durch den Takt der Maschine vorgegebenen Vernutzung ausgesetzt waren. Das Elend des literarisch vielfach beschriebenen Pauperismus der Unterklassen nahm hier seinen Anfang. Genau dieses Massenelend, oder besser: die Angst vor Hungerrevolten und Aufständen der Elenden, war es dann, die zu einer Politik des Armenexportes nach Übersee führte.

Der britische Abgeordnete Charles Buller sprach von der Notwendigkeit des »Ausschaufelns der Verarmten« per Emigration in die britischen Kolonien.[342] Durch diesen Armenexport, so die herrschende Meinung, würde

341   Andrea Komlosy, Arbeit. Eine globalhistorische Perspektive. 13. bis 21. Jahrhundert. Wien 2014, S. 110
342   Bade 2000, S. 175

die Gefahr von Revolten sinken und sich die äußerst gefährliche soziale Situation in den Industriezentren entspannen. Die Beruhigung auf den Arbeitsmärkten rund um die Textil- und Metallfabriken, auf die immer neue Arme aus den ländlichen Gebieten strömten, würde den Konkurrenzdruck senken und die Löhne ansteigen lassen. Überschüssige Arbeitskräfte würden eben »ausgeschaufelt«, nach Amerika verschifft, um so dem Gespenst einer Revolution vorzubeugen. Ein eigens installiertes parlamentarisches Auswanderungskomitee unter der Führung von Robert Horton sorgte in den späten 1820er-Jahren für die Umsetzung dieses Konzeptes. Das britische Modell des Armenexports traf sich mit den Expansionswünschen der weißen Siedler in den USA, die die »Ausgeschaufelten« aus Europa für die Landnahme in Amerika brauchen konnten.

Zur Mitte des 19. Jahrhunderts entwickelten Kreise um den utilitaristischen Philosophen Jeremy Bentham ein expansionsorientiertes Modell zur Verwertung überschüssiger Arbeit, das weit über den Armenexport hinausging, diesen aber einschloss. Bentham gilt als einer der wichtigsten Sozialreformer des frühindustriellen Zeitalters. Mit seinem Einsatz für Frauenwahlrecht, sexuelle Freizügigkeit und Tierrechte würde man ihn heute als Kämpfer für Diversität bezeichnen. Als Vorkämpfer für Demokratie und Feminismus genießt er auch fast 200 Jahre nach seinem Tod in liberalen Kreisen höchste Anerkennung.[343] Dass sein Kampf um Menschenrechte allerdings ein von Kapitalinteressen getriebener war, zeigt sich an seinen wirtschaftsliberalen Vorstellungen, die in ein Konzept der »systematischen Kolonisation« mündeten. Als Praktiker des Kolonialismus warben er und sein Kreis der «Philosophischen Radikalen« für eine dreifache Exportoffensive von Waren, Kapital und Menschen in die englischen Kolonien Nordamerikas. Neben überschüssigen Armen sollten ebenso überschüssig produzierte Waren und Kapital die britische Kolonialherrschaft jenseits des Atlantiks sichern.[344]

Migration war in den Augen der Bentham'schen Utilitaristen ein wirtschaftspolitisches Instrument, das zu Hause sozialen Frieden bewahren

343 https://de.wikipedia.org/wiki/Jeremy_Bentham (26.12.2017)
344 Bade 2000, S. 176/177

183

und in Übersee Herrschaft stabilisieren sollte. Der weitere Verlauf des 19. Jahrhunderts mit seinen Revolutionen zeigte, dass dieser Plan zumindest diesseits des Atlantiks scheiterte.

Die Triebkraft der sozialen Divergenz

»Während noch in den 1990er-Jahren Einwanderung fast ausschließlich als Gefahr und Problem beschrieben wurde, erinnert sei an die geschmacklose Metapher vom ›vollen Boot‹, wird Migration heute zunehmend als notwendiges, gar erfreuliches Phänomen angesehen.« Im Jahr des Redaktionsschlusses für dieses Buch, 2018, scheint obiges Zitat wie aus der Zeit gefallen. Erschienen ist es nur vier Jahre zuvor, 2014, in einem von zwei deutschen Gewerkschaftern herausgegebenen Band.[345]

Dass sich die Einschätzung von Autor und Herausgeber Patrick Schreiner nur wenige Monate nach Drucklegung dermaßen wirklichkeitsfremd liest, hat nur vordergründig mit der großen Wanderung der Muslime in den Jahren 2015/2016 zu tun, die Migration zum entscheidenden gesellschaftlichen Reibebaum in Deutschland und darüber hinaus in vielen Teilen EU-Europas hat werden lassen. Ein »erfreuliches Phänomen« war sie zu diesem Zeitpunkt nur für eine kleine Minderheit, die Mehrheit betrachtete sie als »Gefahr und Problem«. Die Fehleinschätzung des Gewerkschafters Schreiner wurzelt tiefer. Sie ist einem Wahrnehmungsverlust sozialdemokratischer Politik geschuldet, die sich seit der britischen New Labour des Tony Blair und der Agenda 2010 des Gerhard Schröder dem globalistischen Weltbild angedient und mit ihm die Opfer der Globalisierung aus dem Blick verloren hat.

Massenhafte zwischenstaatliche Migration ist Ausdruck sozialer Missstände, und zwar sowohl in den Herkunfts- als auch in den Zielländern. Dieser Befund widerspricht freilich der Grundthese der vier kapitalistischen Grundfreiheiten, nach denen der Verkehr von Kapital, Waren, Dienstleistungen und Arbeitskraft möglichst ungehindert funktionieren soll – zum

---

345   Patrick Schreiner, Migration, Lohnkonkurrenz und die vier Grundfreiheiten in Europa. In: Hartmut Tölle/Patrick Schreiner (Hg.), Migration und Arbeit in Europa. Köln 2014, S. 108

Wohle aller, wie von den Apologeten der Globalisierung üblicherweise hinzugefügt wird.

Für viele Unternehmensbranchen bedeutet Migration nichts anderes als die Mobilisierung von Arbeitskräften, die billig zu haben sind. Kapitalvertreter würdigen Migration dementsprechend als positiv, begleitende Medien erfinden dazu eine passende Ideologie und sprechen von »Weltoffenheit«. Manchmal äußern sich auch politische Vertreter diesbezüglich offen und ehrlich, wenn beispielsweise der bayrische Innenminister Günther Beckstein (CSU) im Jahr 2000 meint: »Wir wollen nicht, dass mehr Menschen in unser Land kommen, sondern wir fordern ein spürbares Umsteuern, damit weniger kommen, die uns ausnützen, und mehr, die uns nützen.«[346] Wenn allerdings Gewerkschafter Einwanderung als »erfreuliches Phänomen« wahrnehmen, dann haben sie entweder – wie weiland SPD-Chef Schröder als »Genosse der Bosse« – die Klassenseite gewechselt oder sich im Dickicht eines Begriffswirrwarrs verirrt, in dem Solidarität zu einem undefinierten Bekenntnis verkommen ist. Denn Solidarität setzt Kollektivität und Gleichheit voraus. Extreme Unterschiede in der Lebens- und Arbeitsweise, insbesondere im Lohnniveau, sind nicht durch Solidarität auszugleichen. Der Kampf um soziale Konvergenz, also um die Herstellung von Gleichheit – ob das nun EU-weit oder weltweit geschehen soll – muss vor oder noch besser: statt der Mobilisierung der Armen und Auswanderungswilligen geführt werden. Bei einer Lohndifferenz von 8:1, wie sie 25 Jahre nach dem Zusammenbruch des Rats für gegenseitige Wirtschaftshilfe beispielsweise zwischen Deutschland und Bulgarien besteht, fällt Solidarität weder bei deutschen noch bei bulgarischen Arbeitern auf fruchtbaren Boden. Und bei unterschiedlichen Lebenswelten wie jenen von afghanischen oder jemenitischen Flüchtlingen auf der einen und mitteleuropäischen Haushalten auf der anderen Seite bleibt jenseits des gegenseitigen Exotismus auch kein Platz für ein solidarisches Miteinander. Sich dies einzugestehen, darf nicht gleichbedeutend mit einer migrantenfeindlichen Einstellung sein, sollte aber zu einer migrationskritischen Haltung führen. Auf abstrakterer Ebene hat sich diese notwendige Unterscheidung in der

346 Günther Beckstein, zit. in: Tölle/Schreiner 2014, S. 109

Einschätzung des Migranten und der Migration längst durchgesetzt: Die Flucht- und Migrationsursachen sind zu bekämpfen, nicht die Flüchtlinge und Migranten, heißt es zu Recht.

Tatsächlich hat sich die Dreieinigkeit der aus Kapital, meinungsführenden Medien und liberalen Politikkreisen bestehenden Elite darauf verständigt, Einwanderung unter den Aspekt der Verwertbarkeit zu stellen; ganz nach dem Motto: die Brauchbaren ins Land, die Unbrauchbaren vor die Grenzbalken. Dies ist der Konsens zwischen einer wirtschaftsliberalen Sicht, die sich gerne auch massenhafte Einwanderung vorstellt, aus der dann die besten ausgesucht werden können, Sozialdemokraten und einer eher kulturliberal geprägten migrationsaffinen Szene.

So sprach sich der damalige SPD-Parteichef und spätere Außenminister Sigmar Gabriel im Mai 2016 für ein neues Einwanderungsgesetz aus, das MigrantInnen in einer für wirtschaftliche Zwecke nutzbringenden Datenbank erfasst. Sein Thüringer Genosse und Landesvorsitzender, Andreas Brausewein, rief das kanadische Modell einer Punktetabelle in Erinnerung, in der jeder potenzielle Immigrant nach Alter, Bildungsstand, Sprachkenntnissen und Berufserfahrung katalogisiert wird, um ähnlich einer Auflistung von Qualitätsmerkmalen bei Versandkatalogen seine (Arbeits) Marktchancen zu bestimmen. Die Partei Die Linke steht dem Modell aufgeschlossen gegenüber, ihre thüringische Migrationssprecherin Sabine Berninger äußerte in einem Zeitungsinterview zwar Bedenken gegen »nationale ökonomische Nützlichkeitserwägungen«, war aber zugleich mit einem unverfänglicheren Wording bei der Hand und sprach von einer »aktiven Einwanderungspolitik«, auf die sie sich gemeinsam mit der SPD und den Grünen freue.[347]

Wie eine solche marktkonforme Migration ganz konkret aussehen könnte, dafür haben die österreichischen Grünen bereits zehn Jahre zuvor ein Programm ausgearbeitet. In einem penibel aufgelisteten Punktesystem geht es dabei darum, 65 solcher Punkte zu erreichen, womit der Migrant berechtigt wäre, einen einheimischen Arbeitsplatz einzunehmen. Die langjährige grüne Migrationssprecherin und Abgeordnete zum Nationalrat,

347 Susan Bonath, Marktkonforme Migration. In: *Junge Welt* vom 19. Juni 2016

Terezija Stoisits, entwarf fünf Kategorien, in denen solche wanderungs-begünstigenden Punkte gesammelt werden könnten: Ausbildung, Alter, Sprachkenntnisse, Arbeitserfahrung und bereits ansässige Verwandte.[348] Bei der Kategorie Alter waren für 21- bis 35-Jährige 10 Punkte drinnen, während über 46-Jährige nur mit 4 Punkten rechnen durften. Für deutsche und englische Sprachkenntnisse konnten sich Migrationswillige 10 Punkte abholen, andere Sprachen – wie z. B. die Muttersprache der Burgendland-kroatin Stoisits – wurden minder bewertet. Stoisits war es nicht zu peinlich, noch mehr ins Detail zu gehen. So rechnete sie beispielsweise vor, dass eine Informatikerin aus einem Nicht-EU-Land knapp 65 Punkte erlangen konnte, wenn sie 26 Jahre alt, zwei Jahre Arbeitserfahrung in der Branche, gutes Englisch, aber kein Deutsch sprach und ihr Bruder bereits seit sechs Jahren in Österreich lebte. Das ergab exakt 65 Punkte – und damit die Schengen-Freifahrt mit Arbeitserlaubnis. Für eine 42-jährige Buchhalterin mit einem College-Abschluss, 15 Jahre Berufserfahrung, davon zwei Jahre in Österreich, guten Deutschkenntnissen und keinen Verwandten in Österreich ging es sich leider nicht aus: 60 Punkte – unbrauchbar.

Die grünen Vorschläge fanden sich dann ein wenig abgewandelt in dem Punkterechner der 2011 beschlossenen Rot-Weiß-Rot-Karte wieder, mit der »ein flexibles, neues Zuwanderungssystem eingeführt (wurde), das qualifizierten Arbeitskräften aus Drittstaaten eine auf Dauer ausgerichtete Zuwanderung nach Österreich ermöglicht.«[349] Die Einführung von Qualitätskriterien für den Import von nützlichen Arbeitskräften ist freilich so scheinheilig wie unrealistisch, sind doch die wanderungsauslösenden Pull- und Push-Faktoren mit dem Drehen einer Stellschraube am komplexen System ungleicher wirtschaftlicher und sozialer Verhältnisse nicht in den Griff zu bekommen.

Die europäischen Zentren erleben seit über einem halben Jahrhundert einen ständigen Zufluss ausländischer Arbeitskräfte, die fast im Jahrzehntetakt wellenmäßig aus unterschiedlichen Regionen des Ostens und Südens einwandern. Von den GastarbeiterInnen der 1960er-Jahre

348 *Kurier* vom 7. Juni 2006
349 http://www.ams.at/_docs/001_RWR_Schluesselkraft.pdf (2.1.2018)

aus Jugoslawien, Portugal, Griechenland, Italien und der Türkei über die postkommunistische Migration aus Polen und der Slowakei sowie die Vertriebenen aus Bosnien und dem Kosovo in den 1990er-Jahren bis zu den Kriegsflüchtlingen aus Syrien, Afghanistan und dem Irak in den 2010er-Jahren ergießt sich ein permanenter Strom an Menschen aus Krisen- und Billiglohngebieten in die EU-europäischen Zentralräume.

Selbst die geringe historische Distanz zu den Ereignissen lässt bereits den Schluss zu, dass eine Hauptfunktion der Migration in den Zielländern darin besteht, einen ständigen Druck auf die Löhne aufrechtzuerhalten. Oder in der Sprache der Wissenschaft ausgedrückt: »Die Ausländerbeschäftigung konnte mithin (…) die Flexibilität des Kostenfaktors Arbeitskraft extrem steigern.«[350] Diese »Unterschichtung« einheimischer durch ausländische Arbeitskräfte rechtfertigte der deutsche Wirtschaftswissenschaftler August Sartorius von Waltershausen bereits im Jahr 1903 durch eine angebliche ökonomische Rationalität. Vor allem Arbeiten in der Landwirtschaft und im Bausektor seien »anstrengend, vielfach die Gesundheit aufreibend, oft schmutzig und widerlich«, urteilt von Waltershausen und nennt die ausländischen Schwer- und Drecksarbeiter »Arbeiterschicht zweiten Grades«, die wie »der Neger in den nordamerikanischen Oststaaten, der Chinese in Kalifornien, der ostindische Kuli in Britisch-Westindien, der Japaner in Hawaii, der Polynesier in Australien« die von ihnen erwarteten Funktionen erfüllen. Dass es einer solchen »Arbeiterschicht zweiten Grades« bedarf, daran ließ der Ökonom auch vor über 100 Jahren keinen Zweifel aufkommen: »Die Tatsache, daß inländische Arbeitslose vorhanden sind, darf keineswegs von vornherein die Einführung von Ausländern in allen Fällen ausschließen.«[351]

Der Zustrom an ausländischen Arbeitskräften garantiert neben dem ständigen Druck auf den Arbeitsmarkt einen Niedriglohnsektor. Billige Arbeitskräfte in der Landwirtschaft, am Bau, dem Hotel- und Gastgewerbe sowie in vielen anderen Branchen können in erheblichem Ausmaß

350 Bade 2000, S. 109
351 August Sartorius von Waltershausen, Die italienischen Wanderarbeiter, Leipzig 1903, S. 80; zit. in: Gianni d'Amato, Vom Ausländer zum Bürger. Der Streit um die politische Integration von Einwanderern in Deutschland, Frankreich und der Schweiz. Münster 2005, S. 78

unter Tarif in Form von nicht registrierter Arbeit – oder auch Schwarzarbeit – ausgebeutet werden. Damit ist es dem Unternehmer auch möglich, Investitionen aufzuschieben, weil die niedrigen Lohnkosten nicht zu einer Modernisierung zwingen. Zudem bilden die eingewanderten ArbeiterInnen, solange sie keine vollen Staatsbürgerrechte haben – was in der Regel mindestens zehn Jahre dauert –, einen konjunkturellen Puffer. Dies war z. B. während der Wirtschaftskrise 1966 zu beobachten, als beträchtliche Teile der ersten Gastarbeiterwelle aufgrund schlechter gewordener Konjunkturdaten wieder heimgeschickt wurden. Die Herkunftsländer hatten mit dieser unerwarteten Rückkehr sozialpolitisch schwer zu kämpfen.

Die Tatsache, dass ArbeiterInnen in Ländern wie Deutschland und Österreich seit Mitte der 1990er-Jahre trotz stetig steigender Produktivität mit Reallohnverlusten konfrontiert sind, ist unter anderem auch mit dem permanenten Zuzug immer neuer ArbeitsmigrantInnen zu erklären. Ausgangspunkt dafür ist eine fortschreitende Teilung von Arbeitsmärkten, die in einem zweiten Schritt auch bis dahin geschütztere Beschäftigungsverhältnisse trifft und Löhne drückt. So hat die gewerkschaftsnahe Hans-Böckler-Stiftung errechnet, dass die Reallöhne in Deutschland zwischen 1992 und 2012 um 1,6 % gesunken sind.[352] Die »Arbeitnehmerentgelte«, also inklusive Lohnsteuer und Sozialversicherung, sanken zwischen 2000 und 2008 um 11 %.[353] Das Statistische Bundesamt gab bekannt, dass eine Reallohnerhöhung um 2,6 % im Jahr 2016 dazu beigetragen hat, dass der durchschnittliche preisbereinigte Lohn eines Arbeiters in Deutschland erstmals wieder über das Niveau von 1992 gestiegen ist.[354] Mit anderen Worten: Erst nach 24 Jahren blieb dem deutschen Werktätigen ein klein wenig mehr im Portemonnaie.

Neben dem allgemeinen Lohndruck und Rationalisierungen wie der Digitalisierung von Produktions- und Dienstleistungssektoren trägt ein ständiger Migrationszufluss in den Zentren auch zu einer – wie es im

352 https://www.boeckler.de/pdf/pm_ta_2005_06_13.pdf (29.12.2017), http://www.bpb.de/nachschlagen/zahlen-und-fakten/soziale-situation-in-deutschland/61766/lohnentwicklung

353 Eurostat und Berechnungen des DIW Berlin, zit. in: Karl Brenke, Reallöhne in Deutschland über mehrere Jahre rückläufig (Wochenbericht des DIW Nr. 32/2009). Siehe: https://www.diw.de/documents/publikationen/73/diw_02.c.289465.de/09-33-1.pdf (29.12.2017)

354 https://www.finanzen100.de/finanznachrichten/wirtschaft/erschreckend-die-loehne-in-deutschland-sind-jetzt-kaum-hoeher-als-1992_H90774886_305209/ (29.12.2017)

liberalen Diskurs euphemistisch heißt – »strukturellen Arbeitslosigkeit«
bei. In den 1960er-Jahren konnte man bei Arbeitslosenzahlen von unter
2 % in Deutschland (bis 1972) und ebenfalls unter 2 % in Österreich (bis
1980) noch von Vollbeschäftigung sprechen, seither haben wir uns an
Prozentzahlen im hohen einstelligen bzw. sogar im zweistelligen Bereich
gewöhnt.[355]

Die Weltwirtschaftskrise 2007/2008 verschärfte dann die Situation auf
den Arbeitsmärkten sowohl in den zentralen wie in den peripheren Ländern
der Europäischen Union. Die Pufferfunktion der ArbeitsmigrantInnen
kam hierbei wieder einmal zum Tragen. So zeigt die schwedische Migra-
tionsstatistik deutlich, wie im Jahr 2008 bei polnischer und rumänischer
Immigration ein Rückgang festzustellen ist, bei gleichzeitiger Zunahme
der Rückwanderungen nach Polen und Rumänien.[356] Ähnliche Wande-
rungskurven weisen während der Wirtschaftskrise auch andere Zielländer
auf. Arbeitslosenquoten von fast 12 % in Deutschland (2005)[357] ließen die
Einwanderung kurzfristig zurückgehen. Die Austeritätspolitik der Troika
aus Europäischer Zentralbank, EU-Kommission und IWF führte dann in
der Folge der 2008er-Krise zu einem ökonomischen Roll-back insbesondere
in Griechenland, Italien und Spanien. Die dortige Jugendarbeitslosigkeit
explodierte im Jahr 2013 auf über 38 % in Italien und Portugal und auf
unfassbare 56 % bzw. 59 % in Spanien bzw. Griechenland.[358] Wenn ein
Drittel oder gar die Hälfte der jungen Menschen keine Zukunftschancen hat, muss man von einer in ihrer Heimat unbrauchbar gewordenen
Generation sprechen. Folgerichtig steigt bei den Jugendlichen der Wunsch,
auszuwandern. Einer Untersuchung des weltweit agierenden Meinungs-
forschungsinstituts Gallup zufolge wollen 24 % der Griechen, Spanier und
Italiener sowie 25 % der Portugiesen migrieren.[359] Nur die Flexibelsten

355 http://www.bpb.de/politik/innenpolitik/arbeitsmarktpolitik/155358/daten-und-fakten-
     arbeitslosigkeit?p=all; http://arbeitplus.at/statistiken/entwicklung-arbeitslosigkeit-seit-1946/ (29.12.2017)
356 Statistics Sweden, zit. in: Dietrich Thränhardt, Innereuropäische Migration zwischen guter
     Arbeit und Marginalisierung. In: Tölle/Schreiner 2014, S. 23/24
357 https://de.statista.com/statistik/daten/studie/1224/umfrage/arbeitslosenquote-in-deutschland-
     seit-1995/ (29.12.2017)
358 http://europa.eu/rapid/press-release_MEMO-13-464_de.htm (29.12.2017)
359 European Commission (ed.), EU Employment and Social Situation. In: Quarterly Review,

unter ihnen machen sich in die EU-europäischen Zentralräume auf, um dort ihr Glück zu versuchen.

Geteilte Arbeitsmärkte

Migration bewirkt neben Lohndruck auch die Teilung von Arbeitsmärkten. Der Grund dafür liegt, wie im gesamten sozial- und wirtschaftspolitischen Umgang mit massenhafter Mobilität, in einer von Kapitalinteressen getriebenen Politik.

Wären die in unzähligen Etappen gewerkschaftlich erkämpften Arbeits- und Sozialrechte inklusive kollektivvertraglicher Entlohnung eine unumstößliche Norm, die für jeden Beschäftigten gelten würde, käme die Dynamik des zentralräumigen Pull-Faktors im Migrationsgeschehen rasch zum Erliegen. Weil dem mitnichten so ist, entstehen neben der sozialrechtlich abgesicherten Normarbeit eine Reihe von anderen Beschäftigungsverhältnissen, die dem Arbeiter weniger Rechte und schlechtere Bezahlung einräumen.

In Deutschland begann ein neuer Saisonarbeiter-Zyklus im Jahr 1990, als eine Anwerbestopp-Verordnung durch ein erstes bilaterales deutsch-polnisches Abkommen außer Kraft gesetzt wurde. SaisonarbeiterInnen konnten ab sofort eine dreimonatige Arbeitserlaubnis erhalten, wobei vorerst die Bewilligung auf landwirtschaftliche Betriebe sowie das Hotel- und Gastgewerbe beschränkt blieb.[360] Österreich zog mit einer markanten Quotenerhöhung im Jahr 1999 nach. Der migrierende Arbeiter konnte also nur für einen beschränkten Zeitraum und unter schlechteren Sozialleistungen im Land tätig sein; eine Zuwanderung war damit ausgeschlossen. Als Umgehung dieser Restriktionen bot sich die Schwarzarbeit an, zumal die Kontrolle durch Arbeitsinspektorate mangelhaft blieb und bleibt.

Um den ständigen Zufluss billiger Arbeitskräfte nicht zu gefährden und den entsprechenden Druck auf den Arbeitsmarkt beizubehalten, verfielen

Luxemburg, June 2013. Zit. in: Tölle, S. 104

360 Birgit Glorius, Temporäre Migrationsprozesse am Beispiel polnischer Arbeitsmigranten in Deutschland. In: Hallesches Jahrbuch für Geowissenschaften. Reihe A (2004), S. 35f.

deutsche und österreichische Behörden – nach lauten Zurufen aus Unternehmerkreisen – auf die Idee, Listen mit sogenannten Mangelberufen zu erstellen, für die InländerInnen oder andere EU-BürgerInnen um billigen Lohn nicht zu haben sind. Neben hochqualifizierten Technikern finden sich auf solchen Listen auch Köche und KellnerInnen, Spengler und Dachdecker und viele andere Tätigkeiten mehr. Steht ein Beruf auf einer solchen Liste, kann der Unternehmer aus einem weltweiten Angebot die günstigsten ArbeiterInnen anwerben. Deutschland nahm sich an den USA ein Vorbild und führte im Jahr 2000 die sogenannte Greencard ein, die allerdings nur vier Jahre lang in Gebrauch blieb. Daran anschließend trat ein neues Zuwanderungsgesetz in Kraft. In Österreich läuft dieses System einer weiteren Teilung des Arbeitsmarktes seit 2011 unter dem Kürzel »Rot-Weiß-Rot-Karte«.[361] Eine solche ist für den Drittstaatsangehörigen über das Arbeitsamt zu beantragen, wenn eben »Mangel« an entsprechenden Kräften besteht. Dass der vorgebliche Mangel in den meisten Fällen Ausdruck einer Niedriglohnpolitik ist, darüber wird in diesem Zusammenhang überhaupt nicht diskutiert; der »Mangel« erscheint naturgegeben.

Im Dezember 2017 erweiterte der SPÖ-Sozialminister in seinen letzten Amtstagen die Mangelliste von elf auf 27 Berufe, seine Nachfolgerin von der Rechtspartei FPÖ, Beate Hartinger-Klein, legte sogleich nach ihrem Amtsantritt Anfang 2018 nochmals 20 Berufsbilder drauf, sodass zu Redaktionsschluss dieses Buches in Österreich 57 Mangelberufe definiert sind.

Neben der gesetzlich verankerten Saisonarbeit und dem variablen Umgang mit den Mangelberufslisten griff und greift in vielen Branchen die Scheinselbstständigkeit um sich, bei der abhängige ArbeiterInnen über Werkvertragskonstruktionen wie Unternehmer auftreten. Der häusliche Altenpflegesektor wurde in Österreich und Deutschland zu einer unternehmerischen Tätigkeit umdefiniert, die nun nicht einmal mehr »schein«-selbstständig genannt werden kann. Auf diese Weise wurden in Österreich über das Hausbetreuungsgesetz (2007) und das Gesundheits- und Krankenpflegegesetz (2008) zuvor irregulär Beschäftigte zu Unternehmerinnen;

---

361   Kenneth Horvath, Die Logik der Entrechtung. Sicherheits- und Nutzendiskurse im österreichischen Migrationsregime. Göttingen 2014, S. 300

Lohnarbeit geriet zu selbstständiger Personenbetreuung.[362] Ein knappes Jahrzehnt seit Inkrafttreten dieser Liberalisierung sind in Österreich 51.000 Osteuropäerinnen in der häuslichen Altenpflege tätig.[363] In Deutschland arbeiten die osteuropäischen Altenpflegekräfte in Privatwohnungen entweder nach dem Prinzip der Dienstleistungsfreiheit als Selbstständige oder nach dem erweiterten Arbeitnehmer-Entsendegesetz, das – anders als in Österreich – Mitte 2018 einen Mindestlohn von 10,55 brutto pro Stunde vorsieht.[364]

Zigtausende Slowakinnen und Polinnen pendeln meist im zweiwöchigen Rhythmus zwischen ihren Heimatorten, die oft weit im Osten ihrer Länder liegen, in österreichische und deutsche Mittelklassehaushalte, um alte Menschen anstelle des Familienverbandes zu pflegen und ihnen den Gang in Alten- oder Pflegeheime zu ersparen. Diese meist in der Blüte ihrer Jahre stehenden Pflegerinnen können sich zu Hause nur bedingt und mangelhaft um ihre jungen Kinder und/oder alten Eltern kümmern. Während also eine 35-jährige Slowakin in der Fremde ein Familienleben, das ohne sie keines mehr ist, mühsam gegen Entgelt aufrechterhält, wird ihr eigenes Zusammenleben zu Hause beschädigt oder zerstört.

Zu Schein- und anderen Selbstständigkeiten kommen noch Formen der Leiharbeit hinzu, wobei in den vergangenen Jahren grenzüberschreitende Leiharbeit zu einem neuen migrantischen Geschäftsfeld avancierte. Tägliche oder eine Arbeitswoche dauernde grenzüberschreitende Pendelmigrationen ergänzen den vielfach geteilten Arbeitsmarkt.

Aus Anlass der Massenmigration der Jahre 2015/2016 schlugen Ökonomen des Internationalen Währungsfonds (IWF) weitere einschneidende Deregulierungsmaßnahmen für die Arbeitsmärkte der Zielländer vor. Unter dem Titel »The Refugee Surge in Europe: Economic Challenges«[365]

---

362 Vgl. Almut Bachinger, Der irreguläre Pflegearbeitsmarkt. Zum Transformationsprozess von unbezahlter in bezahlte Arbeit durch die 24-Stunden-Pflege. Wien (Dissertation) 2009; zit. in: Komlosy 2014, S. 180

363 https://diepresse.com/home/wirtschaft/economist/4663198/Altenpflege_Oesterreich-droht-SuperGAU (30.4.2018)

364 https://www.pflege.de/altenpflege/polnische-pflegekraefte/ (30.4.2018)

365 Shekhar Aiyar u. a., The Refugee Surge in Europe: Economic Challenges (IMF-Staff Discussion Note). Washington 2016. Siehe: https://www.imf.org/external/pubs/ft/sdn/2016/sdn1602.pdf (20.11.2017)

mahnte der IWF insbesondere Deutschland, Österreich und Schweden, seine vergleichsweise immer noch strikten Arbeits- und Arbeitsmarktgesetze zu lockern, um so die Chancen der Migration optimal nutzen zu können, konkret: den Unternehmern diese Chancen zu geben.

Der IWF empfiehlt dafür eine Reihe von Maßnahmen zur weiteren Teilung des Arbeitsmarktes. Mit einer Senkung der Sozialversicherungsabgaben, so die IWF-Ökonomen, würde die Einstellung niedrig qualifizierter Migranten billiger und sich entsprechend lohnen; des Weiteren soll Deutschland seinen erst 2015 eingeführten allgemeinen Mindestlohn »gezielt und zeitlich befristet« aussetzen, damit Flüchtlinge unter Tarif bezahlt werden können. Und Österreich wird dazu gedrängt, die Erteilung von Beschäftigungsbewilligungen für Asylantragsteller zu beschleunigen und vor allem ein gesetzlich vorgesehenes Prüfverfahren, das eine Arbeitsbewilligung für Asylbewerber erst ausstellt, wenn damit keinem Ansässigen der Arbeitsplatz weggenommen wird, abzuschaffen. Mit anderen Worten: Es soll ein neuer, eigener Arbeitsmarkt für Menschen geschaffen werden, die im Asylverfahren stecken, wenn auch erfahrungsgemäß nur die Minderheit von ihnen Chancen auf einen positiven Asylbescheid hat.

Ende Juni 2017 richtete die Wiener Handelskammer gemeinsam mit dem Arbeitsmarktservice eine erste Berufsmesse für Flüchtlinge in der Halle E des Wiener Museumsquartiers aus.[366] Den fast 4000 BesucherInnen vorwiegend aus Afghanistan, dem Irak und Syrien bot sich bei »Chancen:Reich« ein ausgesprochener Billiglohnsektor zur Auswahl an. Qualifikation war nicht gefragt, billig und willig mussten die Migranten sein. »Im Service ist es nicht so wichtig, wenn man keine Ausbildung hat«, meinte etwa die Personalleiterin eines großen Bäckereifilialisten. Von Rewe bis zum Hotel Ritz-Carlton waren die Kopfjäger auf Personaljagd. »Es hat sich gelohnt«, resümierte am Ende eines langen Messetages einer der Aussteller, der auf seinen Stand praktischerweise gleich mit arabischen Schriftzeichen aufmerksam machte.

Die eigens für Flüchtlinge eingerichtete Jobbörse sollte eine positive Stimmung verbreiten, die so gar nicht mit den tatsächlichen Erfahrungen

366   https://diepresse.com/home/panorama/wien/4982597/Berufsmesse-fuer-Fluechtlinge (30.4.2018)

des Arbeitsmarktservices (AMS) übereinstimmte. Ein im März 2018 irrtümlich an die Öffentlichkeit gelangter Revisionsbericht legte die dramatischen Zahlen offen. Ihnen zufolge waren 42 % der beim AMS gemeldeten Arbeitssuchenden AusländerInnen, in Wien sogar 60 %, wobei 90 % von ihnen der ersten Generation angehörten, also selbst zugewandert sind. Doch der AMS-Bericht sprach auch offen spezielle Probleme mit muslimischen Arbeitslosen an. Insbesondere Syrer, Afghanen und Tschetschenen seien in einer Reihe von Berufen nicht vermittelbar, »weil der Servicegedanke abgelehnt wird«. Das Vermittlungspersonal des Arbeitsmarktservices, so die internen Prüfer weiter, würden »aus Angst vor dem Vorwurf der Diskriminierung« andere Kunden – also Nicht-Muslime – diskriminieren.[367] Die Berufsmesse für Flüchtlinge konnte die auch kulturell bedingten Integrationsprobleme nicht ausräumen.

Für die systematische Teilung nationaler Arbeitsmärkte legte sich die Europäische Union von Anfang an ins Zeug. Mit ihrem Konzept der Dienstleistungsfreiheit, das Ende 1992 in Kraft trat, ließ Brüssel bewusst national völlig unterschiedliche Arbeitsrechte und Lohnhöhen aufeinanderprallen. Ziel war die Deregulierung von Arbeitsmärkten in den EU-europäischen Zentrumsländern wie Deutschland oder Österreich. Der Vorgang hierzu ist denkbar einfach: Ein in einem Niedriglohnland angesiedeltes Unternehmen entsendet seine Arbeiter zwecks Durchführung einer Dienstleistung in ein Hochlohngebiet. Sowohl Unternehmer wie Arbeiter unterliegen dabei den Regeln des Herkunftslandes. Dies erspart dem Unternehmer hohe Sozialabgaben und Löhne, wie sie im Land der Leistungserbringung vorgeschrieben sind. Diese Art von Arbeitsmigration, wie sie seit den 1990er-Jahren innerhalb der EU zigtausendfach gang und gäbe war, wird bei der Arbeiterschaft in den Zielländern logischerweise als Lohndumping betrachtet und setzt zudem auch heimische Unternehmer unter gehörigen Druck, den sie durch die Beschäftigung von billigen ausländischen Arbeitern zu kompensieren suchen. Das klassische Beispiel Mitte der 1990er-Jahre waren portugiesische Baufirmen, die deutsche Autobahnen oder französische TGV-Bahntrassen bauten, indem sie dafür billige portugiesische

367 *Die Presse* vom 20. März 2018

Arbeiter nach Deutschland oder Frankreich entsandten. Diese waren Mitte der 1990er-Jahre dreimal kostengünstiger als ihre deutschen Kollegen.[368] Freilich konnte eine solche portugiesische Baufirma auch einem deutschen Unternehmer gehören, immerhin leben wir in der Union des freien Kapitalverkehrs. Bis 1995 arbeiteten die entsandten Arbeitskräfte zu Tarifen und nach dem Sozialversicherungsrecht des Landes, in dem das entsendende Unternehmen seinen Sitz hatte, im EU-Sprech das »Herkunftslandprinzip« genannt. 1995 waren in Deutschland 150.000 bis 200.000 Bauarbeiter aus anderen EU-Mitgliedstaaten, hauptsächlich aus Portugal und Irland beschäftigt, während 300.000 deutsche Bauarbeiter arbeitslos waren.[369]

Für diese sogenannte Dienstleistungsfreiheit stand im Jahr 1996 eine Novellierung an. Beschlossen wurde eine Entsenderichtlinie, die das Herkunftslandprinzip aufweichte.[370] Nach heftigen Kämpfen zwischen neoliberal orientierten Hardlinern um den damaligen EU-Kommissar Frits Bolkestein, der am System des völlig offenen – und damit ihn deregulierenden – Dienstleistungsmarktes festhalten wollte, und Sozialdemokraten, deren Einwände auch von lokalen Unternehmerverbänden geteilt wurden, einigte man sich auf einen – faulen – Kompromiss. Zwar wurde im Jahr 1996 grundsätzlich festgehalten, dass in Zukunft aus Billiglohnländern »entsandte«, also migrierende Arbeiter den Rechts- und Tarifbestimmungen jenes Landes unterworfen sind, in dem die Arbeit geleistet wird. Allerdings machten Ausnahmen und Entsendefristen diesen »sozialpolitischen Erfolg« sogleich wieder zunichte. Die Richtlinie 96/71/EG listet taxativ jene Branchen auf, in denen die Bestimmungen zur Geltung kamen. Mit anderen Worten: Was nicht explizit Eingang in das Gesetzeswerk fand, blieb nationalen Bestimmungen vorbehalten. Zudem waren kurzfristige Arbeiten überhaupt vom Gleichheitsgrundsatz ausgenommen. Auch ging

---

368 Im Jahr 1995 verdiente ein deutscher Lohnabhängiger durchschnittlich 25.000 Euro im Jahr, ein Portugiese 9700 Euro. Siehe: https://stats.oecd.org/Index.aspx?DataSetCode=AV_AN_WAGE# (22.3.2018)

369 Yvonne Kollmeier, Soziale Mindeststandards in der Europäischen Union im Spannungsfeld von Ökonomie und Politik. Stuttgart 2001, S. 22

370 Richtlinie 96/71/EG über die Entsendung von Arbeitnehmern im Rahmen der Erbringung von Dienstleistungen vom 16. Dezember 1996; http://eur-lex.europa.eu/legal-content/DE/TXT/?uri=CELEX:31996L0071 (1.5.2018)

es (und geht es bis heute) nur um Mindestlohnsätze, Höchstarbeitszeiten, Schutzmaßnahmen am Arbeitsplatz und Gleichbehandlung von Männern und Frauen, nicht jedoch um sämtliche sogenannten Lohnnebenkosten, also Sozial- und andere Versicherungsleistungen. Die werden in jenem Land entrichtet, aus dem der Arbeiter »entsandt« wird, kommen also dem Unternehmer entsprechend billiger.

Zehn Jahre später einigte man sich in Brüssel auf eine Dienstleistungsrichtlinie, die nationale Zugangsbeschränkungen zu Arbeitsmärkten beseitigen soll, also den Konkurrenzdruck durch jeweils billigere Anbieter erhöht. Das Konvolut hat die Stärke eines kleinen Buches mit 80 Seiten und ist selbst für Spezialisten ein schier undurchschaubares Regelwerk an Ausnahmen und Sonderrechten unter dem Kürzel »Richtlinie 2006/123/EG«[371], die am 12. Dezember 2006 als Kompromiss beschlossen wurde. Allein zum Studium der 213 Abänderungsanträge, die zum ursprünglich als »Bolkestein-Richtlinie« bekannten Entwurf der EU-Kommission eingingen, bräuchte es einen Stab von MitarbeiterInnen. Brüssel hat mit der Dienstleistungsrichtlinie seinem Namen als bürokratischer Moloch alle Ehre gemacht; der tiefere Sinn hinter der vor Ausnahmen nur so strotzenden Richtlinie liegt wohl darin, die nationalen Gesetzgeber zu beschäftigen und zu verwirren, auf dass transnational tätige Unternehmen im Dickicht der Vorschriften auch in Zukunft unterschiedliche Lohnniveaus und vor allem unterschiedliche Sozialausgaben ausnützen können.

Das Herkunftslandprinzip ist seit 1996 aufgeweicht, Schlupflöcher bestehen allerdings weiter. Während sich Unternehmen aus Billiglohnländern, die ihre Arbeiter in die EU-europäischen Zentralräume schicken, nun an Tarifbedingungen wie den Mindestlohn in Deutschland oder den Kollektivvertrag in Österreich halten müssen, besteht bei der Sozialversicherung weiterhin ein enormes Sparpotenzial. Diese wird nämlich auch 2018 noch in dem Land entrichtet, in dem der Entsendebetrieb ansässig ist, also im Billiglohnland, was ihm gegenüber beispielsweise deutschen

---

371 Richtlinie 2006/123/EG des Europäischen Parlaments und des Rates über Dienstleistungen im Binnenmarkt vom 12. Dezember 2006; http://eur-lex.europa.eu/legal-content/DE/TXT/?uri=CELEX:32006L0123 (1.5.2018)

Unternehmen einen beträchtlichen Kostenvorteil verschafft. »Obwohl wir bereits ›gleichen Lohn für die gleiche Arbeit‹ gesetzlich umgesetzt haben«, protestiert z. B. der Chef der österreichischen Bau-Holz-Gewerkschaft Josef Muchitsch, »ist es unseren Kollegen – zum Beispiel aus Ungarn – durch Entsendungen legal möglich, aufgrund der niedrigen Lohnnebenkosten um 15 Prozent billiger arbeiten zu dürfen. Das ist laut Dienstleistungsrichtlinie bis zu zwei Jahre lang möglich.«[372] Anfang 2018, also 22 Jahre nach dem Beschluss zur offiziellen Beendigung des Herkunftslandprinzips, verhandelte die EU-Sozialkommissarin, die flämische Christkonservative Marianne Thyssen mit Unternehmerlobbys und staatlichen Vertretern jener Länder, aus denen die meisten billigen Arbeitskräfte in die Zentren der Europäischen Union strömen. Insbesondere Frankreich und Österreich erhöhten den Druck, dem durch sehr unterschiedliche Sozialabgaben bestehenden Kostenvorteil transnational agierender Konzerne entgegenzuwirken. Es war nicht der gewerkschaftliche Impetus, der Emmanuel Macron oder Sebastian Kurz dazu antrieb, sondern die Klagen heimischer, nicht grenzüberschreitend tätiger Unternehmer. Ironischerweise traten gerade die politischen Vertreter Polens, der Slowakei und Ungarns, also jener Länder, aus denen massenhaft billige Arbeitskräfte saisonal oder länger migrieren, für die Beibehaltung des durch die extrem ungleichen Lohnnebenkosten entstehenden Sozialdumpings ein. Sie gehen zurecht davon aus, dass eine Angleichung von sozialen Leistungen innerhalb der Europäischen Union nicht möglich und weder von der EU-Kommission noch den zahlreichen Industrielobbys gewünscht ist. Deswegen strebt Brüssel eine Verkürzung der Entsendefristen auf 18 Monate an; bisher waren bis zu fünf Jahre möglich. Für die politisch Verantwortlichen an der Peripherie der EU würde dies bedeuten, dass viele ihrer Staatsbürger auf legalem Wege nur mehr 18 Monate lang entsprechend billiger als ihre Kollegen in den Zentrumsländern ausgebeutet werden dürfen. Warum sich Viktor Orbán oder Mateusz Morawiecki dagegen auflehnen, erschließt sich einem nur vor dem Hintergrund, dass beiden ein struktureller Blick auf

---

372 http://www.bau-holz.at/cms/D01/D01_4.2.2.a/1342573660143/news-themen/themen/faire-vergaben/gewerkschaft-demonstriert-gegen-lohn-und-sozialdumping-in-bruessel (30.4.2018)

die ungleiche Entwicklung fremd ist. Sie haben die Empörung ungarischer und polnischer Firmen im Ohr, die mit billigen heimischen Arbeitskräften in Deutschland oder Österreich einen Konkurrenzvorteil aufrechterhalten wollen. Die Lohndumping-Funktion ihrer werktätigen Landsleute in der Fremde ist ihnen egal. Dies ist umso verwunderlicher, als dass gerade in den Auswanderungsgesellschaften Osteuropas seit Mitte der 2010er-Jahre Fachkräfte fehlen und die Löhne steigen, mithin Anreize zur Rückkehr von Emigranten gegeben wären.

Unmittelbare Sorgen um das bestehende System ungleicher Löhne müssen sich aber weder die von ihm profitierenden Unternehmen noch die politischen Führer im Osten machen. Denn die angedachte Verkürzung der Langzeitentsendung soll laut EU-Kommissarin Thyssen ohnehin erst nach einer entsprechenden Übergangsfrist frühestens im Jahr 2021 in Kraft treten.[373]

Zu all diesen Ungleichheiten kommt noch, dass auch die Tarifpflicht von findigen Unternehmen aus Polen oder anderen osteuropäischen Staaten, die freilich auch in deutschem Besitz stehen können, unterlaufen wird, nämlich dann, wenn diese ihren auf deutsche Baustellen verschickten Arbeitern beispielsweise Zwangsgebühren für die Benützung von Arbeitsgeräten vom Lohn abziehen. Die Baubranche im Ruhrgebiet kennt derlei Praktiken bereits seit Längerem.[374]

Die EU-Entsenderichtlinie ist für Unternehmer ein Mittel, ArbeiterInnen zu günstigen Konditionen anzustellen. Die auf dieser Basis Entsandten erhalten kurzfristig die Chance, höher als in der osteuropäischen Heimat entlohnt zu werden, wenngleich ihre Pläne aufgrund der hohen Lebenshaltungskosten im Westen nicht immer aufgehen; zudem erfüllen sie die Funktion von Lohndrückern auf den westeuropäischen Arbeitsmärkten. Die Gesellschaften sowohl der Herkunfts- als auch der Zielländer kämpfen mit den Folgen der daraus entstehenden Deregulierungen, allen voran einer Entsolidarisierung, die nicht selten von rassistischen Untertönen begleitet

373 https://derstandard.at/2000075238558/Vorlaeufige-Einigung-auf-EU-Entsenderichtlinie (1.5.2018)
374 Kirsten Hösch, Anlocken oder Abschotten? Europäische Arbeitsmigrationspolitik zwischen Wirtschaftsinteresse und Kontrollprimat. In: Tölle/Schreiner 2014, S. 50

wird. Um die Dimension der auf Basis der Entsenderichtlinie arbeitenden Menschen im EU-europäischen Zentralraum zu erfassen, sei eine Zahl genannt. Ende 2015 gab es schätzungsweise zwei Millionen großteils aus Osteuropa in den Westen entsandte Arbeitskräfte.[375]

Ein eigenes Kapitel bilden die sogenannten Kabotage-Vorschriften, also Regeln zur Beförderung von Gütern per LKW. Kabotage meint Transportfahrten innerhalb eines Landes. Die – in diesem Fall wörtlich gemeinte – grenzenlose Liberalisierung bringt es mit sich, dass in Bulgarien oder Rumänien angemeldete LKWs mit Fahrern aus diesen Ländern deutsche und österreichische Autobahnen überrollen. Wenn man weiß, dass der bulgarische Mindestlohn 215 Euro beträgt und der österreichische 1500 Euro und LKW-Chauffeure mit nur wenig mehr rechnen können, dann erklärt die Differenz die hohe Dichte an Ost-LKW auf Straßen im Westen. Kleinere deutsche und österreichische Transportunternehmer wehren sich seit Langem dagegen, dass auch Kabotage-Fahrten, also Lieferungen innerhalb Deutschlands oder Österreichs, mit Billig-Personal aus Bulgarien durchgeführt werden. Im EU-Parlament begannen daraufhin Anfang 2018 einige Abgeordnete über die Anwendung der Entsenderichtlinie auf LKW-Fahrten nachzudenken. Herausgekommen ist dabei ein – fauler – Kompromiss. Anfang Juni 2018 verabschiedete die EU-Kommission einen sogenannten »Mobilitätspakt«. Ihm zufolge sollen Kabotage-Fahrten pro Woche auf 48 Stunden beschränkt werden, bevor der entsprechende Fahrer plus LKW wieder in das Land seiner Registrierung zurück muss. Mit anderen Worten: Der acht Mal billigere bulgarische oder rumänische LKW-Fahrer darf künftig 48 Stunden im Hochlohngebiet nomadisieren, bevor er einen Abstecher in die Heimat machen muss, um die Woche darauf wieder zwischen Kiel und München oder Innsbruck und Wien zu pendeln.[376] Dass sich EU-Kommissar und Parlament dann noch darum stritten, ob Ruhezeiten im LKW oder in

375 https://www.bundesregierung.de/Content/DE/Artikel/2017/10/2017-10-24-entsenderichtlinie.html (17.5.2018)
376 https://www.verkehrsrundschau.de/nachrichten/ep-verkehrsausschuss-einigt-sich-bei-mobilitaetspaket-2170379.html (4.7.2018)

einem fixen Bett verbracht werden sollen, zeigt, wie weit weg sich die EU von der Herstellung einer Sozialunion befindet.

Erdbeerpflücker und Fleischschneider

Eine sommerliche Autoreise zwischen Budapest und Oradea, dem west-rumänischen Mittelpunktort an der ungarischen Grenze, bietet tiefe Einblicke in das trans-EU-europäische Migrationsgeschehen. Neben un-zähligen PKW-Transporten, mit denen neu gebaute Dacia-Modelle auf modernen zweistöckigen LKWs nach Westen und reparaturbedürftige Gebrauchtwagen auf wackeligen Anhängern in die umgekehrte Richtung nach Rumänien und Bulgarien gebracht werden, fallen die häufigen spanischen Nummernschilder auf. In den Fahrzeugen sitzen rumänische ArbeiterInnen, die den langen Weg der west-östlichen Durchquerung der Europäischen Union auf sich nehmen, um den Sommerurlaub mit der Familie daheim zu verbringen. Ob Landarbeiter auf andalusischen Feldern oder Bauarbeiter in den großen spanischen Städten, ihr Arbeitsplatz liegt 4000 bis 4500 Straßenkilometer von der Heimat entfernt. Unfälle entlang der E 60 sind dementsprechend häufig, Holzkreuze mit Plastikblumen zieren die Transversale.

Geschätzte 15 % bis 20 %[377] der arbeitsfähigen rumänischen Bevölkerung verdienen ihren Lebensunterhalt im Ausland, die Mehrheit von ihnen nicht zuletzt wegen der sprachlichen Nähe in Italien oder Spanien. In Rumänien werden sie »capsunari« (Erdbeerpflücker) genannt, gleich ob sie tatsächlich für deutsche Supermarktketten Erdbeeren brocken oder in der Altenpflege oder am Bau tätig sind.

Wenn 20 % meist junge, kräftige Menschen eines Landes – Männer wie Frauen – in der Arbeitsmigration weit weg von zu Hause leben, gehen dort gesellschaftliche und familiäre Zusammenhalte verloren. In vielen Regionen Rumäniens, aber auch Polens, der Slowakei und Bulgariens ist dies spürbar. So klagen walachische und transsilvanische Lehrerinnen über fehlende

---

377 *Der Standard* vom 6. Juli 2016; Siehe: Ana Cosel, Rumänien: Drehkreuz der Migration. In: *Wildcat* Nr. 83, Frühjahr 2009, Köln, S. 32

Konzentration und Disziplin ihrer SchülerInnen in den Dorfschulen, weil oft beide Elternteile der Kinder sich in der Fremde verdingen (müssen) und die Kleinen von Großmüttern nur sporadisch beaufsichtigt werden und tagelang auf sich allein gestellt sind. In ganzen Ortschaften fehlt die mittlere Generation, also jene 25- bis 40-jährigen, die einer Gemeinschaft soziale und wirtschaftliche Impulse geben. In der nordrumänischen Stadt Certeze sind fast alle Menschen im erwerbsfähigen Alter – zumindest saisonal – ausgewandert. Die lokalen Politiker sind verzweifelt, ein Beamter bringt die Lage auf den Punkt: »Europa hat uns zerstört.«[378]

Der IWF bietet für derlei soziale Verwerfungen ein einfaches ökonomisches Konzept. Im Angesicht der fehlenden heimischen ArbeiterInnen, die in Italien oder Spanien ihr Glück versuchen, werden staatliche Stellen aufgefordert, den rumänischen Arbeitsmarkt zu liberalisieren und ihrerseits noch billigere Werktätige aus Ostasien oder der Ukraine ins Land zu holen. Die Migrationsspirale soll sich weiterdrehen.

Es gilt, so die Forscher des Internationalen Währungsfonds an die Adressen osteuropäischer Staatskanzleien, »bessere Institutionen und eine bessere Wirtschaftspolitik zu betreiben, um Menschen zum Dableiben oder Emigranten zur Rückkehr zu bewegen und« – wenn das nicht gelingt – »für Menschen aus anderen Ländern die Jobsuche in Osteuropa attraktiv zu machen. Dazu muss eine weitere Liberalisierung von Immigrationsregimen auch für gelernte Arbeiter ins Auge gefasst werden.«[379]

In Rumänien folgen viele Unternehmen den Ratschlägen der internationalen Finanzorganisation, was sollen sie auch tun, wenn ihnen die ArbeiterInnen in Scharen in den Westen davon laufen. Die Zeitschrift *Wildcat*[380] bringt ein Beispiel aus der Textilindustrie. In der Näherei »Mondostar« aus Sibiu waren nach dem Beitritt Rumäniens zur Europäischen Union im Jahr 2007 nur 350 Mitarbeiterinnen von zuvor 1200

378 Gerald Oberansmayr, »Europa hat uns zerstört«, in: *Werkstatt-Blatt* 1/2018. Linz 2018, S. 8
379 Nadeem Ilahi/Anna Ilyina/Daria Zakharova, Emigration Slows Eastern Europe's Catch Up With the West, 20. Juli 2016. Siehe: https://blogs.imf.org/2016/07/20/emigration-slows-easterneuropes-catch-up-with-the-west/ (20.11.2016)
380 Ana Cosel, Rumänien: Drehkreuz der Migration. In: *Wildcat* Nr. 83, Frühjahr 2009, Köln, S. 32f.

geblieben. Also trat man in Verhandlungen mit einer auf den Philippinen sitzenden Arbeitsvermittlungsagentur, um für billigen Ersatz der nach Italien und Spanien migrierten Näherinnen zu sorgen. Die Agentur bot philippinischen Textilarbeiterinnen einen Basislohn von monatlich 400 US-Dollar, Überstundenzuschläge sowie freie Kost und Logis. Als Vermittlungsgebühr inklusive Flugticket waren pro Kopf 2500 US-Dollar fällig, für die sich die zukünftigen Näherinnen verschulden mussten. Vor Ort in Sibiu sahen die Arbeitsbedingungen dann weit weniger rosig aus. Für eine 60-Stunden-Woche gab es 235 US-Dollar monatlich, von Überstundenzuschlägen sprach niemand mehr und für Essen und Unterkunft wurden Teile des Lohnes einbehalten. Da das Aufenthaltsrecht in Rumänien an den konkreten Arbeitsvertrag geknüpft war, fiel die Option der Kündigung de facto weg, würde die Philippinerin doch in der Folge abgeschoben; eine Rückzahlung der Schulden, die sie gegenüber der Arbeitsvermittlung eingegangen ist, wäre damit nicht mehr möglich. Tausende Migranten fanden und finden sich in dieser Zwangslage wieder, die an das System der Indentured Servitude, der Schuldknechtschaft, im transatlantischen Migrationsgeschehen zwischen dem 16. und dem 18. Jahrhundert erinnert.

So wie in Rumänien philippinische Näherinnen die örtliche Textilindustrie am Laufen halten und Polinnen und Slowakinnen als »Selbstständige« die Altenpflege der deutschen und österreichischen Mittelklasse betreiben, hängt die deutsche Fleischindustrie am Haken polnischer Werkvertragsnehmer. Zwischen 60 % und 80 % der in deutschen Großschlächtereien Beschäftigten stehen bei Subunternehmen unter Vertrag, sie werden auf Basis von Werkverträgen in deutsche Schlächtereien entsandt. Ein Drittel der Betriebe arbeitet ausschließlich mit Billiglöhnern aus Polen. Sogar die Unternehmervertreter fordern ein Ende dieses Lohndumpings: »Für uns ist völlig klar, dass wir die Mindestlöhne nicht nur für die Stammbelegschaft wollen. Wir wollen sie für die Masse, also für die Werkvertrag-Arbeitnehmer«, meint die Geschäftsführerin der Arbeitgebervereinigung Nahrung und Genuss, Valerie Holsboer.[381] Der gnadenlose Konkurrenzkampf macht auch den Betrieben zu schaffen.

381 Marcel Leubecher, Arbeitgeber wollen Mindestlohn in Schlachthöfen. In: *Die Welt* vom 30. August

Einen nicht nur tierblutigen Einblick in die sozialen Verhältnisse der deutschen Fleischindustrie bietet Matthias Brümmer, früher selbst Schlächter und heute als Geschäftsführer der Gewerkschaft Nahrung-Genuss-Gaststätten in der Region Oldenburg/Ostfriesland tätig. Bei den deutschen Schweineschlachtbetrieben stehen fast nur polnische Fleischschneider an den Bändern. Nicht nur die Arbeit selbst ist in kleinste Handgriffe zerhackt, jeder dieser Handgriffe wird von einem eigenen Subunternehmen befehligt, das wiederum Leiharbeiter aus Polen bereitstellt. Im Schlachthof beschäftigt ist nur das Aufsichtspersonal, das sich – wie in längst vergangen geglaubten Zeiten – mit »Kapo« ansprechen lässt. Brümmer erzählt aus der Praxis eines zu fast 100 Prozent aus Migranten bestehenden Berufszweiges. Zwischen Schwein und Schnitzel drängt sich eine ganze Reihe von Betrieben, die daran finanziell mitschneiden wollen. »In der Produktionskette, zum Beispiel beim Schweineschlachten, hat man eigentlich nur einen einheitlichen Arbeitsgang – komplett vom Schlachten des Schweines, bis es im Kühlhaus hängt, abgekühlt ist und dann weiter zerlegt wird. Im Rahmen von Werkverträgen wird dieser Arbeitsgang aber aufgespalten. Das Reintreiben des Tieres macht dann ein Unternehmen, ein weiteres Unternehmen schlachtet, ein drittes Unternehmen schiebt die Schweine ins Kühlhaus, ein viertes Unternehmen schiebt sie aus dem Kühlhaus raus, dann folgt die Grobzerlegung durch ein weiteres eigenes Unternehmen. Die Feinzerlegung wird dann von fünf verschiedenen Unternehmen übernommen, die Verpackung von zehn weiteren. Man hat also eine große Anzahl von Unternehmen, die an einer einzigen Produktionskette hängen. Alle diese Unternehmen beschäftigen mobile Arbeitnehmerinnen und Arbeitnehmer, weil diese billig und nicht tarifgebunden sind. (…) Das ist das Modell, durch das Lohnkosten gedrückt werden.«[382] Wie billig diese polnischen Fleischschneider, die – Ironie der globalen wirtschaftlichen Vernetzung – in deutschen Schlachthöfen auch für den Export nach Polen arbeiten, konkret sind, auch darüber berichtet

2013; siehe: https://www.welt.de/wirtschaft/article119538054/Arbeitgeber-wollen-Mindestlohn-in-Schlachthoefen.html (2.1.2018)

382   Matthias Brümmer/JochenEmpen/Gero Lüers, Grenzüberschreitende Ausbeutung im EU-Binnenmarkt. In: Tölle/Schreiner (Hg.) 2014, S. 176

Matthias Brümmer und vergleicht die Löhne mit seinem eigenen vor 25 Jahren: »Früher hatte ich beim Rinderzerlegen 70 Mark in der Stunde verdient. Die Kollegen verdienen heute nicht einmal mehr die Hälfte dessen, müssen dafür aber das Dreifache leisten.«[383] Die Wirklichkeit sieht noch trister aus, denn 25 Jahre nach der aktiven Zeit des deutschen Schlachters gehen die polnischen Kollegen mit einem Stundenlohn von 3 bis 5 Euro nach Hause[384], die in ihrem Fall eine Baracke ist. Die Lohndifferenz zwischen Deutschland und Polen macht dies möglich, freilich nur solange, wie die völlig unterschiedlichen Arbeitsmärkte ungeschützt aufeinandertreffen. Pull- und Push-Faktoren der Migration ergänzen einander in diesem Fall perfekt.

Osteuropa blutet aus[385]

Migration bereichert die Gesellschaft. Diesen Stehsatz verkünden meinungsbildende Medien und herrschende Politik seit Jahrzehnten in allerlei Varianten. Seine ideologische Schlagseite fällt kaum noch jemandem auf. Für jene, die von vielfach geteilten Arbeitsmärkten profitieren, welche ständig unter Druck von noch billigerem Angebot an variablem Kapital – wenn man sich hier einmal der marxistischen Diktion bedienen darf – stehen, hat der Satz seine Richtigkeit; zumal »Gesellschaft« in diesen Kreisen ohnedies meist als Kapitalgesellschaft wahrgenommen wird. Alle anderen müssten zumindest die Apologie der Aussage hinterfragen. Stattdessen werden kulturelle Erscheinungsformen oder Tellerwäscher-zum-Millionär-Geschichten gepriesen, um Migration als Bereicherung darzustellen. Der polnische Supermarkt ums Eck, an dem hervorragende Flaki (Kuttelflecksuppen) im Glas verkauft werden, und die scheinbar unüberschaubare Varietät an Welt-Gastronomie entlang angesagter Restaurantmeilen gilt so manchem Bewohner der Zielländer als Beweis dafür, dass Migration einen Gewinn

383 Ebd., S. 178
384 https://www.welt.de/wirtschaft/article119538054/Arbeitgeber-wollen-Mindestlohn-in-Schlachthoefen.html (2.1.2018)
385 Dieses Kapitel ist eine überarbeitete und ergänzte Fassung aus: Hannes Hofbauer, Migration: Osteuropa blutet aus. In: *Lunapark21*, Nr. 35 vom 28. September 2016, S. 12

darstellt; über die polnische Putzfrau und die slowakische Pflegerin der Mutter wird die Bereicherung zwar noch deutlicher, ihrer offensiven Darstellung enthält man sich jedoch weitgehend aus einem gewissen Schamgefühl heraus. In den Herkunftsländern ist die Tomatenpflücker-zum-gemachten-Mann-Geschichte häufiger, ihre Realisierung freilich äußerst selten.

Dass Migration unterm Strich keine Win-win-Situation ist, dämmert kritischen Beobachtern seit Langem. Wer sich häufig zwischen den Herkunfts- und Zielländern der innereuropäischen Migration bewegt, weiß ohnedies Bescheid über die sozialen und ökonomischen Folgen der Sogwirkung, die die Zentrums- auf die Peripheriegesellschaften ausüben. Nun hat der Internationale Währungsfonds (IWF) dazu eindeutige Daten vorgelegt.[386] Sie zeigen, welch katastrophale Auswirkungen die Emigration für osteuropäische Herkunftsländer hat.

Zwischen 1990 und 2012 haben sich 20 Millionen OsteuropäerInnen (Ex-RGW und Jugoslawien) zur Arbeitssuche in den Westen aufgemacht, zehn Millionen davon seit 2004, dem EU-Beitrittsjahr für Polen, Tschechien, die Slowakei, Ungarn, Slowenien und die drei baltischen Republiken. Für die Anfang der 1990er-Jahre zerfallenen Staaten Jugoslawien und Albanien stellt sich die Lage mindestens ebenso dramatisch dar. Laut Weltbank-Zahlen sind von 1990 bis 2017 fast eine Million Menschen aus Serbien, über eine Million aus Albanien, mehr als 1,5 Millionen aus Bosnien-Herzegowina sowie eine halbe Million aus Makedonien weggesiedelt.[387] Die allermeisten davon landeten in der Europäischen Union (85 % der AlbanerInnen, 50 % der SerbInnen), in der Schweiz oder in anderen Balkanstaaten. In die USA wanderten nur 5 % aus.[388] Der Aderlass ist enorm und hat in einigen Ländern zu einem massiven Bevölkerungsverlust geführt, in Bulgarien beträgt dieser minus 15 %. Litauen verlor seit dem Zusammenbruch der Sowjetunion 20 % seiner EinwohnerInnen, Lettland sogar 26 %.

---

386 Nadeem Ilahi/Anna Ilyina/Daria Zakharova, Emigration Slows Eastern Europe's Catch Up With the West, 20. Juli 2016. Siehe: https://blogs.imf.org/2016/07/20/emigration-slows-eastern-europes-catch-up-with-the-west/ (20.11.2016)
387 World Bank Group/Wiener Institut für Internationale Wirtschaftsvergleiche (Hg.), Western Balkans. Labor Market Trends 2018. Washington, März 2018, S. 42
388 Ebd., S. 43

Bei der jungen und aktiven Bevölkerung, jener zwischen 20 und 45 Jahren, ist der Aderlass noch um einiges dramatischer. Bulgarien verlor bis 2017 41,5 % seiner 20- bis 45-Jährigen, Lettland 38 %, Rumänien 28 %, Litauen 24 % und Polen 17 %.[389]

Die meisten von ihnen hat es nach Großbritannien oder Skandinavien verschlagen. Ärzte und Anwälte sind rar geworden in Osteuropa, die Jungen emigrieren nach der Ausbildung, weil sie mit 600 Euro Bruttolohn als Anfangsgehalt an der Universität nur schwer überleben können. Die Abwanderung aus Litauen ist ein Musterbeispiel für die negativen Auswirkungen des Braindrain. Bei den Parlamentswahlen des Jahres 2016 führte das Thema Emigration zu einem politischen Erdbeben. Der zuvor kaum existente »Bund der Bauern und Grünen« erreichte 21,5 % Prozent und stellt mit 54 Abgeordneten die größte Fraktion im Parlament. Sein Spitzenkandidat und nachmaliger Premierminister, der frühere Polizeichef des Landes Saulius Skvernelis, machte die massenhafte Abwanderung zum Hauptwahlkampfthema. »Vergebt uns unsere Gleichgültigkeit und Unfähigkeit, das Land zu führen. Wir haben euch hinausgetrieben«,[390] sprach er die demografische Katastrophe direkt an. Als Gegenmaßnahmen beschloss Vilnius die gezielte Anwerbung von Großkonzernen. Die Regierung wirbt mit dem schnellsten Breitbandnetz Europas und extrem niedrigen Unternehmenssteuern im Rahmen einer Flat Tax von 15 %. Dass deshalb die einmal Ausgewanderten während ihres Arbeitslebens in großer Zahl zurückkehren, ist kaum zu erwarten. Denn es sind gerade die niedrigen Löhne, die ausländische Investoren anlocken. Die in Litauen bestehende Schere zwischen hohen Massensteuern wie der Mehrwertsteuer (21 % Normalsteuersatz) und niedriger Besteuerung von Vermögen und Kapital ist sogar dem Internationalem Währungsfonds bereits – negativ – aufgefallen; er macht sie für die EU-weit größte soziale Differenz zwischen Arm und Reich verantwortlich.

Aus Serbien wiederum sind seit dem Zerfall Jugoslawiens ungefähr 300.000 frisch ausgebildete junge Menschen – davon circa 40.000

389   Gerald Oberansmayr, »Europa hat uns zerstört«. In. Werkstatt-Blatt 1/2018. Linz 2018, S. 8
390   zit. in: *Die Presse* vom 25. Oktober 2016

HochschulabgängerInnen – emigriert, wie der Belgrader Demograf Vladimir Greic nachweist.[391] Besonders dramatisch ist die Situation bei den Medizinern. Allein im Jahr 2014 verließen 500 serbische und 2400 rumänische Ärzte ihre Heimat, um in Deutschland oder anderswo in Westeuropa wesentlich besser dotierte Posten zu erhalten.[392]

Rumänien hat es diesbezüglich besonders schwer erwischt. Zwischen 2011 und 2016 verließen insgesamt 7000 ausgebildete Ärzte das Land. Von den vormals 21.400 Medizinern sind nur mehr 14.000 geblieben. Das Gesundheitssystem im Lande liegt am Boden. Vasile Astărăstoae, Präsident des rumänischen Physikerverbandes, erläutert die dramatische Situation: »Rumänien gibt 2,5 Milliarden Euro aus, um Mediziner auszubilden, wir geben dieses Geld vor allem aus, um Probleme in Großbritannien, Deutschland und Frankreich zu lösen. Man kann dort 4000 Euro im Monat statt 400 in Rumänien verdienen. Einige Spezialisten wie Anästhesisten oder Kardiologen verdienen 30 Mal so viel wie daheim.«[393] Und die Gesundheitsministerin Mariana Câmpeanu beklagt ganz offiziell die Folgen einer von ungleicher Entwicklung angetriebenen Mobilität: »Wir bekommen im Verlauf der vergangenen Jahre nun die Auswirkungen des Fachkräftemangels wirklich zu spüren«, meinte sie gegenüber der Zeitung *Die Welt*, besonders bei Ärzten, Informationstechnikern und Ingenieuren.«[394]

In Bosnien-Herzegowina wird der Exodus von Gesundheitspersonal sogar von der deutschen Gesellschaft für Internationale Zusammenarbeit (GIZ), einer staatlichen Entwicklungsorganisation, gefördert. Dazu schloss die GIZ einen Vertrag mit den Behörden des Landes, in dem geregelt wird, dass deutsche Unternehmen aus der Gesundheitsindustrie Intensivkurse für medizinisches Pflegepersonal auf bosnischem Boden anbieten. »Das ist gut für alle«, meint Alisa Kadić, die Direktorin einer Sprachschule aus Tuzla, »vor allem für die deutschen Unternehmen, für die es viel teurer wäre, wenn sie ihre Angestellten in Deutschland ausbilden müssten.

---

391 www.dnn.de/Nachrichten/Politik/Der-Letzte-macht-das-Licht-aus (4.2.2018)
392 Ebd.
393 *The Guardian* vom 7. Februar 2014
394 https://www.welt.de/politik/ausland/article124377169/Abwanderung-ist-fuer-den-Osten-eine-Katastrophe.html (22.3.2018)

Goethe-Institut und Österreich-Institut bieten dazu die entsprechenden Sprachkurse an. Braša Baraković, ein 26-jähriger Bosnier, erzählt, wie viel Geld er in die Ausbildung gesteckt hat, um einen Arbeitsvertrag für ein Seniorenheim in Düsseldorf zu erhalten. »Ich habe für meine Ausbildung 2600 Konvertible Mark bezahlt, der Deutschunterricht kostete 465 Mark, die Prüfungsgebühr noch mal 265 Mark.« Jetzt wartet Baraković auf das Arbeitsvisum für Düsseldorf ... und der private Betreiber des Seniorenheims auf die willige Arbeitskraft.[395]

Großbritannien ist nach den USA der größte Importeur von GesundheitsarbeiterInnen wie Ärzten und Krankenschwestern. Im Jahr 2016 arbeiteten dort 50.000 Mediziner und 95.000 Schwestern aus dem Ausland, das macht insgesamt 38 Prozent des gesamten medizinischen Personals aus.[396] Im Ausbildungsjahr 2013/14 boten britische Universitäten nur 6071 Plätze für das Medizinstudium an, obwohl dem nationalen Gesundheitsdienst bekannt war, dass 13.000 Ärzte gebraucht würden.[397] In Deutschland arbeiten im Jahr 2016 35.000 Ärzte, die im Ausland ihre Ausbildung erhalten haben, das sind immerhin 10 Prozent seines medizinischen Personals. Die meisten von ihnen kommen aus Rumänien (3000) und Griechenland (2500).[398] In Österreich sind es 2000 Ärzte und in der Schweiz 8000, deren Ausbildungskosten von anderen Staaten getragen wurden und werden. Dabei ist interessant zu beobachten, wie sich das Entwicklungsgefälle auch hier auswirkt; denn 5000 von den 8000 ärztlichen »Fremdarbeitern« in der Schweiz kommen aus Deutschland. Die im Migrationsverhalten feststellbare ungleiche Entwicklung zwischen Zentrum und Peripherie setzt sich auch an der Peripherie fort. So kommen in Polen von den insgesamt 2300 ausländischen Medizinern die meisten aus der Ukraine (750) und aus Belarus (250).[399]

Einer der weltweit größten Lieferanten von Medizinern und Krankenpflegepersonal sind die Philippinen; seit dem Jahr 2000 kehrten 11.000 fertig

395 Jean-Arnault Dérens/Laurent Geslin, Kein Bleiben in Banja Luka. Aus: *Le Monde diplomatique* vom Juni 2018, S. 8f. Eine bosnische Konvertible Mark entspricht ca. 50 Eurocent.
396 http://stats.oecd.org/Index.aspx?QueryId=68336 (1.5.2018)
397 http://www.dailymail.co.uk/news/article-2401997/Straight-A-students-forced-abroad-study-medicine-NHS-recruits-record-foreign-doctors.html (1.5.2018)
398 http://stats.oecd.org/Index.aspx?QueryId=68336 (1.5.2018)
399 Ebd.

ausgebildete Ärztinnen und Ärzte dem Inselstaat den Rücken, um in den Zentrumsländern Nordamerikas und EU-Europas ihr Glück zu machen.[400]

Es sind also die Jungen, die oftmals Unverheirateten, die ihre Heimat verlassen (müssen), »viele von den wirtschaftlichen Migranten sind hoch qualifiziert (Ärzte, Architekten, Ingenieure)«, heißt es im IWF-Bericht. 20 Millionen Migranten, das ist die Bevölkerungszahl von Ungarn und Tschechien zusammengezählt. Zuhause finden sie nach den wirtschaftlichen Verheerungen des wilden Kapitalismus mit seinen Privatisierungen und Fabrikschließungen keine Arbeit, in Westeuropa liegt das Lohnniveau drei- bis zehn Mal höher als in ihren Heimatländern.

Unmittelbar nach dem EU-Beitritt der ersten osteuropäischen Länder im Jahr 2004 begann die Sogwirkung der beiden einzigen Alt-EU-Staaten, Großbritannien und Schweden, die ihre Arbeitsmärkte auf der Stelle öffneten und Hunderttausende aus Polen und dem Baltikum anzogen. Geschätzte 1,5 Millionen vornehmlich polnische Menschen zog es damals ins Vereinigte Königreich.[401] Zwölf Jahre später arbeiten 3,7 Millionen OsteuropäerInnen im westlichen Ausland, wobei Polen und Rumänien die stärksten Entsendeländer sind. Laut einer vom »Wiener Institut für Internationale Wirtschaftsvergleiche« (WIIW) verbreiteten Studie, die von der Tageszeitung *Der Standard*[402] in Auftrag gegeben wurde, sind mehr als 15 % aller rumänischen, 10 % aller kroatischen und 6 % aller polnischen Beschäftigten in der Ferne tätig. Einzig Slowenien und Tschechien weisen keine hohe Emigrationsrate auf.

Ärzte, Techniker und Handwerker aus Osteuropa gehen nicht nur der heimischen Wirtschaft ab, sie entziehen dem Staat zudem enorme Mittel, die dieser in ihre Ausbildung investiert hat. So kostet beispielsweise eine medizinische Ausbildung in Deutschland oder Österreich den Steuerzahler 200.000 Euro, zusammen mit den damit verbundenen

---

400 http://www.bbc.com/news/health-21123212

401 Madeleine Sumption/Will Somerville, The UK's new Europeans. Progress and Challenges Five Years after Accession. Januar 2010; Siehe: https://www.migrationpolicy.org/research/uks-new-europeans-progress-and-challenges-five-years-after-accession (20.11.2017)

402 *Der Standard* vom 6. Juli 2016. Sowohl für Polen also auch für Rumänien dürften die tatsächlichen Abwanderungszahlen höher liegen.

Forschungskosten verdoppelt sich der Betrag auf bis zu 400.000 Euro.[403] Ein aus Osteuropa eingewanderter junger Arzt erspart dem Staat (und dem Steuerzahler) diese Kosten; und verursacht sie für sein Heimatland. Die – im EU-Deutsch – ArbeitnehmerInnenfreizügigkeit genannte Formel garantiert den Fortbestand dieses Zustandes.

Die Statistiker des IWF haben sich in ihrer im Juli 2016 publizierten Studie die Mühe gemacht, die Folgen dieser Massenmigration für die Herkunftsländer auch makroökonomisch zu quantifizieren. Ihr Befund legt den ganzen Widersinn der strukturellen Ungleichheit zwischen Ost und West offen und weist dabei der Migration die entscheidende Bedeutung zu. Ohne Wanderungsbewegung, so der IWF, stünde Osteuropa mit einem signifikant höheren Bruttonationalprodukt (BNP) da; konkret: »Hätte es zwischen 1995 und 2012 keine Emigration gegeben, läge das reale BNP durchschnittlich (von Land zu Land ein wenig unterschiedlich, d.A.) um 7 Prozent höher.«[404] Diese Aussage zerstört die Erzählung vom bereichernden Charakter der Migration, zumal das Wachstum in den Zielländern wegen der Wanderungsströme keineswegs um 7 Prozent höher ausfiel.

Doch es kommt noch schlimmer. Laut IWF-Studie hemmen die monetären Rücküberweisungen der Emigranten in ihre Heimat die dortige Wirtschaft. »Während das starke Einströmen der Remittances Investitionen und Konsum ansteigen ließ, führte es auf der anderen Seite zu einer Aufwertung nationaler Währungen, was die Konkurrenzfähigkeit der Ökonomie schwächt.«

Das Fehlen der Jungen und Gesunden und damit der überproportional hohe Anteil alter Menschen in den Herkunftsländern der Migranten verursachen zudem explodierende Kosten im Gesundheits- und Pensionssystem, die die Staaten nicht decken können. »Der Weggang einiger der Jüngsten und Klügsten macht Osteuropas Aufholprozess gegenüber den

---

403 Deutsche Eliteakademie (DEA), Was kostet das Medizinstudium den deutschen Staat, vom 20. Juli 2017, zit.in: Rudolf Hänsel, Exodus vom Balkan wird von reichen EU-Staaten kontrolliert, in: *Neue Rheinische Zeitung* vom 23. August 2017 (2.2.2018)

404 Nadeem Ilahi/Anna Ilyina/Daria Zakharova, Emigration Slows Eastern Europe's Catch Up With the West, 20. Juli 2016. Siehe: https://blogs.imf.org/2016/07/20/emigration-slows-eastern-europes-catch-up-with-the-west/ (20.11.2016)

fortgeschrittenen Ländern zu einer großen Herausforderung«, übt sich der IWF abschließend in diplomatischer Sprache. Seine harten Fakten haben die Situation freilich als strukturell unlösbar erscheinen lassen, verhindern doch die vier kapitalistischen Freiheiten (Waren, Kapital, Dienstleistungen und Arbeitskraft) staatliche Regulierungen z. B. am Arbeitsmarkt. Was der Währungsfonds zur Überwindung der Migrationskrise vorschlägt, klingt dann wie Hohn vor dem Resultat der eigenen Studie. Allen Ernstes drängt wie erwähnt die internationale Finanzorganisation die politische Elite der Herkunftsländer dazu, mittels einer liberaleren Immigrationspolitik Menschen aus »anderen Ländern« anzuwerben, sprich: Ukrainer für den polnischen oder Albaner für den ungarischen Arbeitsmarkt.

Der Migrant auf den Spuren der weltweiten Ungleichheit

Soziale und regionale Differenz sind, wie wir gesehen haben, die entscheidenden Triebkräfte von Wanderungsbewegungen. Wie sich diese ablösen, darüber hat der Wirtschaftswissenschaftler Branko Milanović eine makroökonomische Studie verfasst[405]; die Wirtschaftshistorikerin Andrea Komlosy erklärt damit Änderungen sozialer Grenzziehungen im Weltmaßstab.[406]

Milanović beginnt mit seiner Zahlenreihe im Jahr 1820, einem Zeitpunkt, an dem die ökonomisch-technologische Führungsrolle in der Welt vom ostasiatischen China auf das westeuropäische Großbritannien übergeht.[407] Dieser auch geopolitisch höchst bedeutsamen Zäsur entspricht – im westlichen Zivilisationskreis – auch eine geistig-kulturelle Neuausrichtung des gesamten Menschenbildes, die sich im Zuge der Französischen Revolution nach und nach verdichtete. Die Gottgewolltheit, mit der bis ins späte 18. Jahrhundert der soziale Aufbau einer Gesellschaft ausreichend erklärt werden konnte, war als Argument für den aufgeklärten Menschen nach 1789 nicht mehr ausreichend, um beispielsweise soziale

---

405 Branko Milanović, Die ungleiche Welt. Migration, das Eine Prozent und die Zukunft der Mittelschicht. Berlin 2016
406 Andrea Komlosy, Grenzen. Räumliche und soziale Trennlinien im Zeitenlauf. Wien 2018
407 Vgl. Andre Gunder Frank, Re-Orient. Globalwirtschaft im asiatischen Zeitalter. Wien 2016

Differenz als gegeben zu akzeptieren. Ungleichheit bedurfte irdischer Rechtfertigung, woraus sich ein liberaler Diskurs entwickelte, der die Herrschaft der Reichen legitimierte und die gesamte politische Opposition in seinen Bann zog.[408]

Ungleichheit ist auch der gesellschaftliche Zustand, den Milanović und Komlosy zum Ausgangspunkt nehmen, um Änderungen von Migrationsgeschehen und Grenzregimen verstehen zu können. Folgt man den Makrodaten von Branko Milanović, die wir bereits im Kapitel »Migrationsursachen. Soziale Verwerfung und regionale Disparität« vorgestellt haben, dann wird die Dynamik dieser Ungleichheit bis Anfang des 19. Jahrhunderts von der inneren Klassenlage eines Staates bestimmt. Oder anders ausgedrückt: Die soziale Differenz innerhalb einer Gesellschaft ist dafür entscheidend, ob man reich oder arm geboren wird; und dies relativ unabhängig davon, woher man stammt. Das Leben eines Armen (oder Reichen) unterschied sich vor 200 Jahren nicht besonders, ob er in Russland, China, Indien, Spanien, einem deutschen Fürstentum, in Galizien oder Niederösterreich zur Welt kam und aufwuchs.[409]

Dies änderte sich im Laufe des 19. Jahrhunderts. Die Kluft zwischen reichen und armen Ländern und Regionen wuchs stärker als die Klassendifferenz. Mehr noch: Die Ausbeutung der Völker in den Kolonien Englands, Frankreichs und der Niederlande ermöglichte die soziale Ruhigstellung der unteren Klassen in Europa. Milanović erklärt damit auch den Zusammenbruch der Zweiten (sozialistischen) Internationale zu Beginn des Ersten Weltkrieges und die Zustimmung der deutschen Sozialdemokraten zu den Kriegskrediten im Jahre 1914. Sie glaubten damit ihren – vergleichsweise hohen – Lebensstandard verteidigen zu können. Tatsächlich überstieg dieser am Vorabend des Ersten Weltkrieges den von mittelständischen oder sogar manchen reichen Afrikanern und Asiaten.[410]

Der Kampf gegen die weltweite Ungleichheit verlagerte sich in den Jahrzehnten nach dem Zweiten Weltkrieg, in denen diese extrem anstieg,

---

408 Vgl. Immanuel Wallerstein, Der Siegeszug des Liberalismus (1789–1814). Das moderne Weltsystem IV. Wien 2012, S. 15
409 Milanović 2016, S. 137
410 Milanović 2016, S. 139

folgerichtig von einer Klassenauseinandersetzung hin zum Antiimperialismus. Milanović spricht von einem Ortsbonus, den Menschen, die im reichen Nordwesten einer üblicherweise auf Europa zentrierten Weltkarte leben, bei ihrer Geburt verbuchen können. Einkommen und Wohlstand hängen zum guten Teil davon ab, wo man geboren ist, erst in zweiter Linie ist die Klasse, in die man geboren wird, bestimmend. Diesem (nach über 10,000 Länderperzentilen aufgedröselten) Befund zufolge ist die durchschnittliche Einkommenserwartung eines Kongolesen (der aus dem statistisch ärmsten Land der Welt stammt) 93 Mal geringer als seines US-amerikanischen »Bruders«.[411]

Dass die sozialen Differenzen im Weltdurchschnitt innerhalb von Ländern seit den 1980er-Jahren gegenüber den globalen Ortsboni wieder leicht zunehmen, erklärt Komlosy mit dem Aufstieg von semiperipheren Staaten, allen voran China. Dort »entsteht eine sozioökonomische Dynamik, die einem Teil der Unterschichten den Aufstieg zur Mittelklasse ermöglicht. Dies verstärkt die sozialen Grenzen in den emerging markets der Semiperipherien.«[412] Dazu kommt seit den 1980er-Jahren ein enormes Auseinanderklaffen der sozialen Schere in den Zentren. Neue, digitale Technologien warfen ebenso wie Börsenspekulationen Gewinne in einem Ausmaß ab, die einzelne Personen quasi zu volkswirtschaftlich relevanten Playern machten. Das schlug sich auf die Klassendifferenz nieder.

Migration folgt den Pfaden der weltweiten Ungleichheit; dies umso mehr, als dass die Marginalisierten und Elenden, aber auch die lokale Mittelklasse im sogenannten »globalen Süden« sich am Lebensstil der Zentren orientieren. Dieser kann durch weltweite Vernetzung mittlerweile für den Bedarf des Wanderungswilligen oder Wanderungsgenötigten differenziert aufbereitet werden. Milanović erklärt dies an zwei Beispielen. Je nachdem, ob sich der im abgehängten »globalen Süden« kaum mehr Lebensfähige oder nach materieller Verbesserung Strebende im Zielland seiner Migrationsreise mehr oder weniger Erfolg verspricht, wird er unterschiedlich vorgehen. Strebt er aufgrund seiner Ausbildung eine bessere Position an,

411 Milanović 2016, S. 142
412 Komlosy 2018, S. 148

so wird er sich wahrscheinlich in ein Land aufmachen, in dem die soziale Ungleichheit größer ist und er damit leichter nach oben zu kommen hofft. Sein Traumland werden in diesem Fall vermutlich die USA sein. Erwartet ein potenzieller Migrant jedoch, im Zielland am unteren Ende der Einkommensskala anzukommen, so empfiehlt es sich, in eine egalitärere Gesellschaft einzuwandern, weil er dort mehr staatliche oder kommunale Unterstützung erwarten kann. Schweden, Deutschland oder Österreich gehören dann zu seinen Favoriten. »So hat ein besonders gut entwickelter Sozialstaat die ungewollte Auswirkung, Migranten anzulocken, die weniger qualifiziert sind und weniger zum Sozialstaat beitragen können«,[413] resümiert Milanović und erklärt damit auch wissenschaftlich, was bei der großen Wanderung der Muslime im Herbst 2015 nach Europa passiert ist.

Die Reaktion von Unternehmern und den schlecht ausgebildeten Arbeitern in den Zielländern fasst Komlosy zusammen: »Aus der Perspektive des Kapitals sind diese Zuwandernden willkommen, weil sie mit ihrer Bereitschaft zur Flexibilität dazu beitragen, Deregulierung und Prekarisierung gegenüber bestehenden Belegschaften durchzusetzen bzw. Erwerbsarbeitslose zur Annahme prekärer Arbeitsverhältnisse motivieren. Diese erleben die MigrantInnen als KonkurrentInnen und folgen deshalb oft rassistischen Bewegungen und Parteien, die diese als Ursache für ihren Abstieg darstellen.«[414]

Mobilität zwecks Krisenabfederung

Der (post)moderne sozial- und wirtschaftswissenschaftliche Diskurs kehrt zu malthusianischen Formeln zurück, die sich freilich in neuen Gewändern zeigen. Auch die Parameter haben sich geändert. So geht es nicht mehr wie im 18. und 19. Jahrhundert um einen »beschränkten Nahrungsspielraum« in »übervölkerten Gebieten«, der einen »differenziellen Bevölkerungsdruck« erzeugt, woraufhin sich Menschen zur Abwanderung entschließen (müssen). Im liberalen Gedankengebäude der Jetztzeit ist es die Konkurrenzfähigkeit

413   Milanović 2016, S. 144
414   Komlosy 2018, S. 149

eines Unternehmens oder einer Region, die Theoretiker wie Praktiker der Globalisierung umtreibt. Ist eine solche Konkurrenzfähigkeit gefährdet – und sie steht permanent auf dem Prüfstand des kapitalistischen Wettbewerbs –, gilt es, entsprechend zu reagieren.

So heißt es beispielsweise in einer Studie der Deutschen Bank aus dem Jahr 2013: »Die Anpassungen an einen Angebotsschock laufen wie folgt: Im Zuge der sinkenden Produktion steigt die Arbeitslosigkeit in einem Land an. (…) Arbeitnehmer, die in ihrem Heimatland keine Beschäftigung mehr finden, wandern in ein Land mit stabiler Nachfrage und höheren Löhnen ab – und zwar so lange, bis sich Lohnstückkosten und Preisniveau zwischen Heimat- und Zielland angeglichen haben. Damit das geschehen kann, muss die Arbeitskräftemobilität hinreichend hoch sowie Löhne und Preise in und zwischen den Ländern (…) flexibel sein.«[415] Arbeitswanderung gilt dieser neoklassischen Gleichgewichtstheorie zufolge als natürlicher Vorgang. Menschen haben nicht hinterfragbaren ökonomischen Dynamiken von Angebot und Nachfrage zu folgen, eine von Renditeerwartungen getriebene Wirtschaft gibt darin den Takt vor.

Technische oder logistische Rationalisierungen sind die klassische Form, verlorene Positionen im weltweiten Kampf um Kostenvorteile aufzuholen. Und mittels Markterweiterungen können überproduzierte Waren anderswo abgesetzt werden. Sind sämtliche Märkte verstopft, bleibt dem Kapital die Flucht in die spekulative Sphäre, deren zyklische Blasenbildung nebst sozialen Katastrophen die Vernichtung überschüssigen Kapitals mit sich bringt.

Innerhalb eines Währungsraumes wie der »Euro«-Zone der Europäischen Union, in der nationale Auf- oder Abwertungen zur Positionsveränderung im Wirtschaftstreiben nicht mehr möglich sind, bleiben drei systemimmanente Möglichkeiten, wie auf Krise und Konkurrenzverlust reagiert werden kann. Eine gesetzlich verordnete Lohnsenkung, wie sie der deutsche Kanzler Gerhard Schröder mit seiner Agenda 2010 im Jahr 2003 betrieben hat. Sie erhöht die Exportchancen einer Volkswirtschaft,

415 Bernhard Gräf/Stefan Schneider, Ausblick Deutschland. Deutsche Sonderstellung – Gefahr für den Euro? (Research-Analyse der Deutschen Bank vom 14. Juni 2013), zit. in: Patrick Schreiner, Migration, Lohnkonkurrenz und die vier Grundfreiheiten in Europa. In: Tölle/Schreiner (Hg.) 2014, S. 116

in diesem Fall der deutschen. Sie findet anstelle einer im »Euro«-Raum nicht gangbaren Währungsabwertung statt, weswegen sie auch »innere Abwertung« genannt wird. Die zweite Möglichkeit, einem sogenannten asymmetrischen Schock zu begegnen, besteht im fiskalischen Transfer von einer reicheren zu einer ärmeren Volkswirtschaft. Die Hilfsgelder für das bankrotte Griechenland, bereits 2010 im Zuge des »Euro-Rettungsschirms« beschlossen, wurden als eine solche Transferzahlung verbucht, halfen jedoch nicht der kaputten Volkswirtschaft, sondern dem Bankensektor und der – wiederum vornehmlich – deutschen Exportindustrie.[416] Als dritten Weg zur Überwindung eines wirtschaftlichen Schocks sehen liberale und auch keynesianisch argumentierende Ökonomen die Mobilisierung von Menschen als Arbeitskräfte an günstigere Standorte. Schon 1961 schrieb der kanadische Volkswirt Robert Mundell[417] von der Arbeitsmobilität als krisenlösender Notwendigkeit.

In der Schriftenreihe des »Europa-Kollegs Hamburg«, einer privat-rechtlichen Stiftung zur Förderung der europäischen Integration, hat man sich ausschweifende Gedanken gemacht, wie insbesondere höher qualifizierte Arbeitskräfte weltweit abgesaugt und dem eigenen Nutzen zugeführt werden können. »Ähnlich wie Kapital« sei, so die beiden Autoren Thomas Straubhaar und Achim Wolter,[418] »Arbeit zu einem mobilen Produktionsfaktor« geworden. Die von Karl Marx als »variables Kapital«[419] beschriebene Arbeitskraft – gegenüber dem »konstanten Kapital«einsatz – wird also von Ideologen des Kapitalismus als mobiler Produktionsfaktor beschrieben. Straubhaar und Wolter repräsentieren geradezu idealtypisch die Verbindung von Kapital, Militär und liberalem Staat. Ersterer lehrte lange Jahre Wirtschaftspolitik an der Universität der Bundeswehr in

416 Siehe dazu: Nikos Chilas/Winfried Wolf, Die griechische Tragödie. Rebellion, Kapitulation, Ausverkauf. Wien 2016

417 Robert Mundell, A Theory of Optimum Currency Areas. In: American Economic Review Nr. 51 (4), o. O. 1961, S. 657-665; zit. in: Andreas Mayer, EU-Binnenmobilität vor dem Hintergrund einer unvollkommenen Währungsunion. In: Tölle/Schreiner (Hg.) 2014, S. 94

418 Thomas Straubhaar/Achim Wolter, Migration in Europa – Neue Dimensionen, neue Fragen, neue Antworten. In: Wolter 1999, S. 13

419 Karl Marx/Friedrich Engels, Werke. Band 23, Das Kapital, Bd. 1, Dritter Abschnitt. Berlin 1968, S. 214-225

Hamburg und ist Vertrauensdozent der liberalen Friedrich-Naumann-Stiftung, der zweite Autor arbeitet bei der Siemens-Unternehmensberatung. Um schlechte Standortbedingungen eines im weltweiten Konkurrenzkampf stehenden Konzerns verbessern zu können, so das Autorenduo, »reduziert sich Wirtschaftspolitik heute zur Wettbewerbspolitik der immobilen um die mobilen Produktionsfaktoren. (...) Ferner spricht die generell gestiegene Bedeutung von Humankapital auch für die Entwicklung einer europäischen Einwanderungspolitik und die innergemeinschaftliche Freizügigkeit von Drittstaatenangehörigen. (...) Für die EU dürfte somit in näherer Zukunft nicht ein Zuviel, sondern ein Zuwenig an Migration Probleme bereiten. Denn zur Überwindung regionaler oder sektorieller Arbeitsmarktungleichgewichte wird es heute immer dringlicher, nationale Arbeitsmärkte zu öffnen.«[420]

Staatlich betriebene Ausbildung war gestern, so die begleitende, nicht ausgesprochene Botschaft. Zentralräume, die es sich leisten können, sollen einfach die weltweit besten und billigst verfügbaren ArbeiterInnen importieren. Gemeinwesen und Unternehmen sparen auf diese Weise Kosten bzw. verschieben sie in jene Länder, aus denen die Migranten kommen.

Auch das grundsätzliche Problem bei der Mobilisierung von kostengünstigen Produktionsfaktoren, also Arbeitern, haben Straubhaar und Wolter erkannt: »Eigentlich sind Menschen außerordentlich seßhaft und immobil. In ›normalen‹ Zeiten bleibt Migration daher die Ausnahme und nicht die Regel.«[421] Die Schwierigkeiten der Mobilisierung werden am Beispiel der Osterweiterung aufgezeigt. Ein rasches Ansteigen des Entwicklungsstandes der mittel- und osteuropäischen Länder lässt die Anreize zur Migration sinken, warnen die Autoren. Sie können sich beruhigt zurücklehnen, denn ein solch befürchteter sozialer oder regionaler Ausgleich ist ohnehin nicht vorgesehen, dafür sorgt schon eine von Brüssel betriebene Politik der sozialen und steuerpolitischen Divergenz. Und »normale« Zeiten gilt es eben, folgt man den Kapital- und Migrationsapologeten, tunlichst zu

---

420 Thomas Straubhaar/Achim Wolter, Migration in Europa – Neue Dimensionen, neue Fragen, neue Antworten. In: Wolter 1999, S. 14/15
421 Ebd., S. 15

vermeiden. Dank der seit Jahrzehnten gut geölten NATO-Kriegsmaschine, in die fast alle EU-Mitgliedstaaten direkt eingebunden sind, kennt die Welt zunehmend weniger und kürzere »normale« Zeiten. Also schreitet die Mobilisierung (plus anschließender Auswanderung) gerade auch der gut Qualifizierten zügig voran. Es liegt an den herrschaftsaffinen Medien und den angeblich kritischen Sozialwissenschaften, diese Tatsache nicht so offen wie das Europa-Kolleg Hamburg zu beschreiben, sondern als gesamtgesellschaftlichen sowohl wirtschaftlichen wie auch kulturellen Gewinn darzustellen.

Die neuere Entwicklungsforschung hat sich genau dieser Aufgabe verschrieben. In einem ersten Schritt verwirft sie jene Erkenntnisse, wonach weltweit bestehende Ungleichheiten periphere Regionen strukturell aussaugen und Zentralräume davon profitieren. Von kolonialen Verhältnissen darf keine Rede mehr sein. Nach der selbst zur Aufgabe gestellten »Dekonstruktion« einer Komplementarität von Entwicklung und Unterentwicklung, wie sie in der Weltsystemkritik eines Dieter Senghaas[422], eines Andre Gunder Frank[423] oder der Studie von Fröbel/Heinrichs/Kreye[424] über die internationale Arbeitsteilung zum Ausdruck kommt, individualisiert die neuere Migrationsforschung die Problemlage. Ihr Kosten-Nutzen-Blick wirft in einer aktuellen Publikation beispielsweise die Frage auf, ob »die Abwanderung qualifizierter Arbeitskräfte negative Entwicklungseffekte auf Herkunftsländer hat (Braindrain)«.[425] Die Antwort folgt auf dem Fuß und überrascht nicht: »Mobilität von Hochqualifizierten aus Entwicklungsländern ist nicht einfach a priori als Verlust für die Herkunftsländer zu

422 vgl. z. B. Dieter Senghaas (Hg,), Wirtschaftsordnung und Entwicklungspolitik. Plädoyer für Dissoziation. Frankfurt/Main 1977; siehe auch: Senghaas (Hg.), Peripherer Kapitalismus. Analysen über Abhängigkeit und Unterentwicklung. Frankfurt/Main 1974

423 Andre Gunder Frank, The Development of Underdevelopment, in: *Monthly Review*, September 1996; siehe auch: Frank, Abhängige Akkumulation und Unterentwicklung. Frankfurt/Main 1980

424 Volker Fröbel/Jürgen Heinrichs/Otto Kreye, Die neue internationale Arbeitsteilung. Strukturelle Arbeitslosigkeit in den Industrieländern und die Industrialisierung der Entwicklungsländer. Reinbek bei Hamburg 1977. Siehe auch: Fröbel/Heinrichs/Kreye, Umbruch in der Weltwirtschaft. Die globale Strategie: Verbilligung der Arbeitskraft/Flexibilisierung der Arbeit/Neue Technologien. Reinbek bei Hamburg 1986

425 Albert Kraler/Marion Noack, Migration und Entwicklung: Interessen, Akteure und Arenen eines erfolgreichen Diskurses. In: Ilker Ataç u. a. (Hg.), Migration und Entwicklung. Neue Perspektiven. Wien 2014, S. 29/30

sehen …«, heißt es. Denn, so die mit dem oben dargelegten neoliberalen Ansatz kompatible Argumentation, »in dem Maße, in dem Herkunftsstaaten ein institutionalisiertes Interesse an ihren Diasporas gebildet haben, geht damit auch eine Veränderung des Verständnisses von (Staats)Bürgerschaft einher, die EmigrantInnen zu einer wichtigen Zielgruppe der Innenpolitik an der Schnittstelle zur Außenpolitik macht.«[426] Migranten werden in dieser Wahrnehmung zur Drehscheibe einer imaginierten Weltgesellschaft. Oder in anderen Worten: Zusätzlich zu der unumstrittenen Tatsache, dass es jeder Migrant vom Tellerwäscher zum Millionär bringen kann (solange es nicht jeder schafft), weicht in der Vorstellung der neuen, postmodernen Forschung Migration auch nationale und kulturelle Identität auf. In Einzelfällen mag dies richtig sein oder auch für bestimmte Wanderungswellen zutreffen, die strukturelle Ungleichheit zwischen Push- und Pull-Ländern wird damit aber nicht beseitigt; im Gegenteil: Sie nimmt nun quasi außenpolitisch/geopolitische Dimensionen an, was im Fall einer Krise zwischen Herkunfts- und Ziელländern rasch zu einer Verschlechterung der zwischenstaatlichen Beziehung führen kann.

Das türkisch-deutsche und das türkisch-österreichische Verhältnis nach dem gegen Recep Tayyip Erdoğan gerichteten Putschversuch vom 15./16. Juli 2016 mögen dies als Beispiel verdeutlichen. Beide Zielländer türkischer MigrantInnen wussten es zu verhindern, dass im Zuge des türkischen Verfassungsreferendums vom 16. April 2017 hoch- und höchstrangige Politiker aus Ankara auf Veranstaltungen in Deutschland oder Österreich auftreten konnten. Die Atmosphäre zwischen den politischen Eliten der migrantischen Herkunfts- und der Zielländer ist seither vergiftet, weil die türkischen EmigrantInnen an der Schnittstelle zur Außenpolitik nicht entsprechend den Wünschen und Vorgaben des Zentrums, also des Ziellandes, agiert haben.

So mancher linksliberale Migrationsforscher wiederum sorgt sich um die ökonomischen Effekte von Einwanderung im zentralen Zielland, also in Deutschland. In der nach dem großen muslimischen Ansturm des Jahres 2015 entbrannten Debatte, ob mehr als eine Million Flüchtlinge

426 Ebd., S. 31

volkswirtschaftlich positiv oder negativ zu Buche schlagen, nehmen diese Forscher meist die optimistische Position ein. Damit befinden sie sich in Übereinstimmung mit Vertretern des praktizierten Neoliberalismus. Denn während konservativ-liberale Ansätze vom Münchner Ifo-Institut und seinem langjährigen Leiter Hans-Werner Sinn davon ausgehen, dass Massenzuwanderung »im Saldo finanziell mehr kostet als sie durch zusätzliche spätere Wertschöpfung an finanziellen Erträgen für den Steuerstaat und die Sozialversicherungen erzeugen wird«,[427] sehen das dem adjektivlosen Liberalismus anhängende Stimmen anders. Für das »Deutsche Institut für Wirtschaftsforschung« (DIW) z. B. »bringt die Zuwanderung Deutschland einen ökonomischen Nutzen, weil sie einer alternden und rückläufigen Bevölkerung neue Arbeitskräfte hinzufügt«,[428] so das demografische Argument. Der Linkskeynesianer Michael Wendl, Gewerkschaftsfunktionär und parteipolitisch zwischen SPD und Die Linke pendelnd, toppt diese Sicht noch und wertet die Masseneinwanderung in der Zeitschrift *Sozialismus* als »konjunkturpolitischen Glücksfall«. Ihm zufolge hat »die Integration der Flüchtlinge in die deutsche Gesellschaft und in den deutschen Arbeitsmarkt (…) deutlich positive Multiplikatoreneffekte, weil durch die unmittelbar notwendigen Ausgaben für Wohnungen und Qualifizierungen weitere Ausgaben und Investitionen angestoßen werden.«[429] Die Sorge um die heimische, die deutsche Konjunktur lässt also manche linke Forscher in der Migration eine staatsnachfragende Hoffnungsträgerin sehen. Sie soll ähnliche Impulse liefern wie die Exportförderung. Wenn die Nachfrage nach deutschen Exportgütern am Weltmarkt sinkt, muss eben die inländische Nachfrage angekurbelt werden. Die staatliche, milliardenschwere Versorgung von MigrantInnen mit Wohnraum, Ausbildung und Mindestsicherung könne diese Funktion erfüllen. Statt der Agenda 2010 und ihrer »inneren Abwertung« setzen die heutigen Keynesianer auf Nachfrage durch Migrantenimport.

427 zit. in: Conrad Schuhler, Die große Flucht. Ursachen, Hintergründe, Konsequenzen. Köln 2016, S. 58
428 Ebd.
429 Michael Wendl, Die Flüchtlingsmigration – ein konjunkturpolitischer Glücksfall. In: *Sozialismus* Nr. 2/2016, S. 45; zit. in: Schuhler, S. 59

Das Abfeiern des volkswirtschaftlichen Gewinns durch einen ständigen Zufluss an MigrantInnen in die Zentren müsste kritische Geister eigentlich hellhörig machen. Die Frage, wer die Verluste dieses menschlichen Transfers trägt, bleibt ungestellt. Stattdessen haben sich in den vergangenen zwei Jahrzehnten Stimmen Gehör verschafft, die einer Win-win-Situation das Wort reden. Die neuere Migrationsforschung sprang mehrheitlich dem herrschenden globalistisch-neoliberalen Diskurs zur Seite. Ihr zufolge gibt es in der Migrationsfrage keine Verlierer; die Kritik am Braindrain wird als überholt bezeichnet, die wirtschaftlichen und sozialen Kosten der peripheren Push-Länder würden in der Gesamtrechnung kein Minus, sondern sogar ein Plus ergeben. Verantwortlich dafür seien die Rücküberweisungen der Auswanderer, auf Englisch Remittances genannt.

Tatsächlich ist die Dimension dieser Rücküberweisungen beachtlich. Und sie steigen kontinuierlich, was angesichts des Anstieges der Migration kein Wunder ist. Eine Weltbank-Studie schätzt, dass im Jahr 2013 knapp 500 Milliarden US-Dollar an Rücküberweisungen in den sogenannten »globalen Süden« geflossen sind, der allergrößte Teil davon nach China und Indien.[430] Zwanzig Jahre zuvor waren es nur 40 Milliarden US-Dollar gewesen. Doch anstatt diese Zahl als Ausdruck einer aus dem Ruder gelaufenen weltwirtschaftlichen Entwicklung zu sehen, die jedes Jahr mehr und mehr Millionen von Menschen aus ihrer Heimat vertreibt, die anderswo ihren Lebensunterhalt so gestalten, dass sie die daheim gebliebenen Familien mitversorgen, dreht die neue Migrationsforschung diese Erkenntnis ins Gegenteil. »Die Migration ist vom ›Problem‹ zur ›Lösung‹ geworden«, fasst die junge Gender- und Migrationsforscherin Edma Ajanovic[431] den Stand der Wissenschaft griffig zusammen. Das Aussaugen der zurückgebliebenen Familien und Gesellschaften, die Migranten produzieren und im Notfall auch wieder sozial aufnehmen und reproduzieren, wird nicht thematisiert.

Folgerichtig ist in diesem Argumentationsstrang Migration zu befürworten. Sie sei dazu angetan, die Entwicklungsdefizite peripherer Länder

---

430 World Bank, Migration and Development, Brief 21. Washington 2013
431 Edma Ajanovic, Remittances – more than money? In: Ataç u. a., Migration und Entwicklung. Wien 2014, S. 101

zu überwinden. Die Rücküberweisungen der Migranten, so heißt es weiter, »helfen die Armut besiegen; sie steigern und diversifizieren das Haushaltseinkommen; sie werden in Bildung, Gesundheit und in Unternehmensgründungen investiert und stellen auf der Makroebene wichtige Quellen von Fremdwährung dar.«[432] Wortgleich kann man Lobeshymnen auf politisch oder wirtschaftlich erzwungene Wanderungsbewegungen (andere existieren in großem Umfang nicht) bei der Weltbank[433] oder im Bericht des UN- Entwicklungsprogramms[434] lesen.

Doch mit den – angeblichen – materiellen Gewinnen, die Migration für die Herkunftsländer der Auswanderer abwirft, geben sich die ForscherInnen nicht zufrieden. Sie orten sogenannte »social remittances« als bedeutsame Entwicklungsanschübe. Darunter werden Know-how-Transfers – also Wissen und Ideen – verstanden, die über Migranten entwicklungsschwachen Ländern zugutekommen.

Wie stark es sich bei derlei Postulaten um Wunschvorstellungen handelt, die oft der Absicht entspringen, bestehende Ungleichgewichte rechtfertigen zu müssen, zeigt ein Blick in die Wirklichkeit. Sowohl China und Indien, die Länder mit dem höchsten Anteil an Rücküberweisungen durch die Diaspora, hängen in ihren sehr unterschiedlichen Entwicklungspolitiken keineswegs vom Geld oder dem Know-how der fern der Heimat lebenden Landsleute ab. Sie entwickeln ihren Industrie- und Dienstleistungssektor – wie auch die Landwirtschaft – sowohl aus eigenem, im Land vorhandenem Potenzial als auch über das Kopieren importierter Technik, die meist im Zuge ausländischer Direktinvestitionen ins Land kommt.

Und eines jener europäischen Länder, das den höchsten Anteil an Remittances aufweist, der Kosovo, ist dem Autor aus eigener Recherche gut bekannt. Obwohl, oder genauer gesagt: weil seit Jahren 20 % des Bruttoinlandsproduktes aus Rücküberweisungen besteht,[435] liegt die Wirtschaft des

432   ebd., S. 102
433   World Bank, Global Economic Prospects: Economic Implications of Remittances and Migration. Washington 2006
434   UNDP, Human Development Report. Overcoming Barriers: Human Mobility and Development. New York 2009
435   Hannes Hofbauer, Experiment Kosovo. Die Rückkehr des Kolonialismus. Wien 2008, S. 171f.

Kosovo seit Anbeginn am Boden. Denn in aller Regel dienen Remittances zur Aufbesserung des kargen Haushaltsgeldes von Familien, die eines ihrer Mitglieder – meist den kräftigsten jungen Mann – in die Fremde drängt, um mit dem dort verdienten Geld die Daheimgebliebenen zu unterstützen. Das erkennen auch die forschenden Migrationsbefürworter, die dann von »Konsum-Remittances« schreiben, denen sie einen »Trickle-Down-Effekt« zuschreiben. Sie hängen damit am Strohhalm der Modernisierungstheorie, wonach steigender Wohlstand bei den Reichen irgendwann auch zu den Armen durchsickert. Die Geschichte hat diesem letztlich voluntaristischen Bild bislang nicht recht gegeben.

Entwicklung durch Migration?

Modernisierungstheorien bestimmen auch den Diskurs in der Migrationsfrage. Sie zeichnen das Bild einer unaufhaltsam, quasi naturgesetzlich aufstrebenden menschlichen Entwicklung. Marxistische und liberale Fortschrittsfantasien mögen sehr unterschiedliche Ausprägungen kennen, in ihrer Linearität sind sie sich ähnlich. In der aktuell vorherrschenden liberalen Version gehört Migration zur Entwicklung einer fortschrittlichen Gesellschaft dazu. Je höher dieses Stadium, desto großräumiger werden Wanderungsbewegungen. Der US-amerikanische Demograf Wilbur Zelinsky[436] beschrieb bereits Anfang der 1970er-Jahre diesen Zusammenhang von Entwicklung und Migration. »Entwicklung durch Mobilität« wurde seither zum Glaubensbekenntnis einer ganzen Reihe von Fachgebieten, bis sich ein eigener Strang unter dem Titel Migrationsforschung herausbildete. Ein solcher darf heute auf keiner sozialwissenschaftlichen Fakultät fehlen.

Dass Migration – vermeintlich – zu gesellschaftlichem Fortschritt dazugehört, diesen Gedanken prägte der bekannte deutsche Kulturphilosoph Georg Simmel. In seinem 1908 erschienenen Klassiker *Soziologie* entwickelt er die Figur des Randständigen, der als Entwurzelter und Heimatloser

---

436 Wilbur Zelinsky, The Hypothesis of the Mobility Transition. In: *Geographical Review* Nr. 61, S. 219ff.

am Rande der Gesellschaft lebt, diese aber gerade dadurch voranbringt.[437] Simmels Schüler Robert Ezra Park[438] überträgt die zeitgleich von Friedrich von Hayek gefeierte liberale Wirtschafts- und Gesellschaftsordnung auf die Migrationsfrage. Wie der kompromisslose neoliberale Ökonom glaubt Park an die schöpferische Kraft des Zerstörerischen. Das Aufeinanderprallen von unterschiedlichen Kulturen mit den damit unweigerlich einhergehenden Konflikten begreift er als »Befreiung aus der räumlichen und sozialen Gebundenheit«; der Fremde stellt für ihn »ein Hybrid dar, der durch die größere Freiheit, losgelöst von sozialen Fesseln, eine Vorreiterrolle einnehmen kann und den kulturellen Wandel vorantreibt«.[439]

Von Hayek und Park repräsentieren beide die Anfänge des neoliberalen Weltbildes der späten 1920er-Jahre. Eine moderne Gesellschaft verstehen sie als eine verwertungsorientierte und akkumulationsgetriebene. Der entwurzelte Migrant stellt darin den Gegenpol zum Kapital dar, seine Marginalität steht der Zentralität – der Macht – des Unternehmers gegenüber, ohne ihr wirksam entgegentreten zu können. Stattdessen klammert er sich an die individuell gegebene Möglichkeit, qua Mobilität soziale Aufstiegschancen zu erhalten, entsprechende gesellschaftliche Durchlässigkeit vorausgesetzt.

So unbestreitbar die Zerstörungen durch Krieg, Krise und Subsistenzverlust sind, die Menschen aus der Not heraus mobilisieren, so viel Anstrengung wird auch heute wieder unternommen, um diese Tatsache als positive Triebkraft für die Gesellschaften sowohl der Herkunfts- als auch der Zielländer der Migration darzustellen. Die Europäische Kommission hat mit ihrem 2005 vorgelegten »Global Migration Approach« tief in diese Kerbe geschlagen. Sie postuliert darin den nutzbringenden Charakter von Zuwanderung in die Länder der Europäischen Union. Die einzelnen Nationalstaaten folgen – wie üblich – diesen Vorgaben, so auch der »Sachverständigenrat deutscher Stiftungen für Integration und

---

437 Georg Simmel, Soziologie. Untersuchungen über die Formen der Vergesellschaftung. Leipzig 1908; zit. in: Felicitas Hillmann, Migration. Eine Einführung aus soziogeographischer Perspektive. Stuttgart 2016, S. 33
438 Robert Ezra Park, Human Migration and the Marginal Man, in: *American Journal of Sociology* Nr. 33 (1928), S. 881f., zit. in: Hillmann 2016, S. 33
439 Hillmann 2016, S. 33

Migration«. Ihm zufolge wird »Migration nicht mehr als Scheitern von Entwicklung betrachtet, sondern als Teil des Entwicklungsprozesses«.[440] Damit erfüllt sich die liberale Agenda, die den Menschen in erster Linie als möglichst billigen Produktionsfaktor begreift und dieser Sicht alles andere unterordnet.

Was betriebswirtschaftlich für den Unternehmer kurz- und mittelfristig sinnvoll ist, nämlich die Kosten durch ständigen Zufluss von MigrantInnen auf den Arbeitsmarkt niedrig zu halten und damit im weltweiten Konkurrenzkampf zu bestehen, kann sich volkswirtschaftlich langfristig desaströs auswirken; und zwar auch innerhalb der liberalen Parameter. Denn eine permanente Niedriglohnkultur verschiebt oder verhindert technische Innovationen und Rationalisierungen; und zwar deshalb, weil der Druck dazu aufgrund niedriger Arbeitskosten fehlt. Dieses Phänomen trug in der ersten Hälfte des 19. Jahrhunderts dazu bei, dass die weltwirtschaftliche Führerschaft Chinas durch Großbritannien abgelöst wurde. Der Überschuss an menschlicher Arbeitskraft im Reich der Mitte machte Innovationen nicht nötig, während der Mangel an selbiger England zur Industriellen Revolution trieb.[441]

Ähnlich könnte sich die gigantische Migrationswelle zur Mitte der 2010er-Jahre auswirken, indem sie den vom deutschen Bundeskanzler Gerhard Schröder mit seiner Agenda 2010 geschaffenen Niedriglohnsektor fortsetzt und vertieft. Merkels Willkommensgruß würde sich für die kurz- und mittelfristigen Profiteure langfristig als Konkurrenznachteil erweisen.

Dass man auch ganz anders als mit liberalem Analysewerkzeug an das Thema Migration und Entwicklung herangehen kann, zeigt der slowenische Philosoph Slavoj Žižek. Das Wort Entwicklung nimmt er nicht

---

440 Sachverständigenrat deutscher Stiftungen für Integration und Migration (Hg.), Migrationsland 2011, o. O., siehe: www.svr-migration.de/content/wp-content/uploads/2011/04/jg-2011.pdf, zit. in: Kirsten Hösch, Andocken oder Abschotten? Europäische Arbeitsmigrationspolitik zwischen Wirtschaftsinteressen und Kontrollprimat. In: Tölle/Schreiner (Hg.) 2014, S. 42

441 Vgl. Ronald Demos Lee, Malthus and Boserup: A Dynamic Synthesis. In: David Coleman/ Roger Schofield (Hg.), The State of Population Theory. Forward from Malthus. Oxford-New York 1996, zit. in: Andre Gunder Frank, ReOrient. Globalwirtschaft im Asiatischen Zeitalter. Wien 2016, S. 392

in den Mund, wenn er über erzwungene Migration spricht. Wenn er die Massenwanderungen der vergangenen Jahre analysiert, kann er dem Zerstörerischen nichts Positives abgewinnen. »Wir müssen uns vergegenwärtigen, dass die meisten Flüchtlinge aus ›gescheiterten Staaten‹ kommen, in denen die Hoheitsgewalt zumindest in Teilen mehr oder weniger außer Kraft gesetzt ist (Syrien, Libanon, Irak, Libyen, Somalia, Kongo, Eritrea).« Dann macht er für das Scheitern dieser Staaten direkt die westlichen Eingriffe verantwortlich: »Der Zusammenbruch der dortigen Staatsgewalt ist kein lokales Phänomen, sondern die Folge der internationalen Politik und Wirtschaft, in manchen Fällen, wie in Libyen und im Irak, sogar das unmittelbare Resultat einer westlichen Intervention.«[442]

Wer sich für die Gründe der neuen Migrationsbewegung ernsthaft interessierte, konnte sie also kennen. Und er musste und muss nicht dem neoliberalen Narrativ folgen, das daraus unbedingt etwas Positives (für die Zielländer) ableitet. Das Elend im Nahen Osten und in Nordafrika ist zu sichtbar. Und es war vorhersehbar. Warnende Stimmen gab es genug. »Hört zu, Völker der NATO«, ließ sich kurz vor seinem Tod der libysche Revolutionsführer Muammar Gaddafi vernehmen. »Ihr bombardiert eine Mauer, die den Weg der afrikanischen Migration nach Europa und den Weg der Terroristen von al-Qaida versperrt hat. Diese Mauer war Libyen. Ihr Idioten reißt sie nieder, und ihr werdet in der Hölle schmoren für Tausende Migranten aus Afrika und weil ihr al-Qaida unterstützt habt. So wird es sein, ich lüge auch jetzt nicht.«[443] Gaddafis Prophezeiung traf ein, er selbst fiel einem von der westlichen Militärallianz gedeckten Meuchelmord zum Opfer.

Fortschrittliche, linke Positionen, die grenzüberschreitende Migration kritisch und entwicklungshemmend sehen, sind rar gesät. Eine dieser Stimmen gehört dem US-Amerikaner Colin Hines, der mit einem Aufruf zu einem neuen, grünen New Deal in den 2000er-Jahren auf sich aufmerksam machte. In seiner Studie »Progressive Protectionism. Taking

---

442 Slavoj Žižek, Der neue Klassenkampf. Die wahren Gründe für Flucht und Vertreibung. Berlin 2015, S. 41

443 Ludmilla Alexandrovna, Wird Gaddafis düstere Prophezeiung betreffend Europa in Erfüllung gehen?, siehe: http://antikrieg.com/aktuell/2015_09_10_wirdgaddafis.htm (17.5.2018)

Back Control«[444] diskutiert er, wie Wanderungsbewegungen einzudämmen wären. Einen wesentlichen Hebel sieht er darin, lokale Wirtschaftskreisläufe weltweit zu stärken, um damit strukturelle Ungleichheiten, wie sie sich im Zeitalter zunehmender Globalisierung immer stärker herausbilden, eindämmen zu können. Das Ziel muss es sein, so Hines, »die neue, permanente Migration zu beenden«, und zwar mit einer fortschrittlichen Wirtschaftspolitik, die auf fairer Besteuerung, dem Zurückdrängen des Waffenhandels und einem Ende des Raubzugs an nichterneuerbaren Energiequellen basiert. Nur eine gerechtere Verteilung der Güter dieser Welt kann bewirken, dass Menschen nicht aus einer durch Kriege und Profitwirtschaft entstandenen Notlage heraus ihre Heimat verlassen müssen, um sich in die Fremde aufzumachen.

Konzepte für eine ökonomische Subsidiarität, nach der Produktion und Handel so kleinräumig wie irgend möglich betrieben werden, wären dafür auszuarbeiten.[445] Dass dies eine völlige Trendumkehr bedeuten würde, versteht sich von selbst.

444   Colin Hines, Progressive Protectionism. Taking Back Control, o. O.o.Z. (2017), siehe: http://progressiveprotectionism.com/wordpress/ (20.2. 2018)
445   Hannes Hofbauer/Andrea Komlosy, Raus aus der Integrationsfalle! Überlegungen zu einer Welthauswirtschaft. In: *Utopie kreativ*. Diskussion sozialistischer Alternativen, Nr. 91/92. Berlin Mai/Juni 1998, S. 30-40

GESELLSCHAFTLICHE AUSWIRKUNGEN DER MIGRATION: Den Diskurs beherrschen

Vom Konzept der Assimilation zur Ideologie der Diversität

Die amerikanischen und europäischen Revolutionen der Jahre 1776 bis 1848 richteten sich nicht nur gegen eine angeblich gottgegebene Adelsherrschaft, es gelang ihnen auch, den Begriff der Nation, der zuvor an den sozialen Stand gebunden war, zu territorialisieren. Davor verstand sich beispielsweise der Adel oder die Universität als »Nation«, während sich nach den gesellschaftlich-revolutionären Umwälzungen ein territoriales und später auch ethnisches Verständnis von Nation durchsetzte. Das räumliche Nationsverständnis entsprach durchaus den Vorstellungen einer Markterweiterung der besitzenden Bürgerklasse; es wurde über die neue, post-feudale Staatsform durchgesetzt. Damit dies gelang, war es freilich zuallererst notwendig, den Träger dieses national gebundenen Territoriums zu erschaffen. Also trat an die Stelle des Untertans, der oft mehreren Herren gleichzeitig zu dienen und ihnen unterschiedliche Abgaben zu leisten hatte, der Bürger als Staatsbürger mit entsprechenden politischen und sozialen Rechten. Er tat dies in Form des Amerikaners, des Franzosen und – etwas später – auch des Deutschen. Von der Amerikanischen über die Französische bis zur 1848er-Revolution war es gerade diese Herstellung von nationaler Identität, die geschichtsmächtig blieb.

Zuwanderer trafen immer öfter auf national weitgehend homogenisierte Gesellschaften, gleich ob diese auf staatsrechtlicher oder ethnischer Basis verfasst waren. Das Angebot an die Migranten lautete: Assimilation. Die USA gaben dazu den Takt vor. Und sie hatten leichtes Spiel dabei, denn »der Amerikaner« war mitnichten ethnisch definiert. Solche ethnischen

Amerikaner waren in langen Vormärschen und Kriegen ausgerottet bzw. in Reservate gesperrt und als »Indianer« verunglimpft worden. Die Selbstdefinition des »Amerikaners« als Neusiedler in einem von der einheimischen Bevölkerung gesäuberten Land war potenziell für jeden Einwanderer möglich. Dass er der weißen Rasse angehörte, die in den USA bis heute unter dem Begriff »Kaukasier« fungiert, war dabei von Vorteil, jedoch keine Voraussetzung – solange er freilich kein Schwarzer war: Dieser war bis in die 1960er-Jahre per Gesetz von gesellschaftlicher Gleichberechtigung ausgeschlossen.

Die aus Europa kommenden zig Millionen von ZuwandererInnen sollten rasch assimiliert werden. Die Geschichtslosigkeit des weißen Mannes auf dem amerikanischen Kontinent half dabei; und diese Geschichtslosigkeit wurde zur Vorlage für die Eingliederung von MigrantInnen in die Gesellschaften von anderen migrantischen Zielländern.

Die weltweit größte Einwanderungsgesellschaft, die USA, treibt seit ihrer Entstehung die Frage um, wie die Massen an MigrantInnen integriert, assimiliert, separiert oder ghettoisiert werden sollen. Bereits vor dem Ersten Weltkrieg entschied man sich dafür, die Assimilation voranzutreiben. Das Stichwort hierfür lautete: Amerikanisierung. Der Mangel an Urbevölkerung erleichterte das Konzept. Theoretisch konnte jeder Neuankömmling Amerikaner oder Amerikanerin werden. Anfangs ging man wie selbstverständlich davon aus, dass es die weiße Kernkultur sein müsse, mit der neu Zuwandernde zu verschmelzen hätten. Eine auch als White Anglo-Saxon Protestant (WASP) bekannte gesellschaftliche Elite verstand sich als Maß der Dinge. Die weiße Überlegenheit (gegen Indigene und Schwarze) galt als gottgewollt und war Teil der sogenannten amerikanischen Identität.

In der Zwischenkriegszeit mehrten sich dann Stimmen namhafter Soziologen wie Robert Ezra Park, die das Assimilationsmodell zu hinterfragen begannen. Im Angesicht einer immer sichtbarer werdenden Kettenmigration, die in Städten wie Chicago, Philadelphia oder New York ethnische Bevölkerungscluster bildete, funktionierte die Assimilation immer weniger. Neuankommende Iren zogen zu Iren, Serben zu Serben, Chinesen zu Chinesen, Burgenländer zu Burgenländern und Latinos zu Latinos. Dieses Phänomen schlug sich auch in der Stadtentwicklung nieder, es entstanden irische Viertel, Chinatowns sowie deutschsprachige und griechische Quartiere; manche von ihnen existierten bereits seit dem 19. Jahrhundert. Die einzelnen Einwanderer bildeten regelrechte Kolonien. Dem folgte die begleitende Wissenschaft und erklärte kurzerhand, dass der ethnische Verband dem nach wie vor gewünschten, ja »unvermeidlichen Prozess der Amerikanisierung nicht entgegenstünde«.[446]

Robert Park und andere verstanden den notwendigen Anpassungsprozess der Zuzügler in liberaler Tradition als eine Art Wettbewerb, der individuell und auch als ethnische Community geführt wird, »als maßgebliches, strukturierendes Prinzip des gesellschaftlichen Zusammenlebens, als elementare Form zwischenmenschlicher Interaktion.«[447] Durchdrungen von der liberalen Idee des in allen Lebensbereichen gültigen Konkurrenzprinzips, wiesen sie den meisten ankommenden MigrantInnen einen Platz am unteren Ende der gesellschaftlichen Hierarchie zu. Von dort aus war ihr Aufstieg vorgesehen, wobei die angestrebte Assimilation als eine begriffen wurde, die mehrere Phasen durchlaufen und durchaus zwei bis drei Generationen dauern konnte und kann.

Amerikanische Städte spiegeln diese Entwicklung deutlich wider. Im von Soziologen weniger entwickelten als beobachteten »Modell konzentrischer Kreise«, das u. a. am Beispiel Chicagos erforscht wurde, bilden sich ethnische Enklaven als »räumliche Konzentration von Zuwanderergruppen« heraus, segregierte Stadtteile, wie sie mittlerweile für sogenannte Weltstädte auch außerhalb der USA symptomatisch geworden sind.

Wie Migrationsbewegungen den US-amerikanischen Melting Pot bilden, hat die Geografin Felicitas Hillmann in ihrem Lehrbuch auch grafisch dargestellt.[448] Laut ihrem Muster steht am Anfang der Einwanderung der (friedliche) Erstkontakt, der zur gegenseitigen Information von Neuankömmling und Ansässigen dient; dann kommt es zum (konflikthaften)

446 Vgl. Dietrich Herrmann, »Be an American!«: Amerikanisierungsbewegung und Theorien zur Einwandererintegration. Frankfurt/Main 1996
447 Felicitas Hillmann, Migration. Eine Einführung aus sozialgeographischer Perspektive. Stuttgart 2016, S. 35
448 Ebd., S. 36

Wettlauf um Arbeitsplätze, Wohnraum und gesellschaftliche Ansprüche; die dritte Phase ist von der Akkommodation geprägt, worunter die Autorin die Akzeptanz der vorhandenen Strukturen durch die Migranten versteht, mit anderen Worten: die Einordnung in eine oft ethnisch definierte Arbeitsteilung inklusive gesellschaftlicher Benachteiligung und Diskriminierung. Erst im vierten und letzten Schritt wird die Amerikanisierung perfekt: Assimilierte Einwanderer vermischen sich darin mit der Mehrheitsgesellschaft, wobei – Hillmann zufolge – sich die ethnische Dimension auflöst. Der Melting Pot wäre damit perfekt, zumindest für die ihn begleitenden sozialwissenschaftlichen Studien.

Was an dem Modell weitgehend fehlt, ist die Behandlung der Klassenfrage. Es wird nicht nach den Gründen der Wanderungsbewegungen gefragt, sondern diese werden als selbstverständlich angenommen. Und auch die Rolle der MigrantInnen als Lohndrücker bzw. industrielle und landwirtschaftliche Reservearmee am Arbeitsmarkt bleibt ausgespart. Vom Standpunkt der wirtschaftlichen Profiteure der Migration aus mag das logisch erscheinen. Sie sind es schließlich auch, die ihren politischen und medialen Einfluss zur Diskurshegemonie nützen. Dem Verständnis des stetigen Zuflusses immer neuer Einwanderer ist es jedoch abträglich, wenn das Augenmerk überwiegend auf ihre nationale und ethnische Assimilation gelegt und ihre damit in engem Zusammenhang stehende sozioökonomische Funktion übergangen wird.

Man kann es auch anders sehen. »Die Schwarzen und die Chicanos sind die industrielle Reservearmee der USA«, stellten die beiden marxistischen SoziologInnen Stephen Castles und Godula Kosack bereits Anfang der 1970er-Jahre nüchtern fest. »Bestehende Versuche ›liberaler‹ Kapitalisten, die Rassenschranken aufzuweichen und Schwarze in hoch qualifizierte, sogenannte White-Collar-Jobs zu bringen – wie schätzenswert das in menschenrechtlicher Hinsicht auch immer sei – sind dazu bestimmt, Gewerkschaften zu schwächen und Druck auf die Löhne der entsprechenden Sektoren auszuüben.«[449] Die klare analytische Sprache der Post-68er,

---

449 Stephen Castles/Godula Kosack, The Function of Labour Migration in Western European Capitalism. In: *New Left Review* I/73, Mai-Juni 1972

die Migration bzw. Integration von Marginalisierten ganz selbstverständlich als Mittel zur Fragmentierung von Klassen betrachtet, vermisst man heute im medialen und wissenschaftlichen Diskurs.

Von der Vorstellung der Assimilation hat sich die herrschaftsaffine Migrationsforschung, die Mobilität und Wanderungsbewegung als grundsätzlich begrüßenswert sieht, schon vor geraumer Zeit verabschiedet. Sie scheiterte schlicht an der Wirklichkeit. Mit der Vision einer multikulturellen Gesellschaft tauchte dann in den späten 1980er-Jahren ein neues Konzept auf, wie mit massenhafter Arbeitsmigration von Menschen unterschiedlicher Kulturen zu verfahren sei. Anders als der Melting Pot, der eine Angleichung unterschiedlicher ethnischer und kultureller Differenzen anstrebt, geht die Multi-Kulti-Idee von kultureller Verschiedenartigkeit aus, die auch als solche anerkannt werden müsse. Damit setzt sie am Bild traditioneller Gesellschaften an, die jahrhundertelang ein Nebeneinander verschiedener Kulturen, Ethnien und Religionen kennen.

Der allgemeine Sprachgebrauch versteht Multikulturalität oft auch missverständlich als eine Mischform aus Melting Pot und kultureller Differenz. In Deutschland, Österreich und der Schweiz hängt damit auch die Frage einer möglichen Integration massenhaft zugewanderter ArbeiterInnen aus Süd-, Südosteuropa und der Türkei zusammen. Nach der ersten Gastarbeiterphase der 1960er-Jahre, in der ein restriktives Anwerbe- und Rückführungsregiment herrschte und Bleiberecht nur in Ausnahmefällen vorgesehen war, folgte nach den Anwerbestopps Mitte der 1970er-Jahre eine zaghafte und später intensivere Strategie der Familienzusammenführung. SPD-Kanzler Helmut Schmidt war der erste, der bereits im Jahre 1978 einen staatlichen Sonderbeauftragten zur Förderung der Integration von ausländischen Arbeitern und Familienangehörigen installierte. Die Frage tauchte auf, ob Deutschland ein Einwanderungsland sei. Wo diese mit Ja beantwortet wurde, bemühten sich politische Stellen um Integration, ohne allerdings jemals eine Definition derselben zustande zu bringen. Dies ist auch nicht verwunderlich, sparte man doch (und spart bis heute) konsequent die Frage nach der sozialen Zugehörigkeit bzw. Klasse aus.

Integration wohin?, müsste es also heißen. Ans untere Ende einer immer stärker segmentierten und segregierten Gesellschaft findet sie ohnehin statt. So eine dürfte aber bei den Integrationsbefürwortern nicht gemeint sein. Ihre Vorstellungen oszillieren zwischen oben und unten, ohne allerdings diese soziale Differenz zum Thema zu machen. Stattdessen imaginieren sie eine Gemeinschaft, die zur Aufnahme von MigrantInnen bereit wäre. Eine solche »*eine* Gemeinschaft« – fast könnte man hier über den Begriff der »Volksgemeinschaft« stolpern – gibt es freilich nicht. Der in einer Berlin-Zehlendorfer Villa lebende Notar, der eine Kanzlei in dritter Generation führt, hat ein völlig anderes Bild von dieser »*einen* Gemeinschaft« als die aus Frankfurt/Oder stammende »Rewe«-Kassiererin mit Wohnsitz Marzahn. Entsprechend unterscheidet sich freilich auch ihr Bild vom Migranten. Der Notar kennt ihn in Form des serbischen Gärtners, der polnischen Pflegerin seiner Mutter, den wechselnden pakistanischen Zustellern für allerlei Postdienste und der russischen Kollegin in der Kanzlei, die die Immobilienverträge mit reichen Ukrainern und Russen vorbereitet. Die »Rewe«-Kassiererin hat die Taktik des Unternehmens, einheimische gegen ausländische Arbeitskräfte auszuspielen, bereits am eigenen Leib erfahren, musste mitansehen, wie ihre liebste Arbeitskollegin der Kinder wegen kündigte und nach Rumänien zurückging und kennt die kärglichen Wohnverhältnisse ihres serbischen Nachbarn auf Aufgang C, der täglich zweieinhalb Stunden unterwegs ist, nur um seine Arbeitsstelle als Gärtner in Zehlendorf einnehmen zu können. Integration heißt das Zauberwort, das derlei unterschiedliche Welten über einen Kamm scheren soll. Sie kann unter den gegebenen Verhältnissen nicht funktionieren, würde dies doch die Aufhebung der Klassengesellschaft voraussetzen. Arbeitsmigration wäre dann freilich nicht mehr nötig.

Das Scheitern des Integrationsansatzes will ein guter Teil der Linken nicht erkennen. Seit die Linke in den Zentrumsländern durch neoliberale Angriffe von Thatcherismus und Reaganomics diskursmäßig in die Defensive gedrängt wurde, hat sie Schritt für Schritt entscheidende Postulate ihres Selbstverständnisses aufgegeben. Dies ist umso erstaunlicher, als dass die Wirtschaftskrise 2007/2008 mit Börsencrash und Kapitalvernichtung ihrer Kapitalismuskritik recht gegeben hatte. Unbeirrt ging parallel dazu die Schere zwischen Arm und Reich auseinander. Dennoch erschallt der Ruf nach sozialer Gleichheit immer verhaltener und leiser. An die Stelle der Gleichheit tritt das Postulat der Vielfalt. Das Recht auf Anderssein wurde zur linken Kampfansage; an wen eigentlich? Denn dass die Menschen verschieden sind, ist eine Selbstverständlichkeit. Für die Verschiedenartigkeit zu kämpfen, mündet in Individualismus und/oder kulturelle oder nationale Identitätspolitik. Was daran fortschrittlich oder links sein soll, erschließt sich einem nicht. Die Kapitalherrschaft bleibt davon gänzlich unbetroffen, fehlt doch dem Diversitätsgedanken definitionsmäßig die soziale Agenda.

Die US-amerikanische Journalistin und langjährige Pressesprecherin der Grünen im Europäischen Parlament, Diana Johnstone, mutmaßt dennoch einen Zusammenhang von neoliberaler Hegemonie und Diversitätshype der Linken. Die Konzentration auf das »Recht auf Anderssein« bezeichnet sie als »Trostpreis für die Linke, nämlich die ideologische Harmonie im emotionalen Bereich der menschlichen Beziehungen, besonders dem der ›Menschenrechte‹. Nach ihrer kompletten Niederlage in der wirtschaftlichen Arena darf die Linke nun die dominante gesellschaftliche Doktrin definieren, die auf den Konzepten Multikulturalismus, Sorge um Minderheiten und Antirassismus basiert.«[450] Damit einher ging ein Paradigmenwechsel weg von sozialer Schicht oder Klasse hin zu kultureller oder nationaler Identität. Dass die Linke in diese Identitätsfalle getappt ist, beschreiben auch die beiden Politikwissenschaftler Dirk Jörke und Nils Heisterhagen. Multikulturalismus mit seiner »Vielfaltseuphorie« verträgt sich ihrer Meinung nach »wunderbar mit dem Neoliberalismus, insofern die Rechte des Marktes und die Rechte des Individuums sich ergänzen. So sind die Linken, ohne es zu begreifen, in die Falle der Identitätspolitik gelaufen«.[451]

Daraus wird schwer zu entkommen sein, obwohl das Rezept dazu auf der Hand liegen würde. Denn das in den Hintergrund getretene Kampfgebiet der sozialen Frage würde die Linke in einen fundamentalen Gegensatz zu

450 Diana Johnstone, Die Chaos-Königin. Hillary Clinton und die Außenpolitik der selbsternannten Weltmacht. Frankfurt/Main 2016, S. 58
451 Dirk Jörke/Nils Heisterhagen, Was die Linken tun müssen. In: *Frankfurter Allgemeine Zeitung* vom 26. Januar 2017

den Kapitalinteressen setzen. Mit dem Engagement für kulturelle, nationale oder sexuelle Identitäten kann sich das Kapital hingegen problemlos arrangieren. Die wesentliche Frage, die des Eigentums oder der Verfügung über die Produktionsmittel, bleibt nämlich im Multikulti-Diskurs ausgespart.

Wenn ungehindert Migration und offene Grenzen als fortschrittliches Gesellschaftsbild verkauft werden, deckt sich diese – pseudo-fortschrittliche – Sicht mit den Interessen global agierender Konzerne. »No border« bedeutet ungehemmte Kapitalherrschaft inklusive unkontrollierter Investitionstätigkeit und ebensolcher Gewinnrückführungen in die Zentralen. Das kann dann in gehobenem Deutsch noch mit dem positiv konnotierten Begriff »Weltoffenheit« verkauft werden. Die migrationsaffine Willkommenskultur, wie sie viele Menschen während der großen Wanderung der Muslime im Jahr 2015 erfasst hat, bietet vor diesem Hintergrund ungewollt den menschenrechtlich argumentierten Flankenschutz für globale Ausbeutungsstrukturen.

Die Instrumentalisierung des Migranten

Für den politisch rechts Stehenden ist die Sache glasklar. Schuld ist der Migrant, zuerst daran, dass er überhaupt einer geworden ist, und dann vor allem daran, dass er plötzlich auftaucht und Unruhe in die (klein) bürgerliche Ordnung bringt. Wollen wir einer rechten Position, was schwerfällt, einmal ein ehrliches Bemühen um die Wahrheitsfindung unterstellen, dann scheitert diese an der verengten Sichtweise. Denn der rechte Diskurs nimmt die Problematik erst in dem Moment wahr, in dem Migranten in großer Zahl in den europäischen Zentrumsländern angekommen sind. Die Gründe ihrer Mobilisierung in den Herkunftsregionen werden ebenso ausgeblendet wie die Triebkräfte der Zielländer. Der rechten Wahrnehmung fehlen schlicht der sozioökonomische Kontext und die (geo)politische Einordnung von Wanderungsbewegungen. Vor der Haustür angekommen, stört der Fremde.

Nun kann man zu Recht einwenden, dass dies wohl eine zu naive Erklärung für den weitverbreiteten migrantenfeindlichen Umgang in rechten Kreisen sei. Dem ist zuzustimmen. Denn das Desinteresse an den Zusammenhängen von Kriegen und Krisen mit Flucht, Vertreibung und Auswanderung entschuldigt in keiner Weise jenen um sich greifenden Rassismus, der Migranten zu Sündenböcken sozialer Verwerfungen macht. Nichts ist der Wirklichkeit ferner. Migranten sind Opfer weltweit ungleicher Verhältnisse; sie im Angesicht ihrer Mobilisierung zu Tätern zu machen, ist nicht nur unlauter und falsch, sondern auch rassistisch. Die organisierte Rechte tut jedoch genau das und spielt damit – entsprechend ihrer historischen Rolle – herrschenden Kapitalinteressen in die Hände. Die Bedrohung vormals erkämpfter sozialer Sicherheiten geht mitnichten von den Wanderungsbewegungen aus, sondern von der Dynamik des globalen kapitalistischen Wettbewerbs. Massenmigration ist Folge dieser Profitwirtschaft und der einzelne Migrant deren Opfer.

Die Erzählung vom Migranten als Täter ist in Europa dennoch weit verbreitet. Rechte Parteien pflegen diesen Diskurs und haben von Skandinavien bis nach Italien und von den Niederlanden bis nach Bulgarien Erfolg damit. Eine strukturelle Kritik an Migrationsregimen, ihren konkreten Gewinnern und Verlierern, wird vermieden, stattdessen der Migrant als Feind ins Zentrum der Debatte gerückt. Rassismus ersetzt Globalisierungskritik. Entsprechend einfältig und absurd fallen dann auch Vorschläge zur angeblichen Lösung der Migrationsfrage aus. Sondereinheiten und Anhaltelager an Außengrenzen sowie Zaun- und Mauerbau sollen Migrationsströme aufhalten. Die Antwort auf die Frage, wie es zu ihnen kommen konnte, erspart man sich langfristig dadurch nicht.

Der Zaun an der US-amerikanisch-mexikanischen Grenze ist legendär. Er besteht in Teilen seit Mitte der 1990er-Jahre und zog sich bereits vor der Ankündigung von Donald Trump im Wahlkampf des Jahres 2016, ihn vollständig ausbauen zu wollen, über 1000 Kilometer durch großteils trockene und menschenleere Gegenden. Die Idee, Entwicklungsgefällen durch Zäune und Mauern entgegentreten zu wollen, greift immer mehr um sich. So baut Indien stark gesicherte Anlagen entlang der Grenze zu Bangladesch; Saudi-Arabien will sich mit baulichen Maßnahmen vor jemenitischen Einwanderern schützen; zwischen Malaysia und Indonesien patrouillieren Militärboote, um indonesische Arbeitsmigranten abzuhalten und auch die martialische Mauer, mit der sich Israel gegen Palästinenser abschottet, hat letztlich eine ökonomische Dimension, beträgt doch das durchschnittliche Einkommen eines palästinensischen Haushalts nur ein Zehntel des vergleichbaren israelischen.[452]

Schengen-Europa reflektiert vom ganzen Konzept her die einfältig-repressive Sicht, das Strukturproblem weit auseinanderstrebender regionaler und sozialer Verhältnisse administrativ und bürokratisch lösen zu können. Weil dieses Konzept bei der großen Wanderung der Muslime im Herbst 2015 sichtbar scheiterte, begann auch in EU-Europa – knapp 25 Jahre nach dem Fall der Berliner Mauer – der Aufbau von Zäunen an Stellen, die schon zuvor mit Wärmebildkameras und Hubschrauberüberwachung aufgerüstet worden waren. Sowohl an der bulgarisch-türkischen als auch an der ungarisch-serbischen Grenze liefen die Betonmischmaschinen heiß und auch an der österreichisch-slowenischen Grenze rollten Arbeiter kilometerlange Maschendrahtzäune aus. Die philosophische Rückendeckung für derlei repressive Maßnahmen bot unter anderem Peter Sloterdijk. Er nahm Angela Merkels Willkommensgruß an Hunderttausende junge Muslime vom Sommer 2015 zum Anlass, nicht etwa um die extreme soziale Differenz zwischen einem Leben in Afghanistan und einem in Deutschland oder das Anheizen des syrischen Bürgerkriegs durch westliche Mächte zu thematisieren, sondern um seine Sorge um den deutschen Mittelstand zum Ausdruck zu bringen. Mit dem Satz »Die deutsche Regierung hat sich in einem Akt des Souveränitätsverzichts der Überrollung preisgegeben«,[453] stellte er sich auf die Seite jener, die Migration als technisch lösbares Problem betrachten, ohne deren soziale und regionale Sprengkraft zu berücksichtigen. Nun mag man es legitim finden, die Rettung des deutschen Mittelstands zu betreiben; die weltwirtschaftliche Basis, auf der dieser beruht, sollte man dabei allerdings nicht außer Acht lassen. Der ständige Zustrom von MigrantInnen aus armen Ländern ist eine wesentliche

452 Branko Milanović, Die ungleiche Welt: Migration, das Eine Prozent und die Zukunft der Mittelschicht. Berlin 2016, S. 153
453 zit. in: *Cicero* vom Februar 2016

Triebkraft für den Aufbau westeuropäischer Mittelstandsgesellschaften. Diesen zu beenden, würde bedeuten, sich über ein anderes, gerechteres, egalitäreres Gesellschaftssystem Gedanken machen zu müssen, sowohl in den gegenwärtigen Zentrums- als auch in den Peripherieländern. Damit wäre man bei einer Kapitalismuskritik angekommen.

Mit baulichen Maßnahmen sind Wanderungsbewegungen nur schwerlich zu stoppen, was in liberalen Kreisen ohnedies nicht erwünscht ist. An diesem Punkt trifft sich rechte, rassistische Rhetorik mit den Profiteuren der Willkommenskultur. Die Rechten machen den Migranten für Deregulierung am Arbeitsmarkt und Sparmaßnahmen im Sozialbereich verantwortlich und die Liberalen brauchen die Migration, um exakt diese Maßnahmen durchsetzen zu können. Liberale und rechte Positionen sind in dieser Frage nicht nur kompatibel, sie ergänzen sich geradezu.

Bleiben die unbedarft wirkenden Ideologen der Willkommenskultur, die sich um diverse Nichtregierungsorganisationen sowie karitative staatliche und kirchliche Einrichtungen scharen. Ihr Diskurs speist sich aus der tatsächlich vorhandenen Opferrolle des Migranten, die sie unhinterfragt auf die Funktion von Migration übertragen. Der hilfsbedürftige Einwanderer verstellt ihnen den Blick auf die Wirkung, die massenhafte Einwanderung sowohl auf die Herkunfts- als auch auf die Zielländer ausübt. Dieses Defizit hat nicht nur mit einer dem Zeitgeist entsprechenden Individualisierung gesellschaftlicher Probleme zu tun, sondern hilft in weiterer Folge auch vielen Migrationsbefürwortern, sich in einer immer unsolidarischer werdenden Welt als gute Geister darzustellen. Dem armen Migranten zu helfen, kann dem eigenen Leben Sinn geben. Zur Lösung des Problems trägt dies freilich genauso wenig bei wie die seit Jahrzehnten betriebene Form von Entwicklungshilfe, die Zentrumsländer dem sogenannten »globalen Süden« gewähren.

Appelle an das Mitgefühl helfen in erster Linie den Helfenden, wenn's gut geht, auch dem einen (oder sogar noch einem anderen) Flüchtling, bringen aber keinen gesellschaftlichen Nutzen, obwohl ein solcher immer postuliert wird. Das hat vor über 120 Jahren schon in famoser Weise der irische Schriftsteller Oscar Wilde in Bezug auf die damals vorherrschende

Armenhilfe erkannt. »Mitgefühl und Liebe zu Leidenden ist bequemer als Liebe zum Denken«, formulierte er in seinem Werk *Der Sozialismus und die Seele des Menschen*.[454] Und weiter: »Die Gefühle des Menschen bäumen sich schneller auf als sein Verstand. (...) Daher machen sie sich mit bewundernswertem, obschon falsch gerichtetem Eifer sehr ernsthaft und sehr gefühlvoll an die Arbeit, die Übel, die sie sehen, zu kurieren. Aber ihre Mittel heilen diese Krankheit nicht: sie verlängern sie nur. (...) Sie suchen etwa das Problem der Armut dadurch zu lösen, dass sie den Armen am Leben halten. (...) Aber das ist keine Lösung: das Übel wird schlimmer dadurch.« Auf die aktuelle Situation der Willkommenspolitik in der Migrationsfrage umgemünzt, müssen sich die vielen HelferInnen fragen lassen, inwieweit ihre Hilfe nicht nur ein Tropfen auf den heißen Stein der kriegs- und krisenauslösenden Politik der westlichen Zentrumsstaaten ist, sondern auch eine Art Schlussstein im großen Mosaik der globalistischen Interventionen darstellt. An die Abfolge Schießen-Flüchten-Helfen haben sich nicht nur die Zyniker dieser Welt bereits gewöhnt. Weil dieser Zyklus immer wieder von vorne beginnt, liegt ein Zusammenhang dieser drei Vorgänge nahe.

Was sich aktuell durch solche Art Hilfe allerdings tatsächlich ändert, ist ein größer werdender Dienstleistungssektor in den Zielländern der Migration. Man nennt es Flüchtlingshilfe; diese ist in Ländern wie Deutschland oder Österreich zu einer eigenen Branche geworden, die zigtausenden jungen Menschen, die meisten mit universitärem Bachelor-Abschluss, den Weg in die Berufslaufbahn öffnet. Ähnlich wie bei den diversen Aufbauprogrammen für Rechtsstaatlichkeit, Marktwirtschaft und liberale Demokratie in Osteuropa während der Heranführung ex-kommunistischer Länder an die Europäische Union bietet die Flüchtlingsfrage – die Teil der Migrationsfrage ist – eine Unzahl von Arbeitsmöglichkeiten für Helferberufe. Von staatlichen oder privaten Organisationen alimentiert, bringt diese Hilfe volkswirtschaftlichen Nutzen. Wenn allerdings gleichzeitig mit ungleich größeren Mitteln militärische Interventionen westlicher Allianzen

---

454 Oscar Wilde, Der Sozialismus und die Seele des Menschen. Zürich 1970, S. 7f. (englisches Original aus 1891)

von Willigen weitergehen und Freihandels- und Partnerschaftsabkommen den »globalen Süden« immer tiefer in die Abhängigkeit treiben, muss man diese Hilfe als Begleitmaßnahme einer imperialistischen Strategie sehen. Sie beruhigt einen sich fortschrittlich wähnenden Teil der Zentrumsgesellschaften, bietet berufliche Möglichkeiten in allerlei Sozialbereichen, belässt oder verschärft allerdings die globalen ungleichen Verhältnisse. So gesehen wird der Migrant insbesondere in seiner Rolle als Flüchtling auch für Helfer zum Instrument, sich selbst einer guten Sache zu widmen und im Idealfall dafür finanziell ausgiebig entschädigt zu werden.

Vereinzelt sehen radikale Linke in operaistischer Tradition der 1970er-Jahre Massenmigrationen als revolutionäres Potenzial. Die Rede ist dann von einer »Autonomie der Migration«,[455] wobei den Verzweifelten und Entwurzelten ein Hang zu sozialen Kämpfen unterstellt wird. Migration wird nicht wie bei linksliberalen Helfern oder karitativen Grünen losgelöst von sozioökonomischen Strukturen gesehen, sondern als »kreative Kraft innerhalb dieser Strukturen«.[456] Dabei ist nicht die soziale Kraft des Proletariats gemeint, zu sichtbar wäre auch die Ohnmacht der ihrer Existenzgrundlagen Beraubten, sondern ihre Grenzen überwindenden Eigenschaften. Das der Not geschuldete Überschreiten von nationalen und kulturellen Grenzen wird zu einem Akt der Autonomie umgeschrieben und positiv konnotiert. Konträr zum liberalen Credo von Angebot und Nachfrage, das Wanderungsbewegungen bestimmt, streicht der Ansatz der linksradikalen Autonomen den Zwangscharakter der Mobilisierung hervor. Sie sehen in der »Mobilität von Arbeit« allerdings ein »Feld von Spannungen und Kämpfen«, wie sie das Verhältnis von Kapital und Arbeit prägen.[457] Die Vorstellung vom Migranten als revolutionärem Subjekt wird dann nicht

---

455 Vgl. z. B. Transit Migration (Hg.), Turbulente Ränder: Neue Perspektiven auf Migration an den Grenzen Europas, Bielefeld 2007; siehe auch: Sandro Mezzadra, Autonomie der Migration – Kritik und Ausblick, siehe: http://www.grundrisse.net/grundrisse34/Autonomie_der_Migration.htm (14.4.2018)

456 Dimitris Papadopoulos u. a., Escape Routes. Control and Subversion in the 21th Century, London 2008, zit. in: http://www.grundrisse.net/grundrisse34/Autonomie_der_Migration.htm (14.4.2018)

457 Moritz Altenried u. a., Politiken und Vermittlung mobiler Arbeit – ein Forschungsprojekt. In: Moritz Altenried u. a. (Hg.), Logistische Grenzlandschaften. Das Regime mobiler Arbeit nach dem Sommer der Migration. Münster 2017, S. 29

mehr als Klassenfrage diskutiert – für eine Solidarisierung der »Arbeiter« wäre die soziale Differenz von Ansässigen und Einwandernden zu groß –, sondern als «Grenzüberschreitung« in seiner geopolitischen Dimension. Am Ende dieses romantisierenden Bildes steht das Aufbrechen des kapitalistischen Weltsystems durch die Verzweifelten, von ihren Heimaten durch Kriege und Krisen Vertriebenen. Der Migrant ist dazu auserkoren, das »Erschüttern von Institutionen (wie Nationalstaaten), das Verbinden von Sprachen und die Flucht aus Ausbeutung und Unterdrückung«[458] zu bewerkstelligen. Tatsächlich erfüllt er in dieser Art linksradikaler Wahrnehmung die Funktion einer Projektionsfläche für ein gewünschtes autonomes, linkes und radikales Gesellschaftsbild. Er wird in dieser Vorstellung zur politischen Avantgarde, zum »diasporischen Subjekt«, einem »Kosmopoliten von unten«. Die allermeisten Ausgewanderten wissen davon freilich nichts.

458 Manuela Bojadžijev/Serhat Karakayali, Autonomie der Migration. 10 Thesen zu einer Methode. In: Transit Migration (Hg.) 2007, S. 203

GESELLSCHAFTLICHE AUSWIRKUNGEN DER MIGRATION:
Zerfallende Gesellschaften

Mit dem Beginn der weißen Besiedelung der beiden Amerikas beschleunigte sich die Mobilität menschheitsgeschichtlich gewaltig. Im 20. Jahrhundert steuerten dann zwei Weltkriege zig Millionen von Vertriebenen bei, bis die Arbeitsmigration in die nördliche Hemisphäre ab den 1960er-Jahren die Gesellschaften sowohl in den Herkunfts- als auch den Zielländern der Wandernden systematisch zu transformieren begann. Seither schützen militärische Interventionen der westlichen Allianz den ökonomischen und geopolitischen Expansionismus einer von Kapital getriebenen Verwertungslogik. Massenmigration ist nicht nur Folge dieser Politik, sondern sie trägt auch zur Aufrechterhaltung weltweit ungleicher Verhältnisse bei.

In seiner *Geschichte der Migration* erinnert der Historiker Patrick Manning an einen Typ der Migration, der für unsere Betrachtung bislang unbeachtet geblieben, gleichwohl bedeutend ist: die Landflucht und ihr Ergebnis, eine rasant zunehmende Urbanisierung.[459] Diese stellt das gesamte 20. Jahrhundert hindurch die hauptsächliche Wanderungsbewegung dar. Bereits um 1990 lebte die Hälfte der Weltbevölkerung in städtischen Ballungsgebieten mit mehr als 20.000 EinwohnerInnen.[460] Seither nimmt der Zuzug in immer größer werdende Städte, allen voran in China und Indien, zu.

Für die massenhaften Arbeitswanderungen und Fluchtbewegungen der vergangenen Jahrzehnte stellt die Urbanisierung von Gesellschaften eine wesentliche Voraussetzung dar. Ihre historisch gewachsene, gleichwohl durch die digitalen Kontrollmöglichkeiten nun wieder verschwindende Anonymität bietet überhaupt erst den entsprechenden Raum zur Aufnahme von Fremden.

---

459 Patrick Manning, Wanderung – Flucht – Vertreibung. Geschichte der Migration. Essen 2007, S. 220
460 Ebd.

Die Transformation von der Industrie- in eine Dienstleistungsgesellschaft wird von immer kurzfristiger gültigen individualisierten Arrangements von Gemeinschaften begleitet, die ohne historische Wurzeln auszukommen glauben. Sie folgen damit der Logik von digitalisierten Produktionsprozessen, die kollektives Arbeiten zunehmend ersetzen. Migration erhöht die für solches Leben und Arbeiten wichtige Mobilität. Gesellschaft im klassischen bürgerlichen Sinne löst sich damit auf, das Klassenbewusstsein der Armen diffundiert und die Absetzbewegungen der Reichen führen zur Errichtung von »gated communities«, die an ein vormodernes, aristokratisches, hermetisch vom Volk abgeschlossenes Leben erinnern.

Integration wohin?

Vor diesem Hintergrund verfehlt die als Mantra der Migrationsforschung, der Medien und der liberalen Politik geäußerte Forderung, Einwanderer zügig zu integrieren, ihre Wirkung. Integration wohin? In die Gemeinschaft der herrschenden Klasse? Wohl kaum, die würde sich dagegen zu verwehren wissen. Also bleiben neben der in eigenen Blasen lebenden Eliten andere Parallelgesellschaften ethnischer, religiöser oder kulturell-identitärer Provenienz, in die der oder die MigrantIn ohnehin ihren Weg findet – der Kettenmigration und dem Klassencharakter seiner oder ihrer Tätigkeit entsprechend.

Der viel diskutierte sogenannte Integrationswille spielt vor dem Hintergrund der sozialen Möglichkeiten dabei nur eine untergeordnete Rolle. Der Lebenslauf eines 20-jährigen Schwarzafrikaners, der aus einem gambischen Dorf ins norddeutsche Bremen kommt, ist weitgehend vorgezeichnet. Idealtypisch landet er als Küchenhilfe oder Hotel-Boy auf der Payroll einer internationalen Schnellimbiss- oder Beherbergungskette. Und der junge bengalische Einwanderer in Wien wird wohl bei einem der Zeitungsvertriebe anheuern, die in den frühen Morgenstunden noch vor Sonnenaufgang per Rad die AbonnentInnen von Tageszeitungen mit der Frühstückslektüre versorgen. Ebenso sind die Arbeitsbiografien von slowakischen Krankenschwestern (als Altenpflegerinnen), polnischen Pflichtschulabsolventen (als Bauarbeiter) und kroatischen Familiennachzüglerinnen (als Putzfrauen) schnell geschrieben. Den Einwand, dass dies eine wohl allzu grobe, geradezu stigmatisierende Einschätzung sei, kann man getrost mit dem Verweis auf die jahrzehntelang überstrapazierten Tellerwäscher-Geschichten begegnen. Das liberale Credo vom »jeder ist seines Glückes Schmied« lebt ja von der gemachten strukturellen Ungleichheit. Der soziale Aufstieg im Einzelfall gehört zur Erzählung dazu, er straft die Mär von der Integrationsmöglichkeit indirekt Lügen.

Den Willen zur Ein- und Unterordnung von Migrierenden nahm der bekannte österreichische Karikaturist Manfred Deix in einem seiner Bilder aufs Korn. Vor schneebedeckten Bergen steht ein Hände ringender Schwarzer in Lederhose und Steirerjanker, den Kopf mit einem Hut bedeckt, den ein Gamsbart ziert. Gegenüber staatlichen österreichischen Autoritäten erklärt der Mann aus Afrika seine Schwächen und seinen unbedingten Anpassungswillen:

> »Bin nur leider schwarzer Mann,
> aber brav und vieles kann!
> Mache Arbeit ganz egal!
> Wenig Geld, ist ganz normal.
> Habe zwar Familia,
> bleibt daheim in Afrika.
> Will Kultur und integrieren,
> Grinzing, Schnitzel interessieren!
> (…)
> Ich will lernen hurtig Sprache,
> Kurse machen, leichte Sache.
> Arbeit fertig, ich zurück!
> Österreich ist großes Glück!«[461]

Dass Deix' Karikatur vom »Einwanderer« die Wirklichkeit stark überzeichnet, kann man kaum behaupten. Zu viele migrantische Lebensgeschichten

---

461 Manfred Deix, Einwanderer (2001), zit. in: *Wiener Zeitung* vom 20./21. Mai 2017

zeigen ein ähnliches Bild, das oft auch von Illusionen der MigrantInnen über Europa geprägt ist. Diese werden durch die Tatsache genährt, dass ausgewanderte Männer gegenüber ihren daheim gebliebenen Familien und Freunden mit Erfolgsgeschichten prahlen, die den eigenen Stolz reflektieren und nichts mit der Wirklichkeit zu tun haben. Facebook-Seiten von Migranten sind voll von solchen Erzählungen. Die ostafrikanische Anwältin Winnie Adukule hat einige dieser Geschichten aufgezeichnet. So weiß beispielsweise ein Kongolese in einem ugandischen Lager über das, was ihn in Europa erwartet, Folgendes zu berichten: »Ich weiß über Facebook, dass die Menschen in Deutschland glücklich sind, sie haben alle Geld.«[462] Migrierenden Frauen ist der Stolz, der ihren männlichen Kollegen das Eingestehen eines Scheiterns verbietet, eher fremd.

Von der Ehre, der Würde und den Geschlechterrollen

Migration ist keine Männersache. Dennoch sind die großen Wanderungs-bewegungen, die seit den 1960er-Jahren der Arbeit folgten oder Kriegen und Krisen entkommen (wollten), männlich dominiert. Bis zum Einwande-rungsstopp für Arbeitsmigranten 1973/1975 wanderten vornehmlich Männer aus Süd- oder Südosteuropa bzw. aus der Türkei in die deutschsprachigen Zentrumsländer. Die große Ausstellung anlässlich von »40 Jahren Arbeits-migration«,[463] die 2004 im Wien-Museum am Karlsplatz gezeigt wurde, dokumentierte dies eindrücklich. Das Plakat zur Schau zeigte ein Pressefoto aus dem Jahr 1971, das in der türkischen Tageszeitung *Hürriyet* erschienen war. Darauf zu sehen sind drei Busladungen von Männern – 81 an der Zahl –, die zu allem propagandistischen Überfluss noch freudig lachen und winken. Die Alternative dazu wäre, so die Auskunft der Ausstellungs-macher, ein Bahnmotiv gewesen, auf dem unrasierte Türken düster aus Waggons blickten, »als führen sie in ein Straflager.«[464] Der Wirklichkeit

462 Winnie Adukule, Flucht. Was Afrikaner außer Landes treibt. Berlin 2016, S. 69
463 Hakan Gürses/Cornelia Kogoj/Sylvia Mattl (Hg.), Gastarbajteri. 40 Jahre Arbeitsmigration. Wien 2004
464 Ebd., S.13

kam wahrscheinlich das nicht gezeigte Foto näher, Männer waren es auf jeden Fall. Erst anschließend an den Aufnahmestopp kam es in größerem Umfang zu Familiennachzug; Frauen und Kinder der Gastarbeiter durften ihren Männern nachreisen.

Die große Wanderung der Muslime im Jahr 2015, die halb Europa erschütterte und nicht nur eine demografische Zäsur, sondern auch einen politischen Rechtsruck mit sich brachte, war eine maskuline Angelegenheit. Nur vereinzelt mischten sich Familien unter die nach Nordwesten ziehenden Flüchtlingstrecks.

Der migrantische Männerüberhang hat auch historisch Tradition. So gab es Ende des 19. Jahrhunderts in Großbritannien Diskussionen darüber, wie mit dem männlichen Überschuss in den Auswanderungsregionen Australien und Tasmanien umzugehen sei. Man entschied sich dafür, zusätzlich zur weiteren Siedlungspolitik und Zwangsverschickung, die speziell Männer betraf, die Frauenemigration zu fördern.[465]

Im aktuellen Diskurs um die muslimische Massenwanderung hat sich die politische Rechte des Geschlechterthemas angenommen. Zigtausende junge Männer aus Afghanistan, Syrien, dem Maghreb und Schwarzafrika kamen ohne weibliche Begleitung nach Europa. Dass dies Probleme schafft, sagt einem der einfache Menschenverstand; umso mehr, als dass die aufeinanderprallenden Kulturen der Zuwandernden und Ansässigen einen sehr unterschiedlichen Umgang mit Geschlechterrollen pflegen. Alleinstehende junge Frauen, oftmals kinderlos, wie sie in Zentraleuropa häufig anzutreffen sind, kennt man in den Herkunftsländern der muslimischen Einwanderer nicht. Diese Tatsache allein garantiert bereits ein Konfliktpotenzial, das bis zur Kölner Silvesternacht 2015/2016, bei der hunderte rheinländische Frauen von arabischen Männern belästigt wurden, ignoriert oder medial bewusst kleingeredet bzw. verschwiegen wurde. Nach der Aufarbeitung der Kölner Ereignisse schlug das Pendel mittlerweile ins Gegenteil aus und die Debatte bedient nicht selten rassistische Vorurteile.

---

465 Klaus J. Bade, Europa in Bewegung. Migration vom späten 18. Jahrhundert bis zur Gegenwart. München 2000, S. 180

Als die Nahost-Expertin Karin Kneissl[466] im Zusammenhang mit Migration das Wort Testosteron in den Mund nahm, zeigte sich die (links-) liberale österreichische Szene schockiert. Tatsächlich wies sie damit nur auf den Umstand des sicht- und spürbaren Männerüberschusses im Wanderungsgeschehen des vergangenen Jahrzehnts hin. Mit einem Schlag war die zuvor in weiten Kreisen geschätzte Frau im liberalen Milieu zur Persona non grata geworden. Interessant dann ihr weiterer Werdegang, der die Folgen der Tabuisierung des offenen Umgangs mit Migrationsfragen drastisch vor Augen führt. Die rechte FPÖ, zu der Kneissl zuvor keinen Kontakt hatte und der sie auch niemand zugeordnet hätte, erkannte die Brauchbarkeit der Genderdebatte für ihre antimuslimischen Ressentiments, umgarnte die hochqualifizierte Expertin und machte sie nach ihrem Eintritt in die Regierung Ende 2017 flugs zur (parteilosen) Außenministerin der Republik Österreich. Die Diskurshegemonie der Rechten in der Migrationsfrage wurde an diesem Beispiel politikmächtig.

Massenhafte Wanderungsbewegungen werden auch von Konflikten auf dem Feld der Moralvorstellungen begleitet. Das muss nicht immer so mörderisch enden wie beim Vormarsch weißer Siedlergesellschaften in Nordamerika, Australien oder Palästina. In diesen drei Fällen waren (und sind teilweise bis heute) die weißen Auswanderer überzeugt davon, in moralisch höherem Auftrag unterwegs zu sein. Ihr christliches bzw. jüdisches Sendungsbewusstsein unterstützte den ökonomischen und geopolitischen Expansionismus. Das Aufeinanderprallen unterschiedlicher Kulturen und Moralsysteme von Einheimischen auf der einen und Zuzüglern auf der anderen Seite führte zu Krieg und Vertreibungen, in Nordamerika und Australien gar zum Genozid an den Indigenen.

Damit können die Probleme der aktuellsten Migrationswelle, dem Flüchtlings- und Wanderungsstrom von mehrheitlich moslemischen Männern nach Europa, freilich nicht verglichen werden. Die unterschiedlichen Moralsysteme von Ansässigen zu Einwandernden sind trotzdem – anders als bei den Arbeitsmigrationen aus Ost- und Südosteuropa – beträchtlich. In Adaption soziologischer Untersuchungen über Ressentiments und

466 Karin Kneissl, Testosteron macht Politik. Wien 2012

Aggressionen in postmodernen Gesellschaften bietet die Klassifikation von Moralvorstellungen auch für die Migrationsfrage einen interessanten Anhaltspunkt. Der Philosoph Robert Pfaller[467] ruft dabei Arbeiten von Bradley Campell und Jason Manning[468] in Erinnerung. Ihnen zufolge brechen Ressentiments in den heute vorherrschenden Misch- und Parallelgesellschaften entlang unterschiedlicher Kulturen auf. Vornehmlich zwei Moralsysteme treffen dabei aufeinander: die Kultur der Ehre und die Kultur der Würde. Als drittes nennen die beiden Soziologen dann noch den Hang zum Opfersein, der für unsere Betrachtung keine Rolle spielt.

In der Kultur der Ehre steht der persönliche Ruf im Mittelpunkt der eigenen Sorge. Wird dieser verletzt, gebietet es die Moral, ihn eigenhändig zu verteidigen und wiederherzustellen, was bis zur physischen Gewalt gehen kann. »Den um ihre Ehre Besorgten erscheint die Notwendigkeit, Rache zu nehmen, wie eine ihnen von außen auferlegte, nicht abmilderbare Pflicht.«[469] Dem gegenüber steht die Kultur der Würde, die keine persönliche Satisfaktion kennt, sondern kleinen Konflikten selbstbeherrscht begegnet und für größere Auseinandersetzungen Dritte zu Hilfe ruft und sich an Vermittler – die Exekutive oder Gerichte – wendet. »Würde existiert unabhängig davon, was andere denken, daher ist eine Kultur der Würde eine solche, bei der Reputation in der Öffentlichkeit weniger wichtig ist«,[470] schreiben Campell und Manning. Während es einem in der Kultur der Ehre verwurzelten Menschen das eigene Schamgefühl verbietet, sich im Konfliktfall an Dritte zu wenden, gebietet es die Kultur der Würde geradezu, sich im Falle einer Auseinandersetzung an einen Dritten als Richter zu wenden.

Diese zwei unterschiedlichen Einstellungen spielen auch im Ressentiment-geladenen Verhältnis von ansässiger Bevölkerung und Zuwanderern eine Rolle. Junge muslimische Migranten aus Asien und dem Nahen Osten

---

467 Robert Pfaller, Erwachsenensprache. Über ihr Verschwinden aus Politik und Kultur. Frankfurt/Main 2018

468 siehe etwa: Bradley Campell/Jason Manning, Microaggression and Moral Cultures. In: Comparative Sociology 13/6, o. O. 2014, S. 692-726

469 Pfaller 2018, S. 113

470 Campell/Manning 2014, S: 713; zit. in Pfaller 2018, S. 113

sind oft mit Moralvorstellungen aufgewachsen, die eine Kultur der Ehre reflektieren, was im Umkehrschluss freilich nicht heißt, dass dieser Moralkodex nicht auch in deutschen oder österreichischen Bevölkerungsgruppen anzutreffen ist. Doch die Möglichkeit, sich an Exekutive oder Judikatur als Vermittler im Konfliktfall zu wenden, bleibt Zuwanderern weitgehend verschlossen. Zum einen aus technischen Gründen, weil ihnen der Zugang zu derlei Einrichtungen nicht geläufig ist und schwerfällt, aber auch deshalb, weil sie das Schamgefühl im Kodex der Ehre davon abhält. Der Abbau von gegenseitigen Ressentiments zwischen Ansässigen und Zuwanderern stößt also auf auch kulturelle Hindernisse, die mit Integrationskursen und Erziehungsprogrammen nicht zu beseitigen sind.

Wie sich diese kulturelle Barriere auf das Schulsystem in Problemregionen – und diese werden immer mehr – auswirkt, beschreibt die Lehrerin Ingrid Freimuth in ihrem Buch *Lehrer über dem Limit*. Viele männliche muslimische Jugendliche würden sich in der Schule ausschließlich damit beschäftigen, eine hierarchisierte Rangordnungsstruktur in ihrem Umkreis zu schaffen und hätten keine Zeit und kein Interesse mehr am Unterricht. Jede Schwäche anderer MitschülerInnen, aber auch LehrerInnen, würde als Vakuum wahrgenommen, das gefüllt werden müsse. »Dieser Schüler gehört zur Spezies des Machos«, so Freimuth über ein besonderes Exemplar, das ihr zu schaffen machte, »dessen rigides Ego ihr schlimmstes Lernhindernis ist. Seine beträchtliche Energie richtet sich nach außen in dem Bestreben, ›Respekt‹ zu erheischen für seine Vorstellung der eigenen unantastbaren Ehre. (…) Also strengt sich der Macho fast ausschließlich dafür an, Vorschriften zu machen – und zwar so sehr, dass ihm keine Energie mehr zum Lernen bleibt. Da er als Herrscher über die Vorschriften nicht gleichzeitig ehrlicher Zuhörer oder gar Fragesteller sein kann, verstellt er sich selbst den Weg zum Lernen.«[471] Der Unterricht bricht unter dem Ehrbegriff der Migrantenjugend zusammen.

Die hier nur schlaglichtartig aufgeworfenen kulturellen Implikationen des Aufeinandertreffens von Ansässigen und Zuwandernden sind besonders

---

471 Ingrid Freimuth, Lehrer über dem Limit. Warum die Integration scheitert. München 2018, S. 59/60

heikel. Sie sind es nämlich, die unmittelbar erlebt werden – in der Schule, im Mietshaus, in den Warteräumen der Spitäler oder in öffentlichen Verkehrsmitteln. Die ökonomischen Hintergründe mögen für das Zusammenprallen kultureller Differenzen verantwortlich sein, an den konkreten Orten, an denen der Konflikt manifest wird, fehlt der analytische Blick. Er würde auch unmittelbar keine Lösung bringen. Genau in diese Kerbe zwischen dem Erklären der Migration und dem Erleben des Migranten schlägt das rassistische Vorurteil. Und es schlägt dort tiefe Wurzeln.

Liberale Medien und Politiken unterschiedlicher Couleurs haben sich darauf verständigt, dieses Thema nicht anzusprechen. Wer es dennoch versucht, wird gerne in die rechte Ecke gestellt. Die Problematik beseitigt man damit freilich nicht, weshalb es höchst an der Zeit ist, sich auch mit den (negativen) kulturellen Auswirkungen der Migration zu beschäftigen.

MYTHOS MOBILITÄT

Mobilität ist eine menschliche Grundeigenschaft. Exogame Fortpflanzungsordnungen, nach denen ein Partner den Stammesverband verlassen muss, zeugen ebenso davon wie nomadisierende Gesellschaften. Der Übergang vom Jagen und Sammeln zum Ackerbau, der den Menschen an die Scholle band, hält das gegenteilige Argument bereit. Entwicklung beinhaltet also beides: Ortswechsel und Sesshaftigkeit. Oder, wie es der Historiker Michael Esch ausdrückt: »Es dürfte keinem Zweifel unterliegen, dass eine Tendenz zur Sesshaftigkeit (…) ab dem Übergang zum Ackerbau ebenso als normal zu gelten hat wie die Tendenz zur räumlichen Veränderung«.[472]

In der neueren Migrationsforschung spiegelt sich diese Erkenntnis nicht wider. Dort folgt man dem bereits in den 1930er-Jahren von den Brüdern Alexander und Eugen Kulischer vorgelegten Bild, nach dem Geschichte nur als Migrationsgeschichte gezeichnet werden kann. Die auch in der vorliegenden Arbeit ausführlich rezipierten Migrationsforscher Dirk Hoerder und Klaus Bade gaben die Richtung vor; postmoderne und linksliberale AutorInnen folgten ihnen. Der Migrant wurde zum menschlichen Prototypen, die Mobilität zur Conditio humana. Dass Mobilität zur menschlichen Bestimmtheit gehört, ist unbestreitbar, doch sie macht sie nicht aus.[473] Wie bereits eingangs erwähnt, betrifft grenzüberschreitende Migration im Jahr weniger als ein Prozent der Erdbevölkerung.[474] Die Ortsgebundenheit ist also die Norm.

Nichtsdestotrotz gewinnt man bei meinungsbildenden Medien, vielen politischen Akteuren und Forschungsarbeiten zum Thema den Eindruck, es sei umgekehrt. Die Vorstellung von großräumig mobilen Gesellschaften überwiegt. Sie folgt ziemlich genau globalistisch-neoliberalen Erfordernissen

472 Michael Esch, Historisch-sozialwissenschaftliche Migrationsforschung als Delegitimierungswissenschaft. In: Historische Migrationsforschung (Österreichische Zeitschrift für Geschichtswissenschaften, 19. Jg., Heft 1), Innsbruck-Wien-Bozen 2008, S. 62
473 Ebd.
474 Studie des »Vienna Institute of Demography«, zit. in: Jochen Oltmer, Globale Migration. Geschichte und Gegenwart. München 2016, S. 114

mächtiger Kapitalgruppen und den Aussagen ihrer politischen Vertreter. Es gibt nur wenige Stimmen, die sich diesem Mobilitätshype entziehen (können). Michael Esch ist eine davon. Ihn macht die »Passgenauigkeit misstrauisch, mit der sich diese Geschichtsinterpretation an neoliberale Forderungen nach räumlicher und sozialer Mobilität anschmiegt«. Er wirft die Frage auf, »in welchem Maße sich eine kritisch gemeinte Forschung unversehens in eine historische Legitimierung globaler Mobilitätsanforderungen umzukehren droht.«[475] Die Frage kann ohne großes Risiko beantwortet werden: in hohem Maße.

Die überwiegend bis ausschließlich positive Konnotation menschlicher Mobilität, wie sie medial, politisch und wissenschaftlich in den Zentrumsländern transportiert wird, gerinnt zur nicht hinterfragbaren Sage, zum Mythos. Kritik an der einseitigen Darstellung wird als störend empfunden und rasch denunziert. Sie sei – je nach Denunziant und Brauchbarkeit der Denunziation – rückwärtsgewandt, provinziell, national, rechts. Fortschritt und Mobilität würden einander bedingen, wenn sie nicht gar als Synonyme in Verwendung stehen. Ernsthafte Debatten darüber finden fast ausschließlich in Kreisen von UmweltschützerInnen statt. Deren Erkenntnisse über die Endlichkeit der Welt und ihrer Ressourcen, wie sie der Club of Rome bereits 1972 in seinem Bericht *Die Grenzen des Wachstums* mahnend protokolliert hat, bleiben weitgehend auf die Ökologiefrage beschränkt. Darüber hinaus wird Kritik an mobilitätsfixierten Vorstellungen tabuisiert.

Wohlstand macht immobil

»Mobilität ist immer Ausdruck eines Mangels am Ort.«[476] Dieser Ausspruch des Wiener Verkehrsexperten Hermann Knoflacher bezieht sich auf die voranschreitende Entflechtung von Wohn-, Arbeits- und Einkaufswelten, die – nach US-amerikanischem Vorbild – auch Europa immer stärker prägt. BewohnerInnen von rasch hochgezogenen Siedlungen an Stadträndern sind mangels entsprechender öffentlicher Infrastruktur zur individuellen

475 Esch 2008, S. 61
476 https://www.oekonews.at/?mdoc_id=1044761 (4.7.2018)

Mobilität gezwungen, wenn sie zur Arbeitsstelle oder zum Einkaufen fahren müssen. Integrierte Grätzl oder Kieze, wo Schulbesuche, Erwerbsarbeit, Einkauf und soziale Kommunikation im nahen Umfeld der eigenen Wohnung stattfinden, existieren meist nur noch in Ausnahmefällen im innerstädtischen Bereich. Landleben erfordert noch höhere Mobilität, wenn man nicht einer der letzten Vollerwerbsbauernfamilien im Ort angehört.

Die Kritik von Knoflacher kann auch auf die Migrationsfrage umgelegt werden. Wer aus welchen Gründen immer keine ausreichende Zukunftsperspektive daheim findet, sucht sein Glück in der Ferne. Dass dies so bleibt, dafür garantieren Wohlstandsgefälle und Kriege.

Wo sich Lebensqualitäten einander angleichen, sinkt die Mobilität. Die »Wanderungsneigung nimmt in entwickelten Gesellschaften mit steigendem Wohlstand generell ab«, meint auch der Wirtschaftswissenschaftler Peter Fischer.[477] Dass es auch in sogenannten Wohlstandsgesellschaften Gruppen von Menschen gibt, die zum Teil extrem mobil sind, ist kein Widerspruch dazu. Die soziale Differenz mobilisiert. Entsprechend mobil sind Teile der Elite. Transnational agierende Manager, Händler, Bürokraten von Großräumen wie der Europäischen Union und Wissenschaftler gehören dazu. Auch am unteren Ende der gesellschaftlichen Stufenleiter sehen sich große Gruppen von Menschen zum permanenten Wandern gezwungen. Als drastisches Beispiel seien hier die tausenden Wohnparks in den USA genannt. Diese meist auf der grünen Wiese neben Fabriken oder landwirtschaftlichen Großbetrieben angelegten umzäunten Gehege mit klingenden Namen wie »Sunshine Park« oder »Grange Heights« vermieten Stellplätze für sogenannte Trailer oder »mobile Häuser«. Mit diesen ziehen Arbeiterfamilien durch die Lande, um mal hier und mal dort für wenige Monate ihren Lebensunterhalt zu bestreiten. Sie sind ständig »auf Achse«, den Luxus der Immobilität – eine Immobilie – können sie sich nicht leisten. Für die ansässigen Unternehmen stellen diese permanent Mobilisierten billige Arbeitskräfte dar. Und den örtlichen Administrationen entstehen

477 Peter Fischer, Richtige Antworten auf die falschen Fragen? Weshalb Migration die Ausnahme und Immobilität die Regel ist. In: Achim Wolter (Hg.), Migration in Europa. Neue Dimensionen, neue Fragen, neue Antworten. Baden-Baden 1999, S. 93

durch sie kaum Kosten. Es braucht keinen öffentlichen Verkehr und auch die sonstige Infrastruktur wird nicht nach den Wohnparks ausgerichtet. Hier zeigt sich überdeutlich, wie stark Mobilität Ausdruck eines strukturellen Mangels ist.

Mobilitätsapologeten drehen den Spieß um. Wenn relativ gleichmäßig verteilter Wohlstand Menschen sesshaft macht und sie an den Standort bindet, an dem sie sich eingerichtet haben, dann müssen eben die Umstände, die zu einer solchen Entwicklung führen, hinterfragt werden. Das Ziel einer Wohlstandsgesellschaft direkt anzugreifen, ist außerhalb einer kleinen elitären Schicht nicht vermittelbar. Also attackiert man die politischen Rahmenbedingungen, am einfachsten: den Nationalstaat. Dieser sichert, so er dazu budgetär in der Lage ist, seinen Staatsbürgern gewisse Rechte zu. In Wohlstandsländern inkludiert dies ausreichende soziale Sicherheiten. Der Vision einer globalen Bewegungsfreiheit im Dienste bestmöglicher Verwertung steht in dieser Erzählung der Nationalstaat insofern im Wege, als dass die von ihm vergebene Staatsbürgerschaft jene ausschließt, die qua Geburt oder späterer Aufnahme im entsprechenden Verfahren nicht dazugehören. Darin kann der Globalist eine Mobilitätsschranke erkennen, und mancher tut es auch und empört sich darüber. Die Staatsbürgerschaft in einem wohlhabenden Land wird dieser Meinung entsprechend als »moderne Variante feudaler Privilegien«[478] gesehen. Sie wird damit indirekt für Restriktionen der Bewegungsfreiheit verantwortlich gemacht. Dass es auf der anderen Seite gerade der westliche Nationalstaat ist, der Mobilität ankurbelt, indem er gesetzliche Regelungen für Zuwanderer schafft, gerät dabei aus dem Blickfeld.

Andere Autoren verstricken sich noch weiter im neoliberalen Postulat, in dem sie den Wohlfahrtsstaat an sich ablehnen, weil er der Mobilität hinderlich ist. So gibt der Migrationsforscher Michael Bommes dem Nationalstaat insgesamt Schuld an der grassierenden Ungleichheit auf der Welt. Wohlfahrtssysteme erzeugen Bommes zufolge automatisch Ausgrenzung, weil sie auf sesshafte StaatsbürgerInnen ausgerichtet sind. »Der

---

478 Andreas Cassee, Ein Recht auf globale Bewegungsfreiheit? Einwanderungsbeschränkung und individuelle Selbstbestimmung. Zürich 2013

Wohlfahrtsstaat wirkt wie eine ›Ungleichschwelle‹. Denn er schafft durch seine Vergabe von Aufenthalts- und Arbeitsrechten erst die Unterschiede zwischen Staatsbürgern und Zugewanderten.«[479]

Die Verfechter der grenzenlosen Mobilität blenden die Tatsache aus, dass diese Folge von weltweiten Ungleichheiten ist. Das Dogma der Grenzenlosigkeit verstellt ihnen den Blick auf Ursachen und Wirkungen. Der Migrant dient ihnen als Instrument zur Durchsetzung des Dogmas.

Erzwungene Mobilität

Ortsgebundenheit stellt im schnelllebigen kapitalistischen Verwertungsprozess oft ein Hindernis dar. Dies gilt für das konstante Kapital, also die in einen konkreten Standort gegossene Investition mit all ihren Maschinen, weshalb die Verschiebung von Produktionsstätten an immer kostengünstigere Orte zum betriebswirtschaftlichen Standardrepertoire weltweit agierender Konzerne gehört. Noch mehr allerdings erweist sich Immobilität des variablen Kapitals, also der Arbeitskraft, als Hemmschuh für den gewünschten Profit. Besonders eindrucksvoll war dies im Zuge der Transformation von planwirtschaftlichen, durch kommunistische Apparate verwaltete Ökonomien in kapitalgetriebene zu beobachten. In den über Pläne verwalteten Ländern des Rats für gegenseitige Wirtschaftshilfe (RGW) kam die Fabrik zu den Menschen. Der Staat machte es sich zur Aufgabe, dort, wo Arbeitskräfte zur Verfügung standen, Produktionsstätten anzusiedeln. So entstand von der Tschechoslowakei bis Rumänien ein Flickenteppich von ländlichen Fabrikbauten, sogenannten Single-Factory-Orten, in denen die EinwohnerInnen ganzer Ortschaften oft von einem einzigen Unternehmen lebten und abhängig waren, dorthin zur Arbeit gingen, von dort mit einer Reihe von Produkten versorgt wurden und das entsprechende Urlaubsangebot des Betriebes nutzten. Mobilität war nicht gefragt, Behäbigkeit war Trumpf.

479 Michael Bommes, Nationale Paradigmen der Migrationsforschung. In: IMIS-Beiträge, Heft 38, o. O. 2011, S. 15ff; zit. in: Felicitas Hillmann, Migration. Eine Einführung aus sozialgeographischer Perspektive. Stuttgart 2016, S. 68

Nach der Wende standen westliche Investoren in den 1990er-Jahren vor dem großen Problem, keine flexiblen und mobilen Arbeitskräfte vorzufinden. Mindestens zwei Generationen lang waren die Menschen im politischen Osten mit Standortsicherheit und fixen Löhnen aufgewachsen. Es hatte schlicht und einfach keinen Sinn gemacht, der Erwerbsarbeit hinterherzufahren, sie war dort vorhanden, wo man lebte. Konkurrenz am Arbeitsmarkt war unbekannt. Ja, es existierte gar kein Arbeitsmarkt. Diesen galt es, im nun liberalisierten Umfeld überhaupt erst herzustellen. Dazu bedurfte es der Mobilisierung der Werktätigen, um sie miteinander in Konkurrenz treten zu lassen, was gleichbedeutend mit ihrer Verbilligung war. Unmittelbar nach dem Zusammenbruch der Planwirtschaften in den Jahren 1989 bis 1991 drängte die Weltbank auf beschleunigte Deregulierung. In ihrem Bericht aus dem Jahr 1995 liest sich das folgendermaßen: »Vor den Reformen wiesen die ehemaligen Planwirtschaften eine sehr rigide Lohnstruktur auf. Hier verändert sich einiges, doch selbst in einem liberalisierten Umfeld gibt es oft Beschränkungen der Lohnflexibilität, die die Umstrukturierung der Beschäftigung ernsthaft bremsen können.«[480]

Die Sprache der Weltbanker darf uns nicht fehlleiten. Sie ist der Versuch, die knallharte Botschaft hinter einer speziellen Form des ökonomischen Kauderwelschs zu verstecken. Ein halbes Jahrzehnt nach dem Zusammenbruch von RGW und Sowjetunion ging es der internationalen Finanzorganisation um Mobilisierung und Verbilligung der Arbeitskraft im Osten. Begriffe wie »Lohnflexibilität« und »Umstrukturierung der Beschäftigung« sind Kampfansagen an hohe Löhne und unflexible Werktätige. Ihre Mobilisierung stand ganz oben auf der To-Do-Liste der Weltbank.

Wesentlich brutaler wurde Mobilität zur selben Zeit in Jugoslawien durchgesetzt. Der Bürgerkrieg zwangsmobilisierte Millionen von Menschen; und Deutschland wie Österreich trugen mit ihrer Unterstützung der kroatischen und slowenischen Sezessionsbestrebungen zur Dynamisierung bei; wobei eine völkerrechtswidrige NATO-Intervention im März 1999 den vorläufigen Schlusspunkt einer zerstörerischen Entwicklung setzte. Alle

---

480 Weltbank (Hg.), Arbeitnehmer im weltweiten Integrationsprozess (Weltentwicklungsbericht 1995). Washington-Bonn 1995, S. 131

ehemaligen jugoslawischen Republiken – mit der Ausnahme Sloweniens – leiden bis heute an den Folgen von Auswanderung.

Der stetige Fluss von Emigranten aus Osteuropa in die Zentralräume der Europäischen Union, der in den 1990er-Jahren schleichend begann, sich nach dem Beitrittsjahr von Polen, Tschechien, der Slowakei, Ungarn, Slowenien und den baltischen Staaten 2004 in Richtung Skandinavien und Großbritannien beschleunigte und ab 2011 auch Deutschland und Österreich voll erfasste, führte im ganzen Osten zu einem Mangel an FacharbeiterInnen. Lohnsteigerungen waren die Folge. In Ungarn und Polen wuchsen die Löhne zwischen 2016 und 2017 real um durchschnittlich 7,6 % bzw. 5,0 %.[481] Auch tschechische und slowakische ArbeiterInnen hatten 2017 um 4,5 % bzw. 3,8 % mehr auf dem Konto als das Jahr zuvor. Die Vergleichszahlen für Deutschland und Österreich lauteten: 0,8 % und 0,0 %. Der auffällige Lohnanstieg hat nur wenig mit rechts- oder linksnationaler Politik in den Visegrád-Staaten zu tun. Er spiegelt im Wesentlichen den Facharbeitermangel auf den jeweiligen Arbeitsmärkten wider, der in erster Linie der starken Emigration geschuldet ist. Diese treibt seit Jahren die flexibelsten Arbeitskräfte ins westliche Ausland. Lohndifferenzen von 3:1 mit den Alt-EU-Ländern sind überzeugende Argumente. Gewerkschaften in den großen Betrieben der osteuropäischen Automobilindustrie wissen diese Situation zu nutzen. So gelang es den ArbeiterInnen im VW-Werk in Bratislava im Sommer 2017, eine Lohnerhöhung von 14 % durchzusetzen. Eine knappe Woche Streik genügte, um das Management davon zu überzeugen. Und die Unterstützung von Premier Robert Fico tat ein Übriges. Er sehe nicht ein, warum ein VW-Arbeiter in Bratislava, der dieselbe Arbeit wie einer in Wolfsburg machen würde, um ein Vielfaches schlechter bezahlt werde, ließ Fico am Höhepunkt des VW-Arbeiterstreiks verlauten. Unübliche Töne für einen Regierungschef. Im tschechischen Mladá Boleslav holten die KollegInnen 12 % Lohnerhöhung für die Škoda-Belegschaft heraus.

481   Wiener Institut für Internationale Wirtschaftsvergleiche (Hg.), Riding the Global Growth Wave. Economic Analysis and Outlook for Central, East and Southeast Europe. Wien März 2018, S. 93, 101, 129

Lohnerhöhungen als Antwort auf einen Mangel an qualifizierten Beschäftigten könnten ausgewanderte ArbeiterInnen zurück in ihre alte Heimat holen. Letztlich wäre mit ihnen auch eine Angleichung konstant unterschiedlicher Lohnhöhen möglich. Doch dies liegt nicht im Interesse der ausländischen Investoren. Und wieder gab eine internationale Finanzorganisation, diesmal der Weltwährungsfonds (IWF) die Linie vor, wie politisch auf die Bedrohung von Gewinnmargen durch hohe Löhne zu reagieren sei. Dringend empfohlen wurde der Import billiger Arbeitskräfte aus weiter östlichen Gebieten, »Osteuropa müsse für Menschen aus anderen Ländern die Jobsuche attraktiv machen«.[482] Mit anderen Worten: UkrainerInnen seien zu mobilisieren.

Anfang Mai 2018 sorgte die slowakische Regierung – mittlerweile war der Streik-Befürworter Robert Fico wegen angeblicher Verwicklungen in korrupte Machenschaften durch einen pflegeleichteren Nachfolger ersetzt worden – für eine Umsetzung der Weltbank-Vorgaben. Per Gesetz wurde es den großen PKW-Produzenten im Land erlaubt, Nicht-EU-Staatsangehörige auch ohne Zustimmung lokaler Behörden oder Arbeitsämter unbürokratisch anzuwerben. Volkswagen, KIA, PSA[483] und Land Rover jubilierten. Die rund 80.000 in der slowakischen Automobilindustrie Beschäftigten bekamen Konkurrenz aus der Ukraine, praktischerweise wurde von der EU noch zuvor im Juni 2017 die Visafreiheit für die Ukraine eingeführt. Sonst, so der Tenor der Unternehmen, hätten sie die Fabriken an billigere Standorte umsiedeln müssen. »Ohne Ausländer droht eine Absiedlung der Produktion ins Ausland«, ließ sich Juraj Sinay[484] vom Verband der slowakischen Autoindustrie in ungelenker, aber klarer Sprache vernehmen. Die Drohung mit der Verlagerung der Fabriken führte zur Mobilisierung ukrainischer Gastarbeiter. In Polen sind bereits seit Mitte der 2010er-Jahre zwei Millionen von ihnen tätig. Damit konnten dem Schreckgespenst des Kapitals, das oft als »soziales Ruhekissen« beschrieben wird,

482 Nadeem Ilahi/Anna Ilyina/Daria Zakharova, Emigration Slows Eastern Europe's Catch Up With the West, 20. Juli 2016. Siehe: https://blogs.imf.org/2016/07/20/emigration-slows-easterneuropes-catch-up-with-the-west/ (20.11.2016)
483 Zur PSA-Gruppe gehören im Jahr 2018 die Marken Peugeot, Citroën, Opel und Vauxhall.
484 *Wiener Zeitung* vom 11. Mai 2018

Beine gemacht werden. Die vorbehaltlosen Befürworter von Mobilität als menschlichem Fortschritt haben mit den hier beschriebenen Mobilisierten keinen unmittelbaren Kontakt. Sie ideologisieren lieber das Abstraktum. Laut posaunen sie ihre Weltoffenheit und ihr Weltbürgertum hinaus, Parolen, mit denen sie sich gleichermaßen von sesshaftem Provinzlertum und (zwangs)migrierenden Arbeitermassen abgrenzen. Was die medial viel postulierte Weltoffenheit ausdrücken soll, bleibt unklar. Vielleicht erschöpft sich die Bedeutung des Wortes in der Erklärung, dass jenen, die es sich leisten können, die Welt offensteht. Oder es wird damit elegant der weniger träumerisch daherkommende Begriff Investitionsfreiheit umschrieben. Nehmen wir ihn getrost als Code-Wort einer liberalen Klasse, die von Mobilität profitiert, während die Mehrheit der von Krisen und Kriegen mobilisierten Migranten zu den Verlierern zählt.

Bücher/Beiträge/Quellen

Winnie Adukule, Flucht. Was Afrikaner außer Landes treibt. Berlin 2016

Shekhar Aiyar u.a., The Refugee Surge in Europe: Economic Challenges (IMF-Staff Discussion Note). Washington 2016

Edma Ajanovic, Remitances – more than money? In: Ataç u.a., Migration und Entwicklung. Wien 2014

Ludmilla Alexandrovna, Wird Gaddafis düstere Prophezeiung betreffend Europa in Erfüllung gehen?, siehe: http://antikrieg.com/aktuell/2015_09_10_wirdgaddafis

Moritz Altenried u.a. (Hg.), Logistische Grenzlandschaften. Das Regime mobiler Arbeit nach dem Sommer der Migration. Münster 2017

Gianni d'Amato, Vom Ausländer zum Bürger. Der Streit um die politische Integration von Einwanderern in Deutschland, Frankreich und der Schweiz. Münster 2005

Michael Anderson, Population Change in North-Western Europe 1750-1850, London 1988

Ilker Ataç u.a. (Hg.), Migration und Entwicklung. Neue Perspektiven. Wien 2014

Georg Auernheimer, Wie Flüchtlinge gemacht werden. Über Fluchtursachen und Fluchtverursacher. Köln 2018

Peter Autengruber/Manfred Mugrauer, Oktoberstreik. Wien 2016

Massimo Livi Bacci, Kurze Geschichte der Migration. Berlin 2015

Almut Bachinger, Der irreguläre Pflegearbeitsmarkt. Zum Transformationsprozess von unbezahlter in bezahlte Arbeit durch die 24-Stunden-Pflege. Wien (Dissertation) 2009

Klaus J. Bade, Europa in Bewegung. Migration vom späten 18. Jahrhundert bis zur Gegenwart. München 2000

Paul Bairoch, »The Impact« of Crop Yields Agriculture Productivity and Transport Costs on Urban Growth between 1800 und 1910. In: A. van der Woude/J. de Vries/A. Hayami (Hg.), Urbanisation in History. Oxford 1990

Julian Bartosz, Polen und Westeuropa: Fortschritt in der Heuchelei. In: http://www.money-nations.ch/topics/euroland/text/polen

Theodor Blank, Eine Million Gastarbeiter. In: Bulletin des Presse- und Informationsdienstes der Bundesregierung Nr. 160

Manuela Bojadžijev/Serhat Karakayali, Autonomie der Migration. 10 Thesen zu einer Methode. In: Transit Migration (Hg.) 2007

Michael Bommes, Nationale Paradigmen der Migrationsforschung. In: IMIS-Beiträge, Heft 38, o.O. 2011

Susan Bonath, Marktkonforme Migration. In: Junge Welt vom 19. Juni 2016

Martin Bottesch, Landler-Büchlein. Hermannstadt/Sibiu 2011

Karl Brenke, Reallöhne in Deutschland über mehrere Jahre rückläufig (Wochenbericht des DIW Nr. 32/2009)

Matthias Brümmer/Jochen Empen/Gero Lüers, Grenzüberschreitende Ausbeutung im EU-Binnenmarkt. In: In: Hartmut Tölle/Patrick Schreiner (Hg.), Migration und Arbeit in Europa. Köln 2014

Bundesamt für Migration und Flüchtlinge, Migrationsbericht 2015, Berlin 2016

Bradley Campell/Jason Manning, Microaggression and Moral Cultures. In: Comparative Sociology 13/6, o.O. 2014

Andreas Cassee, Ein Recht auf globale Bewegungsfreiheit? Einwanderungsbeschränkung und individuelle Selbstbestimmung. Zürich 2013

Stephan Castles/Godula Kosack, The function of labour Migration in Western European Capitalism; in: New Left Review 1/73. May-June 1972

Abel Chatelain, Les migrants temporaires en France de 1800 à 1914, Lille 1976

Nikos Chilas/Winfried Wolf, Die griechische Tragödie. Rebellion, Kapitulation, Ausverkauf. Wien 2016

Patrick Cockburn, Chaos und Glaubenskrieg. Reportagen vom Kampf um den Nahen Osten. Wien 2017

Ana Cosel, Rumänien: Drehkreuz der Migration. In: Wildcat Nr. 83, Frühjahr 2009

Ulrike Davy/August Gächter, Zuwanderungsrecht und Zuwanderungspolitik in Österreich. Teil 1, 1993

Manfred Deix, Einwanderer (2001), zit. in: Wiener Zeitung vom 20./21. Mai 2017

Dietrich von Delhaes/Othmar Haberl/Alexander Schölch, Abwanderung von Arbeitskräften aus Italien, der Türkei und Jugoslawien. In: Aus Politik und Zeitgeschichte, Bd. 12/ 1976

Jean-Arnault Dérens/Laurent Geslin, Kein Bleiben in Banja Luka. In: Le Monde diplomatique vom Juni 2018

Deutsche Eliteakademie (DEA), Was kostet das Medizinstudium den deutschen Staat, vom 20. Juli 2017

Barbara Dietz, Weg und Bilanz der Transformation in osteuropäischen Staaten. Ost-West-Migration nach Deutschland im Kontext der EU-Erweiterung. Siehe: http://www.bpb.de/apuz/28543/ ost-west-migration-nach-deutschland-im-kontext-der-eu-erweiterung?p=all

Klaus Drobisch, Die Ausbeutung ausländischer Arbeitskräfte im Flick-Konzern während des zweiten Weltkrieges. Berlin (Diss.) 1964

Duden, Leipzig 1987

Duden, Mannheim-Leipzig-Wien-Zürich 2000

Eugen Dühring, Cursus der National- und Socialökonomie einschliesslich der Hauptpunkte der Finanzpolitik, Leipzig 1876

Michael Esch, Historisch-sozialwissenschaftliche Migrationsforschung als Delegitimierungswissenschaft. In: Historische Migrationsforschung (Österreichische Zeitschrift für Geschichtswissenschaften), 19. Jg., Heft 1, Innsbruck-Wien-Bozen 2008

Friedrich Engels, Die Lage der arbeitenden Klasse in England, in: Karl Marx und Friedrich Engels Werke (MEW), Bd. 2, Berlin 1962

Friedrich Engels in der Zeitschrift Commonwealth im März 1895, zit. in: Marx-Engels-Werke, Bd. 21, Berlin 1962

European Commission (ed.), EU Employment and Social Situation. In: Quarterly Review, Luxemburg, June 2013

Frantz Fanon, Die Verdammten dieser Erde, Frankfurt/Main 2008

Imre Ferenczi, Kontinentale Wanderung und die Annäherung der Völker. Jena 1930

Peter A. Fischer, Richtige Antworten auf die falschen Fragen? Weshalb Migration die Ausnahme und Immobilität die Regel ist. In: Achim Wolter (Hg.), Migration in Europa. Neue Dimensionen, neue Fragen, neue Antworten. Baden-Baden 1999

Wolfram Fischer, Wirtschaft, Gesellschaft und Staat in Europa 1914-1980, Bd. 6, Stuttgart 1987

Andre Gunder Frank, Abhängige Akkumulation und Unterentwicklung. Frankfurt/Main 1980

Andre Gunder Frank, The Development of Underdevelopment, in: Monthly Review, September 1996

Andre Gunder Frank, Re-Orient. Globalwirtschaft im asiatischen Zeitalter. Wien 2016

Ingrid Freimuth, Lehrer über dem Limit. Warum die Integration scheitert. München 2018

Volker Fröbel/Jürgen Heinrichs/Otto Kreye, Die neue internationale Arbeitsteilung. Strukturelle Arbeitslosigkeit in den Industrieländern und die Industrialisierung der Entwicklungsländer. Reinbek bei Hamburg 1977

Volker Fröbel/Jürgen Heinrichs/Otto Kreye, Umbruch in der Weltwirtschaft. Die globale Strategie: Verbilligung der Arbeitskraft/Flexibilisierung der Arbeit/Neue Technologien. Reinbek bei Hamburg 1986

Claus Füllberg-Stolberg, Transatlantischer Sklavenhandel und Sklaverei in den Amerikas. In: Ulrike Schneider/Hans-Heinrich Nolte (Hg.), Atlantik. Sozial- und Kulturgeschichte in der Neuzeit. Wien 2010

Fabrizio Gatti, Bilal. Als Illegaler auf dem Weg nach Europa. München 2010

Monika Glettler, Die Wiener Tschechen um 1900. Strukturanalyse einer nationalen Minderheit in der Großstadt. München/Wien 1972

Birgit Glorius, Temporäre Migrationsprozesse am Beispiel polnischer Arbeitsmigranten in Deutschland. In: Hallesches Jahrbuch für Geowissenschaften. Reihe A (2004)

Johann Wolfgang von Goethe 10, 14, Weimar ausg. (Iphigenie 1,3) in: Deutsches Wörterbuch von Jakob und Wilhelm Grimm, Bd. 27, Leipzig 1922

Bernhard Gräf/Stefan Schneider, Ausblick Deutschland. Deutsche Sonderstellung – Gefahr für den Euro? (Research-Analyse der Deutschen Bank vom 14. Juni 2013)

Margarete Grandner/Andrea Komlosy (Hg.), Vom Weltgeist beseelt. Globalgeschichte 1700-1815. Wien 2004

Kelly M. Greenhill, Massenmigration als Waffe. Vertreibung, Erpressung und Außenpolitik. Rottenburg 2016

Greenpeace (Hg.), Klimawandel, Migration und Vertreibung. Die unterschätzte Katastrophe. Hamburg 2017

Deutsches Wörterbuch von Jakob und Wilhelm Grimm, Bd. 27, Leipzig 1922

Farley Grubb, Morbidity and Mortality on the North Atlantik Passage: Eighteenth-Century German Immigration, in: Journal of Interdisciplinary History Nr. 17, Heft 3

Erich Gruner/Hans-Rudolf Wiedmer, Arbeiterschaft und Wirtschaft in der Schweiz 1880-1914, Zürich 1978

Joachim Guillard, Irak: 12 Jahre Embargo, 12 Jahre Krieg gegen die Bevölkerung. Siehe: http://archiv. friedenskooperative.de/ff/ff03/1-74.htm

Hakan Gürses/Kornelia Kogoj/Sylvia Mattl, Gastarbajteri. 40 Jahre Arbeitsmigration. Wien 2004

Sylvia Hahn/Andrea Komlosy/Ilse Reiter-Zatloukal (Hg.), Ausweisung - Abschiebung - Vertreibung in Europa. 16.-20. Jahrhundert. Innsbruck 2006

Brigitte Haidinger/Christoph Hermann, Beschäftigungsverhältnisse bei den neuen Postdienstleistern. (Forba-Forschungsbericht Nr. 4/2008), Wien 2008

Christina Halwachs, Manifest Destiny und die Indigenenpolitik der USA. Vom Indian Removal Act 1830 zum General Allotment Act 1887. Wien 2017

Rudolf Hänsel, Exodus vom Balkan wird von reichen EU-Staaten kontrolliert, in: Neue Rheinische Zeitung vom 23. August 2017

Ulrich Herbert, Geschichte der Ausländerbeschäftigung in Deutschland 1880-1980. Saisonarbeiter, Zwangsarbeiter, Gastarbeiter. Berlin-Bonn 1986

Dietrich Herrmann, »Be an American!«: Amerikanisierungsbewegung und Theorien zur Einwanderintegration. Frankfurt/Main 1996

Felicitas Hillmann, Migration. Eine Einführung aus sozialgeographischer Perspektive. Stuttgart 2016

Colin Hines, Progressive Protectionism. Taking back Control, o.O.o.J. (2017)

Dirk Hoerder, Cultures in Contact. World Migrations in den Second Millenium. London 2002

Dirk Hoerder/Leslie Page Moch (Hg.), European Migrants. Global and local Perspectives. O.O. (Boston) 1996

Kirsten Hoesch, Anlocken oder Abschotten? Europäische Arbeitsmigrationspolitik zwischen Wirtschaftsinteressen und Kontrollprimat. In: Hartmut Tölle/Patrick Schreiner (Hg.), Migration und Arbeit in Europa. Köln 2014

Hannes Hofbauer, Die Diktatur des Kapitals. Souveränitätsverlust im postdemokratischen Zeitalter, Wien 2014

Hannes Hofbauer, EU-Osterweiterung. Historische Basis – ökonomische Triebkräfte – soziale Folgen. Wien 2007

Hannes Hofbauer, Migration: Osteuropa blutet aus. In: Lunapark21, Nr. 35 vom 28. September 2016

Hannes Hofbauer/Andrea Komlosy, Raus aus der Integrationsfalle! Überlegungen zu einer Welthauswirtschaft. In: Utopie kreativ. Diskussion sozialistischer Alternativen, Nr. 91/92. Berlin Mai/Juni 1998

Kenneth Horvath, Die unbekannten Pfade der Migrationspolitik. In: Österreichische Zeitschrift für Soziologie. Wien, Oktober 2016

Roman Hummel/Günther Löschnigg/Heinz Wittmann (Hg.), Krone! Kurier! Soziale Lage und rechtliche Situation der Zeitungskolporteure. Neue Aspekte in Kultur- und Kommunikationswissenschaften, Bd. 6, Wien 1996

IGM-Bayern (Hg.), Fakten und Argumente zu Aussagen vom Verband der bayrischen Metall- und Elektroindustrie anlässlich der 2. Verhandlungsrunde. O.O. 2004

Nadeem Ilahi/Anna Ilyina/Daria Zakharova, Emigrations slows Eastern Europe's Catch Up with the West, siehe: https://blogs.imf.org/2016/07/20/emigration-slows-eastern-europes-catch-up-with-the-west/

IPPNW, Body Count – Casualty Figures after 10 Years on the War on Terror. Siehe: http://www.ippnw.de/commonFiles/pdfs/Frieden/BodyCount_internationale_Auflage_deutsch_2015.pdf

Nermin Ismail, Etappen einer Flucht. Tagebuch einer Dolmetscherin. Wien 2016

Diana Johnstone, Die Chaos-Königin. Hillary Clinton und die Außenpolitik der selbsternannten Weltmacht. Frankfurt/Main 2016

Dirk Jörke/Nils Heisterhagen, Was die Linken tun müssen. In: Frankfurter Allgemeine Zeitung vom 26. Januar 2017

Udo Jürgens/Donald Black/Michael Kunze, Griechischer Wein. O. O. 1974

Dieter Just/Peter Caspar Mühlens, Ausländerzunahme: Objektives Problem oder Einstellungsfrage? In: Aus Politik und Zeitgeschichte Bd. 25, 1982

Karin Kneissl, Testosteron macht Politik. Wien 2012

Heike Knortz: Diplomatische Tauschgeschäfte. »Gastarbeiter« in der westdeutschen Diplomatie und Beschäftigungspolitik 1953–1973. Köln 2008

Yvonne Kollmeier, Soziale Mindeststandards in der Europäischen Union im Spannungsfeld von Ökonomie und Politik. Stuttgart 2001

Andrea Komlosy, Arbeit. Eine globalhistorische Perspektive. 13. bis 21. Jahrhundert. Wien 2014

Andrea Komlosy, Grenzen. Räumliche und soziale Trennlinien im Zeitenlauf. Wien 2018

Andrea Komlosy, Grenze und ungleiche regionale Entwicklung. Binnenmarkt und Migration in der Habsburgermonarchie. Wien 2003

Albert Kraler/Marion Noack, Migration und Entwicklung: Interessen, Akteure und Arenen eines erfolgreichen Diskurses. In: Ilker Ataç u.a. (Hg.), Migration und Entwicklung. Neue Perspektiven. Wien 2014

Alexander und Eugen Kulischer, Kriegs- und Wanderzüge. Weltgeschichte als Völkerbewegung. Berlin/Leipzig 1932

Eugen Kulischer, Europe on the Move. War and Population Changes 1917-1947. New York 1948

Norbert Kutscher, Das österreichische Einwanderungsmodell. In: Matzka/Wolfslehner (Hg.) 1999

Ronald Demos Lee, Malthus and Boserup: A Dynamic Synthesis. In: David Coleman/Roger Schofield (Hg.), The State of Population Theory. Forward from Malthus. Oxford-New York 1996

Marcel Leubecher, Arbeitgeber wollen Mindestlohn in Schlachthöfen. In: Die Welt vom 30. August 2013

Verena Lorber, Angeworben. GastarbeiterInnen in Österreich in den 1960er und 1970er Jahren. Göttingen 2017

Jan Lucassen, Migrant Labour in Europe 1600-1900. The Drift to the North Sea. London 1986

Stefan Luft, Die Flüchtlingskrise. Ursachen, Konflikte, Folgen. München 2016

Angus Maddison, Economic Policy and Performance in Europe 1913-1970, London 1973

Thomas Robert Malthus, Essay on the Principle of Population (Eine Abhandlung über das Bevölkerungsgesetz). London 1798

Patrick Manning, Wanderung – Flucht – Vertreibung. Geschichte der Migration. Essen 2007

Karl Marx/Friedrich Engels, Werke. Band 21, Berlin 1962

Karl Marx/Friedrich Engels, Werke. Band 23, Das Kapital, Bd. 1, Dritter Abschnitt. Berlin 1968 ·

Eduard März, Österreichische Bankenpolitik in der Zeit der großen Wende 1913-1923. Am Beispiel der Creditanstalt für Handel und Gewerbe. Wien 1981

Manfred Matzka, Zur Notwendigkeit einer europäischen Migrationspolitik. In: Manfred Matzka/ Doris Wolfslehner (Hg.), Europäische Migrationspolitik. Band 1, Wien 1999

Andreas Mayer, EU-Binnenmobilität vor dem Hintergrund einer unvollkommenen Währungsunion. In: Hartmut Tölle/Patrick Schreiner (Hg.), Migration und Arbeit in Europa. Köln 2014

Karl-Heinz Meier-Braun, Integration oder Rückkehr? Zur Ausländerpolitik des Bundes und der Länder, insbesondere Baden-Württemberg, Mainz 1998

Jochen Meissner/Ulrich Mücke/Klaus Weber, Schwarzes Amerika. Eine Geschichte der Sklaverei. München 2008

Sandro Mezzadra, Autonomie der Migration – Kritik und Ausblick, siehe: http://www.grundrisse. net/grundrisse34/Autonomie_der_Migration.htm

Gisela Michels-Linder, Die italienischen Arbeiter in Deutschland. In: Der Arbeitsmarkt Nr. 15/1910/1911;

Ullrich Mies/Jens Wernicke (Hg.), Fassadendemokratie und Tiefer Staat. Auf dem Weg in ein autoritäres Zeitalter, Wien 2017

Branko Milanović, Die ungleiche Welt. Migration, das Eine Prozent und die Zukunft der Mittelschicht. Berlin 2016

Robert Miles/Dietrich Thränhardt (Hg.), Migration and European Integration. London 1995

Alan Milward, Der 2. Weltkrieg. München 1977

Patrick von zur Mühlen, Ausländerpolitik. In: Die Neue Gesellschaft, Nr. 29, Heft 6 (1982)

Robert Mundell, A Theory of Optimum Currency Areas. In: American Economic Review Nr. 51 (4). O.O. 1961

Munich Security Report 2017, München 2017

Norbert Nicoll, Adieu, Wachstum! Das Ende einer Erfolgsgeschichte. Marburg 2016

Elisabeth Noelle/ Erich Peter Neumann (Hg.): Jahrbuch der öffentlichen Meinung 1957. Allensbach am Bodensee 1957

Heinz Noflatscher, Arbeitswanderung in Agrargesellschaften der frühen Neuzeit. In: Geschichte und Region, 2. Jg., Heft 2, Bozen 1993

Hans-Heinrich Nolte, Zwischen Duldung und Vertreibung: (Ethno-)religiöse Minderheiten im europäischen Vergleich; in: Sylvia Hahn/Andrea Komlosy/Ilse Reiter-Zatloukal (Hg.) Ausweisung - Abschiebung - Vertreibung in Europa. 16.-20. Jahrhundert. Innsbruck 2006

Hans-Heinrich Nolte, Weltgeschichte des 20. Jahrhunderts. Wien-Köln-Weimar 2009

Ingrid Nowotny, Migration und Arbeitsmarkt. In: Manfred Matzka/Doris Wolfslehner (Hg.), Europäische Migrationspolitik, Bd. 1, Wien 1999

Gerald Oberansmayr, »Europa hat uns zerstört«, in: Werkstatt-Blatt 1/2018. Linz 2018,

Jochen Oltmer, Globale Migration. Geschichte und Gegenwart. München 2016

Henk Overbeeck, Towards a New International Migration Regime. In: Robert Miles/Dietrich Thränhardt (Hg.), Migration and European Integration. London 1995

Dimitris Papadopoulos u.a., Escape Routes. Control and Subversion in the 21th Century, London 2008

Robert Ezra Park, Human Migration and the Marginal Man, in: American Journal of Sociology Nr. 33

Robert Pfaller, Erwachsenensprache. Über ihr Verschwinden aus Politik und Kultur. Frankfurt/Main 2018

Christian Pfeiffer, Jugendkriminalität und Jugendgewalt in europäischen Ländern. Hannover o.J.

Thomas Piketty, Capital in the Twenty-First Century. Cambridge/London 2014

Gert R. Polli, Deutschland zwischen den Fronten. Wie Europa zum Spielball von Politik und Geheimdiensten wird. München 2017

Leopold von Ranke, Werke – 2,14,27 in: Deutsches Wörterbuch von Jakob und Wilhelm Grimm, Bd. 27, Leipzig 1922

Tobias Reichert u.a., Entwicklung oder Marktöffnung? Kritische Aspekte in den Wirtschaftspartnerschaftsabkommen zwischen der EU und afrikanischen Ländern, Bonn 2009

Richtlinie 96/71/EG über die Entsendung von Arbeitnehmern im Rahmen der Erbringung von Dienstleistungen vom 16. Dezember 1996

Richtlinie 2006/123/EG des Europäischen Parlaments und des Rates über Dienstleistungen im Binnenmarkt vom 12. Dezember 2006

Viorel Roman/Hannes Hofbauer, Transsilvanien – Siebenbürgen. Begegnung der Völker am Kreuzweg der Reiche. Wien 1996

Christoph Rosenmöller, in: Probleme der ausländischen Arbeitskräfte in der Bundesrepublik. Konjunkturpolitik, Beiheft 13. Berlin 1966

Karl Heinz Roth, Die »andere« Arbeiterbewegung. München 1977

Kurt Rothschild, Arbeitsmarktpolitik. Arbeitslosigkeit 1955-1975. Linz 1977

Sachverständigenrat deutscher Stiftungen für Integration und Migration (Hg.), Migrationsland 2011. O.O.

Haydar Sari, Ausländerbeschäftigungspolitik in Österreich. Dissertation, Wien 1988

Saskia Sassen, Migranten, Siedler, Flüchtlinge. Von der Massenauswanderung zur Festung Europa. Frankfurt/Main 1996

Stefanie Schmiderer, Integration: Schlagwort – Zauberwort – hohles Wort. Eine historische und begriffliche Auseinandersetzung im Kontext der österreichischen Immigrationsgeschichte 1970-2005. Diplomarbeit, Wien 2008

Thomas Schmidinger, Verein der Zeitungskolporteure 1987, in: Hakan Gürses/Kornelia Kogoj/Sylvia Mattl, Gastarbajteri. 40 Jahre Arbeitsmigration. Wien 2004

Ulrike Schneider/Hans-Heinrich Nolte (Hg.), Atlantik. Sozial- und Kulturgeschichte in der Neuzeit. Wien 2010

Patrick Schreiner, Migration, Lohnkonkurrenz und die vier Grundfreiheiten in Europa. In: Hartmut Tölle/Patrick Schreiner (Hg.), Migration und Arbeit in Europa. Köln 2014

Conrad Schuhler, Die große Flucht. Ursachen, Hintergründe, Konsequenzen. Köln 2016

Wolfgang Seifert, Deutsche Verhältnisse. Eine Sozialkunde. Geschichte der Zuwanderung nach Deutschland nach 1950. Siehe: http://www.bpb.de/politik/grundfragen/deutsche-verhaeltnisse-eine-sozialkunde/138012/geschichte-der-zuwanderung-nach-deutschland-nach-1950?p=all

Dieter Senghaas (Hg.), Peripherer Kapitalismus. Analysen über Abhängigkeit und Unterentwicklung. Frankfurt/Main 1974

Dieter Senghaas (Hg,), Wirtschaftsordnung und Entwicklungspolitik. Plädoyer für Dissoziation. Frankfurt/Main 1977

Georg Simmel, Soziologie. Untersuchungen über die Formen der Vergesellschaftung. Leipzig 1908

Gerhard E. Solbach: Reise des schwäbischen Schulmeisters Gottlieb Mittelberger nach Amerika 1750-1754. Wyk auf Föhr 1992

Werner Sombart, Der moderne Kapitalismus. München 1928

Hans Christoph von Sponeck, Irak - Vier Frage, vier Antworten. Siehe: http://www.irak-kongress-2002. de/docu/sponeck.pdf

Statistisches Bundesamt (Hg.), Bevölkerung und Wirtschaft 1872-1972, Stuttgart/Mainz 1972

Statistisches Bundesamt (Hg.), Bevölkerungsstruktur und Wirtschaftskraft der Bundesländer, o.O. 1973

Annemarie Steidl, Unter Zwang und aus freien Stücken. Globale Migrationssysteme im 18. Jahrhundert. In: Margarete Grandner/Andrea Komlosy (Hg.), Vom Weltgeist beseelt. Globalgeschichte 1700-1815. Wien 2004

Wilhelm Stieda, Ausländische Arbeiter in Deutschland. In: Zeitschrift für Agrarpolitik, Bd. 9/1911

Adalbert Stifter, Werke 1901f. 5, 1, 210 in: Deutsches Wörterbuch von Jakob und Wilhelm Grimm, Bd. 27, Leipzig 1922

Thomas Straubhaar/Achim Wolter, Migration in Europa – Neue Dimensionen, neue Fragen, neue Antworten. In: Achim Wolter (Hg.), Migration in Europa. Neue Dimensionen, neue Fragen, neue Antworten. Baden-Baden 1999

Madeleine Sumption/Will Somerville, The UK's new Europeans. Progress and Challenges Five Years after Accession. Januar 2010

Friedrich Syrup, Die ausländischen Industriearbeiter vor dem Krieg. In: Archiv für exakte Wirtschaftsforschung, Bd. IX, 1918-1922

Edward P. Thompson, The Making of the English Working Class, Harmondsworth 1968

Warren Thompson, Danger spots in world population. New York 1929

Verónica Tomei, Europäische Migrationspolitik zwischen Kooperationszwang und Souveränitätsanspruch. Bamberg 1997

Hartmut Tölle/Patrick Schreiner (Hg.), Migration und Arbeit in Europa. Köln 2014

Dietrich Thränhardt, Innereuropäische Migration zwischen guter Arbeit und Marginalisierung. In: Hartmut Tölle/Patrick Schreiner (Hg.), Migration und Arbeit in Europa. Köln 2014

Transit Migration (Hg.), Turbulente Ränder: Neue Perspektiven auf Migration an den Grenzen Europas, Bielefeld 2007

Christian Ultsch/Thomas Prior/Rainer Nowak, Flucht. Wie der Staat die Kontrolle verlor. Wien 2017

UNDP, Human Development Report. Overcoming Barriers: Human Mobility and Development. New York 2009

United Nations Development Programme (UNDP), Human Development Report 1996. New York 1996

Hans-Jürgen Wagener/Heiko Fritz, Transformation (Hg.), Im Osten was Neues. Aspekte der EU-Osterweiterung. Bonn 1998

Immanuel Wallerstein, Der Siegeszug des Liberalismus (1789-1814). Das moderne Weltsystem IV. Wien 2012

August Sartorius von Waltershausen, Die italienischen Wanderarbeiter, Leipzig 1903

Weltbank (Hg.), Arbeitnehmer im weltweiten Integrationsprozess (Weltentwicklungsbericht 1995). Washington-Bonn 1995

Michael Wendl, Die Flüchtlingsmigration – ein konjunkturpolitischer Glücksfall. In: Sozialismus Nr. 2/2016

Wolf Wetzel, Der Tiefe Staat und der konzerneigene Untergrund – eine Symbiose; in: Ullrich Mies/

Jens Wernicke (Hg.), Fassadendemokratie und Tiefer Staat. Auf dem Weg in ein autoritäres Zeitalter, Wien 2017

Wiener Institut für Internationale Wirtschaftsvergleiche (Hg.), Countries in Transition 1995. Wien 1995

Wiener Institut für Wirtschaftsvergleiche (Hg.), Riding the Global Growth Wave. Economic Analysis and Outlook for Central, East and Southeast Europe. Wien März 2018

Oscar Wilde, Der Sozialismus und die Seele des Menschen. Zürich 1970

Eduard Willeke, Der Arbeitseinsatz im Kriege; in: Jahrbücher für Nationalökonomie und Statistik, Nr. 154

Willi Wimmer, Deutschland im Umbruch. Vom Diskurs zum Konkurs – eine Republik wird abgewickelt. Höhr-Grenzhausen 2018

Martin Wolburg, Braindrain oder Brain Exchange? Zur Wirkung der gegenwärtigen und zukünftigen Migration aus Osteuropa. In: Achim Wolter (Hg.), Migration in Europa. Neue Dimensionen, neue Fragen, neue Antworten. Baden-Baden 1999

Eveline Wollner, Die Reform der Beschäftigung und Anwerbung ausländischer Arbeitskräfte Anfang der 1960er Jahre in Österreich. In: Zeitgeschichte, 34. Jg., Juli/August 2007

Achim Wolter (Hg.), Migration in Europa. Neue Dimensionen, neue Fragen, neue Antworten. Baden-Baden 1999

World Bank, Global Economic Prospects: Economic Implications of Remittances and Migration. Washington 2006

World Bank, Migration and Development, Brief 21. Washington 2013

World Bank Group/Wiener Institut für Internationale Wirtschaftsvergleiche (Hg.), Western Balkans. Labor Market Trends 2018. Washington, März 2018

Ad van der Woude/Jan de Vries/Akira Hayami (Hg.), Urbanisation in History. Oxford 1990

Pit Wuhrer, Mangos Ja, Mangosaft nein – die EU und ihre Erpressungen im Kolonialstil. In: Oxi, Mai 2017

Frieda Wunderlich, Farm Labor in Germany 1810-1945, Princeton 1961

Lawrence Wright, Der Tod wird euch finden. Al-Qaida und der Weg zum 11. September. München 2007

Wilbur Zelinsky, The Hypothesis of the Mobility Transition. In: Geographical Review Nr. 61

Aram Ziai, Fluchtursachen Entwicklungspolitik. In: iz3w Sept./Okt. 2016

Slavoj Žižek, Der neue Klassenkampf. Die wahren Gründe für Flucht und Terror. Berlin 2015

Zeitungen/Zeitschriften/Radio

American Economic Review, Nashville

American Journal of Sociology, Chicago

Der Arbeitsmarkt, o.O.

Archiv für exakte Wirtschaftsforschung, Harvard

Bulletin des Presse- und Informationsdienstes der Bundesregierung, Bonn

Cicero, Berlin

Commonwealth, London-Manchester

Financial Times, London

Frankfurter Allgemeine Zeitung, Frankfurt/Main

Geographical Review, New York

Geschichte und Region, Bozen

Die neue Gesellschaft, Bonn

Griechenlandzeitung, Athen
The Guardian, London
Hallesches Jahrbuch für Geowissenschaften, Halle
Handelsblatt, Düsseldorf
IMIS-Beiträge, Osnabrück
Industriekurier, Düsseldorf
iz3w, Freiburg
Jahrbücher für Nationalökonomie und Statistik, Stuttgart
Junge Welt, Berlin
Journal of Interdisciplinary History, Cambridge/Massachusetts
konkret, Hamburg
Kurier, Wien
Le Monde diplomatique, Paris
Lunapark 21, Michendorf
Monthly Review, New York
Neues Deutschland, Berlin
Neue Zürcher Zeitung, Zürich
New Left Review, London
Österreichische Zeitschrift für Geschichtswissenschaften, Innsbruck-Wien-Bozen
Österreichische Zeitschrift für Soziologie, Wien
Oxi, Berlin
Aus Politik und Zeitgeschichte, Bonn
Die Presse, Wien
Profil, Wien
Radio Wien, Wien
Salzburger Nachrichten, Salzburg
Sozialismus, Hamburg
Der Standard, Wien
Der Spiegel, Hamburg
Süddeutsche Zeitung, München
Quarterly Review, Luxemburg
Utopie kreativ, Berlin
Welt am Sonntag, Berlin
Wiener Zeitung, Wien
Wildcat, Karlsruhe
Werkstatt-Blatt, Linz
Die Zeit, Hamburg
Zeitgeschichte, Innsbruck-Wien-Bozen
Zeitschrift für Agrarpolitik, Berlin

Internet

http://antikrieg.com
http://arbeitplus.at
http://archiv.friedenskooperative.de
http://www.bau-holz.at
http://www.consilium.europa.eu
http://derstandard.at
http://diepresse.com
http://ec.europa.eu
http://europa.eu
http://frontex.europa.eu
http://germanwatch.org
http://kfn.de
http://stats.oecd.org
http://who.int
http://www.ams.at
http://www.bamf.de
http://www.asylumineurope.org
http://www.auswanderung-rlp.de
http://www.bbc.com
http://www.bpb.de
http://www.dailymail.co.uk
http://www.epochtimes.de
http://www.esiweb.org
http://www.faz.net
http://www.finafacts.com
http://www.global-migration.info
http://www.grundrisse.net
http://www.ippnw.de
http://www.irak-kongress-2002.de
http://www.italiener.angekommen.com
http://www.miniszterelnok.hu
http://www.money-nations.ch
http://www.spiegel.de
http://www.unhcr.org
http://www.un.org
http://www.worldbank.org
http://www.zeit.de
https://blogs.imf.org
https://data.worldbank.org
https://de.statista.com
https://de.wikipedia.org
https://eur-lex.europa.eu
https://faktenfinder.tagesschau.de
https://mediendienst-integration.de
https://www.migrationpolicy.org
https://missingmigrants.iom.int
https://ro.wikipedia.org
https://stats.oecd.org

https://www.boeckler.de
https://www.bundesregierung.de
https://www.chathamhouse.org
https://www.domradio.de
https://www.destatis.de
https://www.diw.de
https://www.erklaerung2018.de
https://www.fian.de
https://www.finanzen100.de
https://www.gesetze-im-internet.de
https://www.handelsblattmachtschule.de
https://www.heise.de
https://www.iab.de
https://mediendienst-integration.de
https://www.neues-deutschland.de
https://www.oxfam.de
https://www.pflege.de
https://www.proasyl.de
https://www.rubikon.news
https://www.swr.de
https://www.welt.de
https://www.wir-treten-ein.de/hintergrund
www.hausundgrund.de
www.dnn.de
www.worldlibrary.org

Hannes Hofbauer

Die Diktatur des Kapitals

Souveränitätsverlust im postdemokratischen Zeitalter

ISBN 978-3-85371-376-1, br., 240 Seiten, 17,90 €
E-Book: ISBN 978-3-85371-825-4, 14,99 €

Hannes Hofbauer

Feindbild Russland

Geschichte einer Dämonisierung

ISBN 978-3-85371-401-0, br., 304 Seiten, 19,90 €
E-Book: ISBN 978-3-85371-833-9, 15,99 €